协商治理的当代发展

DELIBERATIVE GOVERNANCE IN CONTEMPORARY CHINA

谈火生 著

SPM
南方出版传媒
广东人民出版社
·广州·

图书在版编目（CIP）数据

协商治理的当代发展 / 谈火生著. —广州：广东人民出版社，2018.10（2023.1重印）
ISBN 978-7-218-12704-0

Ⅰ. ①协… Ⅱ. ①谈… Ⅲ. ①民主协商-研究-中国 Ⅳ. ①D621

中国版本图书馆 CIP 数据核字（2018）第 245145 号

XIESHANG ZHILI DE DANGDAI FAZHAN
协商治理的当代发展
谈火生 著

出 版 人：肖风华

责任编辑：廖志聪
封面设计：李桢涛
责任技编：吴彦斌 周星奎

出版发行：广东人民出版社
地 址：广州市大沙头四马路10号（邮政编码：510199）
电 话：（020）85716809（总编室）
传 真：（020）83289585
网 址：http://www.gdpph.com
印 刷：三河市嵩川印刷有限公司
开 本：787mm×1092mm 1/16
印 张：22.5 插 页：1 字 数：240千
版 次：2018年10月第1版
印 次：2023年1月第2次印刷
定 价：65.00元

目 录

第一章　协商民主：在理论和实践的互动中前行 ········· 001
（一）理论和实践的互动：经验观察与规范思考 ······ 003
（二）协商民主研究在中国：从“协商转向”到“经验转向” ································· 020
（三）本书的基本框架 ·································· 030
第二章　协商民主理论的产生和发展 ···················· 034
（一）协商民主的基本理念 ······························ 034
（二）协商民主理论发展的新趋势 ······················ 055
第三章　协商治理在中国：历史与现实 ················ 075
（一）中国传统政治中的协商系统 ······················ 075
（二）新民主主义时期的实践探索 ······················ 080
（三）社会主义协商民主制度的确立 ···················· 088
（四）十八大以来协商民主的新进展 ···················· 095
第四章　社会主义协商民主体系建设：议题与挑战 ······ 103
（一）中国协商民主的制度创新：成就与不足 ········· 105

（二）中国的协商民主体系建设：框架与特点 ……… 113
（三）中国协商民主制度的定位 ……………………… 122
第五章　政协协商的制度创新：双周协商座谈会 ……… 131
（一）从“双周座谈会”到“双周协商座谈会”
的飞跃 ………………………………………………… 132
（二）双周协商座谈会的运作机制 …………………… 142
（三）双周协商座谈会的绩效分析 …………………… 153
（四）双周协商座谈会的优势与未来的发展方向 …… 158
第六章　人民政协参与立法协商：环节完整如何可能？
…………………………………………………………… 163
（一）人民政协参与立法协商的三种模式 …………… 165
（二）准确理解人民政协参与立法协商 ……………… 171
（三）积极稳妥推进人民政协参与立法协商的五个原则
…………………………………………………………… 178
第七章　基层协商的典范：温岭民主恳谈会 ………… 184
（一）民主恳谈的产生和发展 ………………………… 185
（二）“嵌入”：民主恳谈的制度创新机制 ………… 191
（三）“混合”：民主恳谈的代表机制 ……………… 201
（四）合法化：协商与决策的衔接 …………………… 219
第八章　社区协商：广东增城下围村治理困局的破解 … 227
（一）“问题村”的问题何在？ ……………………… 230
（二）社区精英：社区协商制度的供给者 …………… 233
（三）公共空间的构建：社区协商的基础工程 ……… 237
（四）规则重塑：社区协商的突破口 ………………… 243

第九章　社会组织协商：多案例的比较研究 ……………… 251
（一）社会组织的内涵、特点和类型 ……………… 252
（二）社会组织协商的发展现状 ……………… 261
（三）社会组织协商面临的问题和挑战 ……………… 277
（四）促进社会组织协商的途径和方法 ……………… 282
第十章　化解冲突与谋求共识：协商民主与群体性事件 ……………… 298
（一）协商民主与群体性事件：既有研究及其不足 ……………… 300
（二）协商式决策与群体性事件的预防 ……………… 305
（三）协商式谈判与群体性事件的遏制 ……………… 312
结语：中国经验与协商民主理论的发展 ……………… 319
参考文献 ……………… 330
后记 ……………… 351

第一章　协商民主：在理论和实践的互动中前行

2012年，中共中央在十八大报告中提出“健全社会主义协商民主制度”，“协商民主”从一个少有人知的新名词变成一个流行的热词，并写入了党的最高规格的文件当中；次年，十八届三中全会进一步提出，要“推进协商民主广泛多层制度化发展”，建立“程序合理、环节完整的协商民主体系”；2015年2月，中共中央颁布了《关于加强社会主义协商民主建设的意见》（以下简称《意见》），对协商民主建设提出了完整的构想和具体的要求。[①] 党的十九大报告着重强调，要“加强协商民主制度建设，形成完整的制度程序和参与实践，保证人民在日常政治生活中有广泛持续深入参与的权利”[②]。

与中共中央的精神相匹配的是，自2013年以来，学界关

---

① 《中共中央关于加强社会主义协商民主建设的意见》，《人民日报》2015年2月10日。

② 《决胜全国建成小康社会　夺取新时代中国特色社会主义伟大胜利》，北京：人民出版社，2017年，第38页。

于协商民主的研究呈现跳跃式增长的趋势。在学术期刊上，每年发表的相关研究论文从此前的150篇左右猛增到800篇左右；至2012年，国内出版的关于协商民主的学术专著不到10部，但到2016年，短短4年时间，数量逾百部。在这样一个协商民主研究大繁荣的背景下，为什么还要写一本关于协商民主的书？这源于笔者的问题意识。2005年，笔者完成了博士论文并于2007年以《民主审议与政治合法性》为题出版，这是国内出版的第一部以协商民主为主题的专著[①]；2007年，笔者又主编了《审议民主》文集，该书已成为国内协商民主研究的重要参考文献；2014年，笔者和何包钢、霍伟岸一起出版了《协商民主的技术》一书，将目光从理论探讨延伸至实践操作。[②] 在这十多年的时间里，笔者一直在思考一个问题：作为一个源自西方的民主理论，它是如何与中国的政治实践结合起来的？中国的协商民主实践反过来能为协商民主理论自身的发展以及世界各国的协商民主实践贡献什么？毋庸讳言，协商民主的理论并非“土特产”，而是“进口货”。同时，我们也可以理直气壮地说，协商民主的实践并非舶来品，而是中国人自己的创造。但是，当协商民主的理论与实践碰到一起时，会发生什么？放眼世界，这个问题也并非中国独有，其他国家亦是如此。协商民主的理论和实践之间到底是什么关系？中国的协商民主理论和实践的发展对世界而言有什么意义？这是本书试图回答的问题。

① 谈火生：《民主审议与政治合法性》，北京：法律出版社，2007年。

② 谈火生、霍伟岸、何包钢：《协商民主的技术》，北京：社会科学文献出版社，2014年。

基于此，我们在本章中试图在经验描述的基础上来回答协商民主理论和实践的关系问题，并结合中国的实际来考察，协商民主理论在中国的传播过程中发生哪些变化？未来会向哪个方向发展？我们发现，中国学界对协商民主的研究正经历着一个从“协商转向”到“经验转向”的变化。基于这一判断，我们将提出自己的研究框架。

（一）理论和实践的互动：经验观察与规范思考

在本节中我们首先从经验层面对协商民主的发展做一个描述，然后在经验描述的基础上思考协商民主理论和实践之间的关系。本节主要包括四个方面的内容：第一，协商民主的实践先于协商民主的理论。但是，这并不意味着协商民主理论的产生是对协商民主实践规律的总结，从协商民主的发展来看，理论和实践最初是两条平行线，一开始，人们在实践时并不知道自己做的就是协商民主，等到协商民主的理论提出之后，实践者才发现自己的实践原来就是协商民主。第二，协商民主实践的发展经历了从精英型协商向大众型协商的转变，这一点在中西方是一样的。第三，协商民主理论的发展经历了从规范研究向经验研究的转向。第四，协商民主理论和实践之间的复杂关联。

1. 协商民主实践：协商民主理论的先导

协商民主理论并不是协商民主理论家对实践进行反思然

后提出的一种理论，协商民主的实践也不是先构思一个理论再将其应用到实践中去。实际上，协商民主的理论和实践是同步进行，各自独立发展起来的，而且，实践早于理论。比如，讲到西方协商民主实践时，通常会谈到美国当年的科学技术评估办公室，以及他们在20世纪70年代开展的一些协商民主的实践活动，但在那个时候没有“协商民主”这个词，更不用说完整的理论了。学术界公认，“协商民主”一词最早出现在1980年，当时是毕塞特写了一篇文章，在文章里面使用了“deliberative democracy”这个词。[①] 就像埃米·古特曼所言，deliberative 和 democracy 这两个词以前是不可能放在一起的，因为这两个词蕴含的前提是不一样的，甚至是对立的。[②] deliberation 有两个含义，第一个含义就是慎思，审慎地思考；第二个含义是公开的讨论。在以前思想家的观念里面，慎思是一般人做不到的，他没有这个能力。deliberation 这个词在政治思想史上出现很早，比如，在亚里士多德的《政治学》和《尼各马可伦理学》中这个词就已经是一个重要的概念了，他认为慎思不是一般人能做到的，基本上局限于精英。讨论是在慎思的基础上展开的，所以，以前人们一直认为慎思的活动和民主是没有关系的，民主强调的是平等，所谓的民主化

---

① Joseph M. Bessette, Deliberative Democracy: The Majority Principle in Republican Government. in *How Democratic is the Constitution?* eds. By Robert A. Goldwin and William A. Schambra, Washington: American Enterprise Institute, 1980, pp. 102 – 116. 中文译文请见：陈家刚主编：《协商民主与政治发展》，北京：社会科学文献出版社，2011年，第35 – 50页。

② 谈火生主编：《审议民主》，南京：江苏人民出版社，2007年，第8页。

是把质量的标准去掉，民主最主要的标志是通过投票来做出决定，但是按照票来决定的时候，意味着每个人按照自己的思考所投下的票之间是没有质量的区别的，假如有质量上的区别还能按照数量的多少来进行判定吗？当然不能，如果人们的判断存在质量上的差别，数量是没有意义的。从这个意义上来讲，民主的假定是所有人都是一样的，没有谁比谁更高明。但是协商（从慎思意义上讲）意味着有人比其他人更高明，一般人可能没有慎思的能力，只有少数的精英才具备这个能力，从亚里士多德到《联邦党人文集》，一直到19世纪中叶的密尔等人都是这个想法。《联邦党人文集》里面有一个很重要的思想就是，选举产生的国会议员的能力比一般老百姓高，依靠大众的激情来做判断是不靠谱的，只能将政治判断的权利留给这些精英们，通过制度的方式将大众的激情阻挡在外面，通过精英协商对大众的意见进行提炼，形成合理的决策。所以，一直到20世纪80年代之前都没有人把deliberative和democracy结合，因为这两个词背后的逻辑是完全不同的，甚至是矛盾的。

当1980年毕塞特第一次将二者结合在一起时，他其实还没有我们今天这种大众协商的企图，他强调的仍然是精英内部的协商，和我们今天通常讲的协商民主还不太一样。在毕塞特之后，整个20世纪80年代只有两篇比较重要的论述协商民主的文章，一篇是1987年伯纳德·曼宁（Bernard Manin）写的《论合法性与政治协商》，一篇是1989年罗尔斯的学生乔舒亚·科恩（Joshua Cohen）写的《审议与民主的合法性》。[①] 到20世纪90年代协商民主才开始流行起来。所以，严格来讲，协商民主理论的产生其实是很晚的。但是，在理论出现之前，其实已经有大量的协商民主实践了。例如，20世纪70年代美国的“科学技术评估办公室”就一些技术性问题召集专家和利益相关者一起讨论；后来丹麦的科技委员会也向美国的科学技术评估办公室学习，他们开展的协商实践——如共识会议、愿景工作坊、未来小组等——成为后来协商民主最重要的形式。除此之外，还有一些和今天的协商民主特别接近的实践活动，比如由内德·克洛斯比（Ned Crosby）于20世纪70年代初创造的公民陪审团（Citizen Jury），这个不是指美国司法制度中的公民陪审团，而是邀请普通公民对公共政策进行讨论，然后将讨论结果交给相关的政府部门供其参考。1971年，内德·克洛斯比还在读书时就产生这样的想法，1974年他创立了杰弗逊中心专门从事这项工作，他们在美国还注册了商标，所有在美国境内开展的相关活动都必须要经过他们的批准。20世纪70年代末，凯特琳基金会开始筹备，并于1981年建立了“国家议题论坛”，对于当今世界面临的一些重要的问题，组织公民来进行讨论。这个“国家议题论坛”也发展出一整套标准流程和70多个相关的议题手册，对后来全世界协商民主的发展都起到了示范作用。除此之外，还有德国的“计划圈”，它和美国公民陪审团的操作方式很相似，但它是独立发展出来的，两个创始人互相之间并不认识。在20世纪80年代之后，这两个创始人由于

① 这两篇文章均被收入谈火生主编：《审议民主》，南京：江苏人民出版社，2007年。

机缘巧合碰到一起，他们就互相学习。计划圈与美国公民陪审团的差别在于，计划圈本身就是政府决策过程的一个环节，这就确保了它对政府决策的影响力。当政府想要征求民众对政策的看法时，就委托计划圈来组织协商，委托的时候还会签订一个合同，规定讨论的结果交给政府之后，政府一定要回应，无论同意不同意都要公开做出说明，这对政府的决策是一个很强的约束，也就是说计划圈的协商活动和政府的决策之间建立了一个比较好的连接通道，而这样的通道在美国的公民陪审团中是没有的。詹姆斯·菲什金（James Fishkin）在2005年参与组织浙江温岭的协商活动，他发现协商的结果对政府的决策构成了实质性的影响，他很感慨，说中国在这一点上做得比美国还好。这是很有意思的一个问题。

通过以上的梳理可以看出，在协商民主理论产生之前，有大量的协商活动已经产生了。当然，也有一些协商实践在协商民主理论的指导之下发展起来的，如菲什金的协商式民意调查。詹姆斯·菲什金当时是德克萨斯州立大学政府系的主任，他将社会调查的手段进行了改进。常规的社会调查通过问卷回收回来的数据，是填写问卷的人就当时所掌握的信息、在缺乏足够反思的情况下做出的回答。菲什金认为这种方式是有问题的，它反映的是未经反思的偏好，不应该成为决策的依据，因为这样的偏好有可能是不理性。因此，菲什金认为应该像《联邦党人文集》所说的那样，对这些粗糙的偏好进行提炼，使得最后的决策更加符合理性。他的办法是通过抽样的方式选取普通公民，为他们提供充分的相关资讯，让他们集中在一起讨论，在此基础上得出一个比较理性的结论。也就是说，这种调查不是看普通民众目前是怎么想的

(what the public think)，而是试图观察普通民众在具备充分的信息并经过理性讨论之后会怎么想（what the public would think），这时候的想法更有可能是深思熟虑的、相对理性的判断，将其作为公共决策的基础就会更加合理。基于这种考虑，菲什金发明了一套协商式民意调查（deliberative polling）的技术。①

中国也是一样，我们引进协商民主理论大概是在2003年左右，但是，在此之前中国其实已经有很多协商民主的实践了。关于这一问题，我们将在第三章进行详细的梳理，此处我们只做一个粗线条的勾勒。最早的政党协商在中华人民共和国成立前就已经开始了，其源头可以追溯到1938年的国民参政会；政协协商在1949年就已经建立起来了。虽然以政党协商和政协协商为代表的政治协商和严格意义上的协商民主的规范和流程不完全一样，但是基本上符合协商民主的基本要求。除此之外，还有一些基层的协商活动，如浙江温岭的民主恳谈会，在1999年就开始了（本书第七章将对这个案例进行详细的分析）。在协商民主理论还没进来之前基层就创造了民主恳谈，在协商民主理论进来之后，我们将现代协商民主的技术手段注入民主恳谈会的实践当中，完成了民主恳谈会的升级。前面提到的菲什金教授直接参与了这一升级改造的过程。2004年浙江大学举办的协商民主研讨会把菲什金请过来了，当时温岭主管民主恳谈的地方官员也去参加了讨论会，他们在会上听到菲什金介绍他的协商式民意调查技术，

① James Fishkin, *Democracy and Deliberation: New Directions for Democratic Reform*. New Haven: Yale University Press, 1991, pp. 1 – 4.

认为正好可以拿来做个试验。双方一拍即合，发现效果很好。

还有人大协商，有些人一直存在一个误区，一讲协商就认为，只有当人大与别人协商才叫协商，所以，他们的理解是人大和政府部门、人大和普通民众就一些议题进行讨论才叫协商。其实不然，协商在人大内部就有，如人大常委会就《立法法》修正案进行讨论，这就是协商民主，也就是精英型协商民主。在西方，议会和法院里面的讨论就是最典型的协商民主。在这个意义上来讲，中国的协商和西方的协商是很相似的，协商民主的实践都早于协商民主理论的产生。但是，我们不能据此推断，协商民主理论是对协商实践的反映。实际的情况是，协商民主理论在产生之初和协商民主实践活动没有直接的关联，其发展的动力源于理论自身内部的逻辑，关于这一点，我们将在第二章第一节予以讨论。当然，同样需要指出的是，当协商民主理论产生之后，它确实和协商民主的实践之间存在着非常复杂的互动关系。

2. 协商民主实践的发展：从精英型协商到大众型协商

前文已述，将 deliberative 和 democracy 联系起来最早是 1980 年毕塞特的一篇文章，但是，这篇文章根本没有设想由普通民众来对公共政策进行讨论，它基本上还是谨守着《联邦党人文集》的立场，强调当时的美国政府忘记了国父们在建国时期提出的共和制理念，提倡在政治生活中恢复协商民主。在他的构想中，协商民主发生的场域和公民社会没有关系，仅仅只是在议会、法院、政府部门内部进行。科恩 1989 年的文章把毕塞特的精英型协商民主概念进行了转化，变成大众型协商民主。但科恩并没有提出具体的制度性构想，只是提出一些基本的理念，如协商民主是什么，它应该遵循哪些原则?[1] 1992 年，哈贝马斯在《在事实与规范之间》中提出了比较完整的双轨制协商民主的制度构想，公共领域的大众协商成为协商民主的主要成分。[2] 这本书在 1992 年出版德文版时影响也不大，到 1996 年这本书被翻译成英文以后，协商民主的概念在整个学界迅速地蔓延开来。与此同时，罗尔斯也提出了协商民主的想法（从某种程度上讲，罗尔斯是在他的学生科恩的启发之下对他的思想进行了重新阐述)。可以说，罗尔斯和哈贝马斯这两位学术明星真正带动了协商民主理论在西方的发展，使之成为现阶段西方民主理论的重中之重。在其传到中国以后，协商民主变成了中国关于民主问题研究最重要的方向。

哈贝马斯的《在事实与规范之间》提出的双轨制协商民主构想，其核心思想是认为公共领域和国家正式机构中都存在协商民主，但是，公共领域的协商民主应该在国家的决策中发挥主导作用，公共领域的协商民主应该引导国家正式机构的协商民主，对国家正式机构的议程设置和决策过程产生实质性影响。可以说，哈贝马斯的想法是比较理想化的，在他的构想里面公共领域的作用非常大，甚至要求政府唯公共领域的马首是瞻。他这个想法也不是凭空而来的，他举了很多例子，比如说，在 20 世纪一些重大的议题都不是首先由政府部门提出来的，都是先在公共领域里面产生出来的，如环

① 乔舒亚·科恩:《审议与民主的合法性》，载谈火生主编:《审议民主》，南京：江苏人民出版社，2007 年，第 173 – 189 页。

② 哈贝马斯：《在事实与规范之间》，童世骏译，北京：三联书店，2003 年。

境问题、女权问题、核能的和平利用问题等很多重要的议题都是从公共领域里冒出来，通过社会运动和舆论压力，然后才进入政府的公共议程。在哈贝马斯看来，政府比较被动，也比较懒散和麻木，不能对一些重大的问题保持敏感；相反，社会领域对这些问题比较敏感，而且能产生出各种相关的理论和政策建议，他希望能通过双轨制协商民主的制度安排将其导入决策过程。到哈贝马斯这里，协商民主理论的研究重心就转向了大众型协商。

这里可能涉及一个问题：大众型协商的逻辑和民主的逻辑是一样的，必须假设大众具备协商的能力才行，因此，当我们提倡大众型协商民主时，首先要解决的问题就是大众如何具有协商的能力。协商民主理论对这个问题是有考虑的。首先，它假定随着教育水平的提高，普通民众中的绝大部分人都受过基本的教育，这使得普通民众具备一定的协商能力。当然，我们并不能保证受过基础教育的人一定具备与各种技术性问题（如核能问题、转基因食品问题）相关的知识，所以，协商民主理论提出了一些新的辅助性手段，比如专家的辅导。各种协商民主的实践形态在开展协商活动的时候，一定会制作议题手册，而且会找专家团队来制作。例如，如果我们准备就 PX 项目（对二甲苯化工项目）进行协商，首先就要找一些专家，不光是技术专家，还包括公共政策专家，由这个专家团队将关于 PX 项目的不同观点提炼出来，并列出支持方和反对方各自的理由及其论据。支持 PX 项目的人可能会以韩国、日本为例，考察 PX 项目在韩国、日本实施的情况，包括各种相关的数据和资料。这样制作的议题手册要提前发到参与讨论的人手中，让他们学习。如果必要的话，可能会在协商之前专门请专家对参与协商的人进行专业知识的培训。

除了协商能力之外，还有一个问题：大众参与协商的意愿。来参加讨论的人应该是对该问题感兴趣的人，愿意投入相应的时间和精力，否则他就拒绝了。在实践中，拒绝率还是挺高的。例如，1996 年由德州大学等单位举办的全国层面的协商式民调，参与者虽然是通过随机抽样产生的，但真正参与协商的人只有原来抽取人数的 36%。这不仅会影响协商民主的代表性，而且运行成本很高，假如一开始抽样产生了 1000 人，你就要挨个打电话联系、提供相关资料、耐心进行解释等，时间成本和人力成本都很高。为了防止这种现象，有些协商民主的实践就采取事前控制的方法，先通过各种渠道进行宣传，如：召开记者会、随机样本电话访问、在报纸电视上刊登广告等来招募志愿者，然后再从这些志愿者中进行随机抽样。所以，从精英型协商到大众型协商的转变需要一定的技术手段来保障，否则，协商民主就会流于形式，没有意义。2015 年 2 月中央颁发的关于协商民主的意见中，专门谈了协商民主的程序问题，就是希望通过制度化规范保证协商活动的有效开展。

从中国来讲，也有一个从精英型协商到大众型协商的转变过程。中国最典型的协商活动就是人民政协。1949 年政协就产生了，但政协的协商是精英化的，无论哪个层级的政协委员都是其所在领域中的精英。1987 年党的十三大报告中提出社会协商的概念，即重大的公共政策应该让普通民众进行讨论。这个想法很好，但是没有得到落实。2000 年以来，在基层开展了一些协商活动，这些协商活动不再由精英垄断了，而是普通民众在其中唱主角了。2000 年以后协商民主的理论也开始进入中国，大家就开始重新思考我们以前政治生活中既有的实践活动，并用协商民主的理论来解释这些实践活动。

当然，现在有很多人不太同意精英型协商这个提法，其实精英型协商是大众型协商的原型，大众型协商在某种意义上来讲是借用了精英型协商的一些基本的手段和方法，不过是把协商的参与人员扩展到普通民众。

3. 协商民主理论的演进：从规范研究到经验研究

按照西方学者自己的归纳，西方的协商民主理论从 20 世纪 80 年代末至今，大概经历了三代理论家的发展。第一代理论家以科恩、哈贝马斯和罗尔斯等人为代表，他们主要从规范的角度来论证协商民主本身的合法性，提出了宏观的构想。他们的理论提出来之后，遭到的批评主要有两点：第一，哈贝马斯讲的双轨制协商民主很抽象，怎样才能落实？需要哪些具体的制度安排？哈贝马斯对此没有论述。所以，到第二代协商民主理论就开始着重思考协商民主的制度化问题。第二，哈贝马斯对协商民主提出了过强的理性要求。哈贝马斯有一个非常核心的观点就是“沟通理性”，政治生活应该在沟通理性的指导下展开。第二代协商民主理论家对他的沟通理性概念提出了质疑，如果协商民主的活动必须按照沟通理性的要求展开的话，可能会把很多人排斥在外。艾丽斯·杨（Iris Young）在《包容与民主》中认为，哈贝马斯关于理性的设想是有问题的，很多人可能不一定具备这种理性的能力，应该把其他的沟通方式也引入协商实践。比如讲故事，一个农村妇女可能不会与你进行严密的逻辑推理和辩论，但她可能会讲故事，把自己的亲身经历生动地讲述出来，这有利于推动讨论的深入。因此，应该把协商民主的理性要求放宽，不要严格地限定在理性的前提之下。同时，哈贝马斯认为应该通过协商达成共识。但是，要达成共识是很难的。尽管从理论上讲，通过足够长时间的协商能够达成一个共识性的意见，但时间成本会非常高。所以，第二代协商民主理论家们进一步丰富了协商民主的内涵，充分考虑到社会的复杂性。在这种高度复杂的情况之下，如果严格按照哈贝马斯的理想情境实在是太不现实了。但是，他们都是在哈贝马斯工作的基础上进行完善。在第二代协商民主理论家那里，制度安排仍然是非常薄弱的，所以，到 2000 年以后，第三代协商民主理论家们关注的重心转向制度安排，大量关于协商民主的研究都是经验研究，看具体的协商活动是如何开展的？协商民主的有效运作需要什么样的制度安排？从第一代规范性的论证到第三代制度化的发展，协商民主越来越重视经验研究，首先是对现有协商活动的经验材料进行挖掘，其次是以实验的方式，通过控制变量，分析协商怎样才能有效开展，这可能是未来协商民主理论发展的方向。①

从中国来讲，我们现在也面临从规范研究到经验研究的转型，而我们目前的经验材料比较少，除了政协和基层之外，其他领域的协商民主发展相对来说比较薄弱。人民政协协商民主不仅历史积淀深厚，而且近年来发展迅速；在基层，全国各地都有一些比较成功的经验，我们要及时对这些经验进

① 斯蒂芬·艾斯特：《第三代协商民主》（上、下），蒋林、李新星译，分别载于《国外理论动态》2011 年第 3 期和第 4 期。

行总结。[①] 在未来的一段时间里，中国协商民主研究的重心会转向经验研究。

4. 协商民主理论和实践的关系

从经验角度对协商民主理论在中国和西方的发展进行描述之后，现在回到我们一开始提出的两个问题：第一，理论自身的发展和实践之间到底是什么关系？第二，理论在传播过程中究竟会发生哪些变化？

第一，实践和理论发展的关系。前面我们在论述协商民主理论发展时提到，当时西方协商民主的理论和实践是两条线平行发展的，这里面有两个问题：一是协商民主理论的发展并不是针对协商民主的实践展开的，而是理论自身内部的逻辑在推动它发展。从20世纪40年代开始，人们在民主前面加各种形容词，如熊彼特的精英民主，他认为民主就是一套选择领导人的机制，选举之后普通民众就不再参与政治活动。后来，在反思精英民主的过程中，出现了多元主义民主理论，认为政治活动不能仅仅局限于政治精英，还应该有社会参与。但是，这种社会参与并不是所有人都参与，而是指社会精英的参与，不同的社会利益集团也应该加入到政策的制定过程中来。多元主义民主有一个最基本的假定，不同的利益集团具有平等地进入政策过程的机会，并能达到一种比较均衡的状态。到了20世纪80年代，多元主义民主的代表人物达尔写

① 从协商民主的经验研究来讲，浙江温岭几乎创造了一个学术奇迹，最近十几年来，基于温岭经验产生了大量的学术成果，而且，吸引了很多国外学者的目光。相对而言，尽管人民政协协商民主的实践经验非常丰富，但对其经验展开的有分量的学术成果却不多。

了一本书，叫《经济民主理论的前沿》，把他以前的假设全部推翻了，他认为多元主义的基本假定是不成立的。[①] 在这样的背景下，又提出了参与民主的概念，即不光是社会精英应该参与到政策的制定过程中来，而且普通民众也应该参与进来。到20世纪80年代末期，协商民主理论也发展起来，协商民主认为，参与民主强调所有的人都应该参与进来，但怎么参与进来呢？还有一个方式的优劣、质量的高低问题。协商民主要解决的问题是参与的质量问题，它要把参与民主进一步提升，不光是要参与，而且要以协商的方式参与进来。所以，从理论内部来讲，从精英民主到多元主义民主，再到参与民主和协商民主，有理论内部的逻辑在推动它向前发展。这是从西方来讲的。

从中国来讲，协商民主是与选举民主对应的。各级人大的选举从1953年即开始实行，基层的村民委员会选举则是从1983年开始的。30多年来，选举民主一直在发展，但层级一直不高，从村庄到乡镇，在镇这一级就碰到了“瓶颈”，很难再往上走了。同时，村庄在选举之后的治理过程也出现了很多问题，所以需要寻找另外的途径使民主的发展获得新的动力和空间，这是协商民主发展的背景。所以，除了理论内部的逻辑在推动它向前发展外，还有实践的推动，无论是西方还是中国，都是在碰到问题之后才开始新的尝试，如美国俄

① 罗伯特·达尔本人的学术历程非常典型地折射出西方民主理论的演变轨迹，从早年的多元主义民主到后期的参与民主，达尔都可谓是代表人物，他晚年在《民主及其批评者》中其实已经提出了协商民主的基本构想。

亥俄州关于医疗改革的协商活动就是这样产生的[1]；广东惠州关于外嫁女权益保护的协商活动也是如此，在维稳的压力下引入协商民主的方法。[2] 另一方面，虽然实践推动理论发展，但不能简单地把理论的发展看作是对实践的反映，实践可能只是提供了动力，发展的方向还是由理论自身逻辑来决定的。此外，理论和实践两条线索之间可能还会相互交织、相互影响。

第二，理论的传播对理论自身产生什么样的影响？我们认为，理论在旅行过程中可能会通过相互学习和新的地方性知识的输入，从而使理论本身得到检验或者发展。无论在西方还是中国，从协商民主的角度来讲，都会看到这样的过程。从西方来讲，美国公民陪审团的创始人克洛斯比和德国“计划圈”的创始人丹尼尔，他们各自独立地发展出一套协商民主的实践手段。他们之前没有任何接触，1984 年因为开会碰到一起，交流之后发现他们的设计非常类似。克洛斯比在他的书里提到，“计划圈”的实践有一点很值得他学习，就是它能够把协商活动和政府的决策活动有效地衔接起来，他回到美国之后也这么做了，效果很好。[3] 所以，理论在传播过程中会出现一个相互学习的过程，这个过程反过来会强化理论，甚至推动其发展。2004 年加拿大举办的关于选举制度改革的

---

① 谈火生主编：《审议民主》，南京：江苏人民出版社，2007 年，第 13－14 页。

② 何包钢：《协商民主和协商治理：建构一个理性且成熟的公民社会》，《开放时代》2012 年第 4 期，第 23－36 页。

③ Ned Crosby and John C. Hottinger, *The Citizens Jury Process*, 2011, http://www.jefferson-center.org/.

协商活动，是我们到目前为止看到的最复杂的协商活动，它几乎把所有可以想象到的手段全用上了，除了常规的抽样方式之外，还有一个普通民众关于此问题的讨论，而且他要求公民会议的代表每个人在整个过程中至少要参加4次普通民众关于选举的讨论，并做主题发言。除此之外，还有网上的讨论，使得每个人都有更全面、更平衡的考量。最后，协商形成的意见要交给公民投票来决定是否采纳，这样就把协商民主的成果和公民投票这种直接民主形式结合起来。整个协商民主的过程非常复杂，持续时间长达一年，难度非常大。① 围绕这个案例的专著至少有4本了，尽管加拿大不是协商民主的起源国，但是它的实践反过来对协商民主理论的发展起到了很大的推动作用。在中国也是如此，协商民主理论从国外传到中国，中国人对它的理解使得协商民主理论有一定的变化；反过来，中国的实践对西方的协商民主理论也产生了新的刺激。2011年何包钢写了一篇论文，提出一个新的概念“威权式协商”（Authoritarian Deliberation），威权指的是当前中国的政体是一种威权政体，但是这种威权政体并没有妨碍中国协商民主的发展。在威权的前提之下有大量的协商民主的因素产生。② 在西方的思想脉络中，威权政体是和民主政体相对立的，但何包钢把二者结合在一起，提出来一个新的政体类型——“威权式协商政体”，这有利于丰富我们对于政体问题的

---

① 相关情况可以参考谈火生、霍伟岸、何包钢：《协商民主的技术》，北京：社会科学文献出版社，2014年，第6章。

② Baogang He and Mark E. Warren, Authoritarian Deliberation: The Deliberative Turn in Chinese Political Development. *Perspectives on Politics*, Vol. 9, No. 2, 2011, pp. 269－289.

认识。

十八大报告的英文版将“协商民主”译为 consultative democracy，有些西方学者说，consultative 是咨询，不是协商，中国的“协商民主”不是西方意义上的“协商民主”（deliberative democracy）。但是，这个讲法有些草率，因为 Consultative democracy 和 deliberative democracy 是协商的两种类型，即咨询性协商和决策性协商，其区别在于协商活动的发起者。决策性协商的发起者是具有决策权的机构，如人大、政府、基层的村（居）民委员会等；如果发起者是没有决策权的机构，我们则称之为咨询性协商，如政协、民主党派、社会组织开展的协商活动。决策性协商的结果一定会对决策造成影响，而咨询性协商则不一定。如教育部就外地务工人员子女在北京参加高考的问题开展的协商是决策性协商，而政协就同样主题开展的协商活动则是咨询性协商。在西方也是一样，也存在两种形式的协商活动。公民陪审团就是咨询性协商，菲什金倡导的协商式民意调查也是咨询性协商，但是，德国的“计划圈”就是决策性协商，因为它的发起者是政府部门。因此，无论是中国还是西方，协商都存在两种形式，不能因为我们用了 consultative democracy，就说我们不是 deliberative democracy。中国的实践和翻译反过来会促进西方关于协商民主问题的思考。从这个意义上讲，中国对于协商民主理论的引入和中国自己对它的阐释，反过来会促使我们和西方学者更深入地思考协商民主理论的内涵和限度，从而推动理论自身的发展。

（二）协商民主研究在中国：从“协商转向”到“经验转向”

随着《意见》的出台，关于协商民主的研究也进入一个新的高潮。回首过去，可以说学界关于民主问题的研究经历了一个“协商转向”；展望未来，协商民主正在发生“经验转向”。如果说“民主研究的‘协商转向’”是对民主理论研究状况的一个观察，那么，“协商民主的‘经验转向’”则是对协商民主研究未来走向和任务的一个判断或期待。

1. 民主研究的“协商转向”

“协商转向”（deliberative turn）这个说法不是笔者发明的，2000 年澳大利亚的一位学者约翰·德雷泽克（John Dryzek）写了一本书《协商民主及其超越》，在这本书里他就用“协商转向”来描述西方民主理论的变化，他认为西方的民主理论研究在 20 世纪 90 年代发生了转变，协商民主成为新的研究方向。[①] 在笔者看来，这个转向在西方的表现还没有中国明显。为什么这么说呢？让我们先来看两张图。

第一张图是笔者 2013 年在写作《协商民主的技术》时，根据弗兰克·坎宁安《民主理论导论》一书所列举的几种主

① John S. Dryzek, *Deliberative Democracy and Beyond*. Oxford: Oxford University Press, 2000, p. 1.

要民主理论[①]，对中国学术文献网络出版总库进行检索的结果。

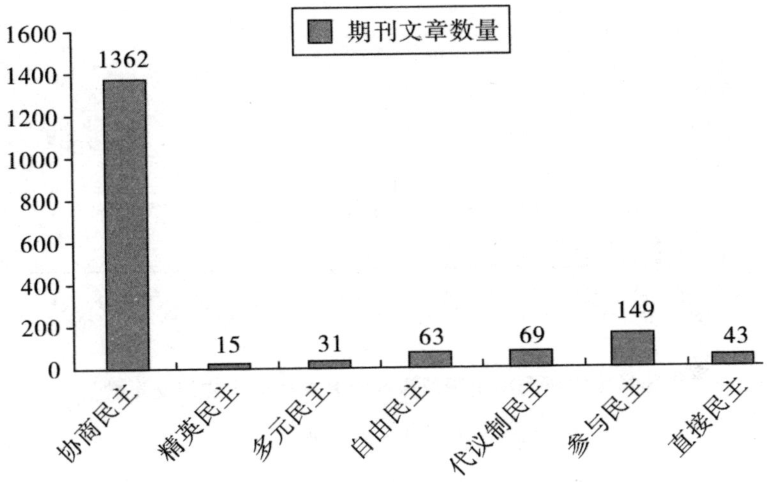

中国学术文献网络出版总库收录的与民主理论相关的文章数量

（2004 年 1 月 1 日—2013 年 10 月 18 日）

说明：2013 年 10 月 18 日在中国学术文献网络出版总库中检索，检索位置均为文章标题。

从这个图中我们可以看到，在十八届三中全会之前的十年间，学界研究协商民主理论的文章数量达到 1362 篇，而研究其他各种民主理论的文章总量不过 370 篇，还不到 2014 年一年发表的关于协商民主的文章数量（823 篇）的一半。这种反差实在太强烈了，这组数据充分说明，在那个十年中，中国学界关于民主理论的研究确实发生了一个“协商转向”，即，协商民主成为中国民主理论研究的一个最重要的方向。

① 弗兰克·坎宁安：《民主理论导论》，谈火生等译，长春：吉林出版集团有限责任公司，2010 年。

为什么会有这样的转向发生？我们再来看另外一张图：

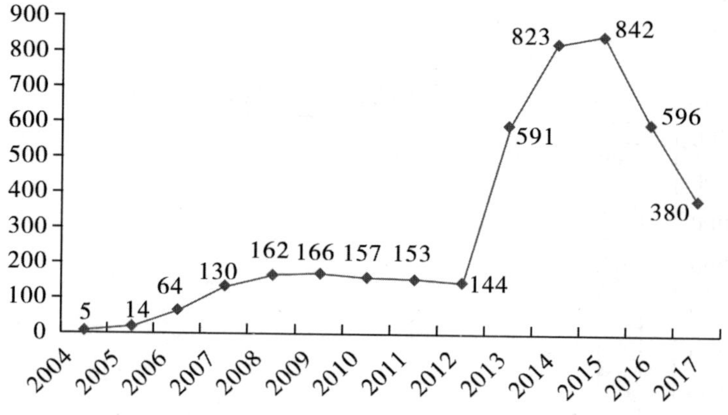

中国学术文献网络出版总库收录有关协商民主的文章数量

（2004 年 1 月—2017 年 12 月）

说明：2018 年 5 月 4 日在中国学术文献网络出版总库中检索，检索位置均为文章标题，检索词“协商民主”。

从这张图中我们可以看出，协商民主理论研究经历了两次比较大的飞跃，而这两次飞跃都与中共中央文件的时间节点相吻合。第一次飞跃发生在 2006 年，发表的论文从 2005 年的 14 篇一下子上升到 2006 年的 64 篇，2007 年则达到 130 篇；第二次飞跃发生在 2013 年，从原来的 144 篇左右猛升到 591 篇。值得注意的是，2005 年和 2006 年，中央连续出台了两个 5 号文件，《中共中央关于进一步加强中国共产党领导的多党合作与政治协商制度建设的意见》和《中共中央关于加强人民政协工作的意见》，在接下来的 2006 年和 2007 年，关于协商民主的文章数量翻了差不多 10 倍。从 2007 年到 2012 年，数量非常平稳，基本维持在 150 篇左右，在 2009 年达到一个高位以后，呈缓慢下降趋势。2012 年党的十八大提出“健全社会主义协商民主制度”，2013 年关于协商民主的文章数量又猛增，翻了4倍有余。在接下来的两年里，更是一路冲到800多篇，达到一个新的高潮。[①]

更重要的是，中央文件的变化背后反映的是中国政治社会本身的变化，以及协商民主在回应社会政治变化方面所具有的潜力，它有助于解决当前中国面临的各种社会政治问题。所以，《意见》第2条在谈到加强协商民主建设的意义时，就提出了5个“有利于”：“有利于扩大公民有序政治参与、更好实现人民当家作主的权利，有利于促进科学民主决策、推进国家治理体系和治理能力现代化，有利于化解矛盾冲突、促进社会和谐稳定，有利于保持党同人民群众的血肉联系、巩固和扩大党的执政基础，有利于发挥我国政治制度优越性，增强中国特色社会主义道路自信、理论自信、制度自信”。这些都是我们面临的很迫切的问题，协商民主有助于推进国家

① 值得注意的是，从2016年起，关于协商民主的论文数量开始下降，其发展趋势和前一波类似，都是在文件出台三年后开始出现转折点，其原因可能和一些学者跟风研究、打一枪换一个地方有关。对此，还有一个因素需要考虑，2015年《意见》出台后，研究者开始按照《意见》提出的七个渠道来规范自己的研究，因此，在文章标题中出现的可能是“政党协商、人大协商、政府协商、政协协商、人民团体协商、基层协商和社会组织协商”，而不是“协商民主”，但文章确实是关于协商民主的。考虑到这一因素，笔者用七个协商渠道作为关键词，对2015—2017年重新进行了检索。2015年有约70篇标题中没有“协商民主”字样但属于协商民主主题的文章，因此，2015年关于协商民主的文章总数应该是910篇左右；2016年有110多篇标题中没有“协商民主”字样但属于协商民主主题的文章，因此，2016年关于协商民主的文章总数应该是700篇出头；2017有约50篇标题中没有“协商民主”字样但属于协商民主主题的文章，因此，2017年关于协商民主的文章总数应该是430篇左右，回落到2013年的70%。从2018年第一季度的数据来看，仍呈缓慢下滑趋势。

治理体系和治理能力现代化，这应该是“协商转向”发生的最根本原因。

从2003年左右学界开始介绍协商民主这种新的民主理论，到2012年“协商民主”进入最高规格的中央文件，只用了不到十年的时间，这是其他新理论和新概念从未享受过的待遇。

2. 协商民主研究的“经验转向”

为什么说协商民主在迎来新的研究高潮时经历一个“经验转向”呢？所谓经验转向，是说协商民主研究在今后一段时间，研究重心正从规范性研究转向经验研究。如果说，在十八大之前，协商民主理论研究的主要任务是宣传、推动对于这种新的民主模式的研究，并将研究重心集中在协商民主的规范性内涵，回答“协商民主是什么”“协商民主与其他民主形式之间的区别与联系”“为什么要开展协商民主”“中国协商民主和西方的协商民主有何异同”等问题上，那么，在十八大之后，尤其是《意见》出台后，协商民主理论研究的重心正逐步转向经验问题：协商民主的规范性理想如何才能落实到实践之中？如何才能制度化？用十八大和十九大报告的话来说，就是“健全社会主义协商民主制度”，“形成完整的制度程序和参与实践，保证人民在日常政治生活中有广泛持续深入参与的权利”。这是协商民主理论和实践发展的客观需要。

从实践发展的需要来讲，经验研究是推进协商民主建设非常重要的一个组成部分。《意见》指出，要“支持鼓励协商民主建设探索创新”，“注重实践经验提炼总结，并适时上升为制度规范”。这是在总结30多年改革开放经验的基础上作出的准确判断。过去30多年改革开放的成功得益于中国改革的渐进性，与苏联、东欧等其他社会主义国家不同的是，中国的改革不是推倒重来式的剧变，而是通过“试点—总结—推广”的方式，稳步向前推进，在经验积累的基础上，成熟一点，推进一点，看起来不快，但累积效应很明显。协商民主建设也要走这条路，推进协商民主广泛多层制度化发展，不仅需要顶层设计，提出健全社会主义协商民主制度的总体框架，也需要通过对实践经验的总结，将一些好的经验好的做法上升为制度规范，为各级各地的协商民主建设提供范本。但我们现在的问题是，一方面探索创新还不够，探索创新的方式方法也有待改进；另一方面，对已有的探索创新的总结也不够。在现有的关于协商民主的研究成果中，除了浙江温岭的民主恳谈会得到了较为充分的关注之外，其他渠道协商民主建设的经验总结得还不够。即使是我们在实践上最为成熟的政党协商和政协协商，经验总结也还不够，例如，近年来全国政协和很多地方政协都开展了立法协商，而且，北京、上海、福州、济南等地方政协的立法协商做得是不错的，但我们还没有看到探讨这一问题的专著。① 因此，协商民主建设的实践本身迫切要求加强经验研究。

从理论发展的需要来讲，理论的发展从来都是来源于实践。《意见》中有两处专门谈到协商民主的理论建设问题，一处是第26条，强调要“加强协商民主理论研究，不断丰富和发展社会主义协商民主理论体系”，一处是第2条，加强协商民主建设有利于“增强中国特色社会主义道路自信、理论自

① 关于这方面的情况，请参考本书第六章的论述。

信、制度自信”。中国有丰富的协商民主实践，但在协商民主理论建设方面却不尽如人意。到目前为止，我们对世界范围内协商民主理论的贡献还是比较小的，这与我们在协商民主实践方面的丰厚积累完全不对称。笔者认为，就理论发展与经验研究之间的关系而言，协商民主理论的健康发展必须注意两个问题：

第一，保持理论和实践之间的良性互动。事实上，在过去十年间，协商民主获得了快速的发展，其重要原因就是学界的知识生产和党的理论创新之间的良性互动，以及学界的知识生产和基层治理创新之间的良性互动。一方面，执政党关注到学界关于协商民主理论的研究，并将其吸纳到党的话语体系之中，以新的视角来阐释既有的政治社会实践；另一方面，执政党的自我调适又反过来推动了学界关于协商民主的研究，使其日益丰富。一方面，学者积极参与基层治理创新，例如，在浙江温岭，民主恳谈会的每一步发展都能看到学者的贡献；另一方面，基层的治理创新又为协商民主理论的发展提供了丰富的养分，无论是何包钢的《协商民主：理论、方法和实践》，还是陈朋的《国家与社会合力互动下的乡村协商民主实践》，都是基于温岭经验完成的，而且都成为这个领域最有分量的著作。

第二，在关注经验事实时要有高度的理论自觉。这一点可能是我们比较欠缺的。所谓理论的自觉有两个方面的要求：一是自觉地在理论的指导下去关注经验事实，理论就像一个探照灯，可以照亮事实，帮助我们发现和甄别哪些事实更值得关注；二是在观察经验事实时自觉地进行理论思考，发现事实背后所蕴含的理论内涵。重视经验研究不是说仅仅把故事讲清楚就够了，故事讲清楚当然是必要的，但还不够，还应该对故事进行理论提升，这样才能不断丰富和发展社会主义协商民主理论体系。2011 年，牛津大学出版社出版了一本名为《当人民决定》的书，这本书解析加拿大不列颠哥伦比亚省、安大略省和荷兰的三个协商民主案例，这三个案例都是关于选举制度改革的协商，而且都持续达一年左右，操作方式也很类似，程序非常完整。但是，作者关心的不是这三个案例的具体操作，而是用这三个案例来检验一个规范性的理论命题：人民是否有能力做出明智的政治决策。① 尽管这样的研究进路在社会科学研究中司空见惯，但在国内协商民主研究领域，我们还没有看到类似的成果，这是我们今后需要加强的。

只有保持理论与实践之间的良性互动，在关注经验事实时保持高度的理论自觉，理论的发展才有源头活水，不断丰富和发展社会主义协商民主理论体系的目标才有可能实现，理论自信才能水到渠成。

基于理论和实践两个方面的原因，笔者认为，我们应该自觉地推动协商民主研究的“经验转向”，将研究重心从规范研究转向经验研究，从理想转向现实，重点研究协商民主的制度化问题。当然，这不是说，不做规范研究，而只是强调研究重心的转移。事实上，“经验转向”会推动规范研究本身的深化，并有力地回应一些人对于协商民主的质疑，用事实证明，协商民主不是一个美丽的乌托邦，它是可以落地生根的。

---

① Patrick Fournier etc., *When Citizens Decide: Lessons from Citizen Assemblies on Electoral Reform*. Oxford: Oxford University Press, 2011.

3. “经验转向”的四个维度

那么，“经验转向”怎么转呢？笔者认为，起码有以下四个方面的工作需要做：

第一，认真总结本土的协商民主经验。实际上中国协商民主的实践经验是非常丰富的，在正式的国家制度层面，我们有多党合作制度和政治协商制度这两套比较成熟的体系；20世纪九十年代以来，基层协商也有很多制度创新，如温岭的民主恳谈、工资集体协商、农村的一事一议等；政府协商这些年也在探索，如各种听证会、成都曹家巷拆迁问题协商、广东外嫁女问题协商、山东潍坊教育政策的协商，等等。可以说，协商民主的实践正在全国各地遍地开花，用党的十九大报告的话来说是“全面展开”。2015年2月初，笔者在广东调研时就碰到一个非常典型的案例：广州市增城区有个村子，叫下围村，在过去差不多二十年的时间里一直是“问题村”。村里没法正常召开村民代表大会，一开会就吵架打架。2000年为了解决上访问题，市委书记入村蹲点三天，一度被愤怒的村民围困。2014年，在换届选举后，村里建成了“村民议事厅”，对开会技术进行了改进，使长达二十年的“问题村”一年时间内变成了先进村。《南方周末》报道过这个案例，像这样的例子在各地还有很多，都值得认真总结。关于这个案例的详细情况，请参考本书第八章。但是，到目前为止，我们在对本土协商民主实践经验进行总结方面做得还很不够。

第二，要大胆借鉴西方在最近几十年发明出来的一些新的技术手段。中国有协商民主，西方也有。而且，西方从20世纪70年代到现在，这几十年的时间里，实践是早于理论的，在实践中发展出了很多的技术性手段，比如，协商式民意测验、主持人制度、抽样技术等等，有很丰富的经验积累。这些实践经验不仅为整个政治理论和民主理论的发展提供了丰富的养分，也应该成为社会主义协商民主建设的思想资源。

第三，积极探索协商民主技术的引入方式，用句通俗的话来说，就是如何因地制宜开展协商活动。当一些新的制度创新，甚至国外的一些技术手段被借鉴过来的时候，怎么样和我们现有的制度安排有效衔接起来，这是一个很重要的问题。按照《意见》的要求，要推进协商民主广泛多层制度化发展，中国的协商民主建设渠道多、范围广、层次丰富、地域差别巨大，不可能有整齐划一的形式，必须要因地制宜，才能有效开展。笔者在《协商民主的技术》一书中提出“工具包”的概念，也就是将协商民主各个环节的具体操作技术看作一个工具包，在保持治理结构基本不变的情况下，因地制宜的选用这些技术组件。浙江温岭的经验就是这样的，在民主恳谈的框架中嫁接了一些新的民主技术，如主持人制度、协商式民意测验方法等，从而实现了基层协商的升级换代。

第四，借助社会科学方法开展协商民主实验。如果说总结经验相对来说还是一种比较被动的方式的话，那么，借助社会科学方法来开展协商民主实验则是一种比较主动的方式。实验方法和一般的总结经验的区别在于，总结经验是通过参与式观察或收集资料、事后访谈等方式，对案例进行研究，提出概括性的结论，并将一些行之有效的办法上升为制度规范，以合适的方式进行推广，它一般不会对实践本身进行干预；而实验方法的特点在于，它从一开始就会对实践本身进行干预，在实验设计中通过变量控制，更好地观察不同变量之间的关系。《意见》的出台会推动各级各地积极开展协商民主，这为我们借助社会科学方法开展协商民主实验提供了良好的外部条件，开辟了一个广阔的天地，同时，通过实验方法得出的研究结论也更具有普遍意义，更容易进行推广，能更有力地促进协商民主建设。

（三）本书的基本框架

中国学界对协商民主的研究正经历着一个从“规范研究”到“经验研究”的转向。对中国协商民主实践经验的发掘和阐释可能还需要积累一段时间，在未来几年，我们在对协商民主进行经验研究的同时，还需要思考的一个问题是：中国经验对于协商民主理论自身的发展意味着什么？它能为世界范围内协商民主的发展作出何种贡献？基于这样的问题意识，本书的基本框架安排如下：

第二章将追溯协商民主理论产生和发展的背景，阐释其基本理念和适用范围。在此基础上，还将追踪国际学界最近十年在协商民主研究方面出现的一些新趋势：从规范研究到经验研究；从理想设计到制度构建；从协商转向到民主转向。

第三章我们将目光从世界转回中国，回顾协商治理在中国发生、发展的历史。在这一章中，我们首先追溯中国古代的协商政治传统；然后考察新民主主义时期和社会主义建设时期协商民主的产生和发展；最后分析十八大以来我们在协商民主理论方面取得的新进展。

第四章承接第三章，从实践角度考察中国社会主义协商民主体系建设的目标和任务，重点阐释三个方面的问题：中国协商民主的制度创新所取得的成就与存在的不足；中国的协商民主体系建设的基本框架、特点和所需补齐的短板；中国协商民主制度的定位。

从第五章到第九章，我们将分别考察协商民主建设在政协协商、基层协商和社会组织协商等几个领域所取得的成就和未来努力的方向。在这一部分，我们主要是经验描述，而且，在进行描述时，不求面面俱到，而是力图通过案例分析，以点带面。例如，在人民政协协商民主方面，我们会以双周协商座谈会和人民政协参与立法协商为例来展开分析。其中，双周协商座谈会既是十二届政协最重要的协商民主制度创新，又是目前政协协商流程最为规范的一种协商形式。通过对双周协商座谈会的分析，可以展示协商民主建设中“程序合理”的要求在实践中是如何可能的。人民政协参与人大和政府的立法协商，在实践中积累了丰富的经验，通过对既有实践经验的总结，可以观察在中国场景下，“环节完整”的协商民主体系建设如何可能。在基层协商方面，我们则以浙江温岭的民主恳谈会和广州市增城区下围村的村民议事制度为案例来展开分析。由于浙江温岭的案例有较为丰厚的研究积累，我们也不想做重复研究，因此，在这个案例研究中，我们仍紧扣核心问题：中国经验对协商民主理论能贡献什么？我们会以民主恳谈为例追问三个问题：1. 外部引入的理论和技术是如何嵌入本土实践的？2. 温岭的实践对协商民主的代表机制提供了哪些值得思考的经验？3. 温岭的实践对协商民主的一个重要理论问题——协商与决策的衔接提出了什么新的思路？在分析下围村的案例时，我们则将焦点集中在社区精英和制度供给这两个环节上。考察社区精英如何为村庄治理供给有效的制度；社区协商是一种有效的制度供给，如何通过村庄公共空间的构建和议事规则的重塑，帮助一个曾经远近闻名的“问题村”走出基层治理困局。

在第十章，我们将直面当前中国社会面临的重大挑战——维稳压力，以群体性事件的处置为例，通过多案例的比较研究来思考协商民主在社会治理中的作用，探讨协商民主与群体性事件的预防和控制问题。

尽管我们的经验研究对象是当代中国的协商民主实践，但是，我们的目光并没有被局限于此，相反，我们的整个研究都是在比较的视野中进行的。比较包括两个方面：一是在时间维度上，当代中国的协商民主实践被置于历史的视野中来加以考察。我们考察了中国传统政治中的协商系统，尽管它不是民主的，但它有助于我们更加深刻地理解中国当代的协商民主实践。二是在空间维度上，我们非常重视国外协商民主理论和实践的发展。在每一章中，我们都将中国的经验置于世界的背景下来加以考察。

在结论部分，我们会回到协商民主理论和实践的关系这一核心关怀上，试图对如下问题作出初步的回答：中国的协商民主实践能给协商民主理论带来什么启示？它可能在哪些方面推进协商民主理论自身的发展？在这一部分，我们将结合前面章节的经验研究，重点回答三个问题：一是协商民主的分类问题；二是党的领导与协商民主的关系问题；三是协商与代表的关系问题。本文认为，在协商民主理论和实践的发展中，中国经验非常重要。无论是中国历史上悠久的协商传统，还是当代中国丰富的协商实践，都能为协商民主理论的发展提供借鉴和灵感。我们有责任努力发掘中国自身的经验，讲好中国协商民主的故事，并从中提炼出具有普遍意义的命题，为世界协商民主理论的发展和协商民主实践的开展提供中国方案。

第二章　协商民主理论的产生和发展

尽管协商民主研究在中国的开展始于2003年左右，但是，该理论的产生则要比这个时间点早20年。在本章中，我们将追溯协商民主理论产生和发展的背景，阐释其基本理念和适用范围。在此基础上，还将追踪国际学界最近十年在协商民主研究方面出现的一些新趋势：从规范研究到经验研究、从理想设计到制度构建、从协商转向到民主转向，从而为后面的论述提供一个基本的思考框架。

（一）协商民主的基本理念

1. 协商民主的产生背景

协商民主是一种比较新的民主形式，就产生背景而言，协商民主理论是在20世纪80年代末期开始兴起的，但是，它真正引起学界比较充分的关注和热烈的讨论则到了20世纪90

年代中期。国内对协商民主的研究差不多比西方晚了近十年的时间。国内最早关注到协商民主理论问题的是台湾学者，他们从2000年开始写这方面的文章，对该理论进行介绍。到2003年时，大陆学者开始译介相关文章，并于2004年出版了一本译文集。[①] 随后，在中央编译局的推动下，协商民主的理论文献被比较系统地翻译过来。

协商民主理论为什么会在20世纪80年代末期兴起？我们可以用下图来对其产生的背景进行简要的阐述。

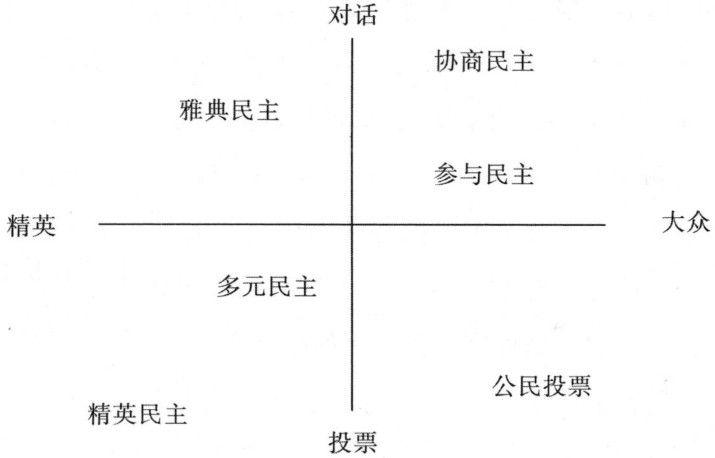

各种民主类型在"对话—投票"以及"精英—大众"维度中的划分

该图主要涉及两个维度，一个维度是对话和投票，一个维度是精英和大众。我们知道民主（democracy）这个词由两部分组成，demo表示"大众、人民"，后面的cracy表示"统治"，民主的基本含义也就是"人民统治"。赫尔德在《民主

① 陈家刚编：《协商民主》，上海三联书店，2004年。

的模式》这本书中提出，整个民主理论的发展就是围绕着人民和统治这两个词展开的。谁是人民？怎么统治？这是民主理论的两个核心问题。[①] 人民是包容性的还是排斥性的，这其中差别很大。从历史上看，在古希腊时期，其“人民”是一个排斥性的人民观念，只有具有公民身份的成年男性才包括在人民之中，奴隶、妇女、外邦人甚至手工业者均被排斥在外。到了现代，人民逐渐变成了一个包容性的人民观念，过去基于财产、性别、肤色等标准确立起来的种种限制性条件被逐一取消。但这个包容性的人民观念经历了很长时间的演变才逐渐确立起来。即便在通常被当做现代民主典范的英国和美国，直到1919年以后妇女才获得普选权。在中国，中华人民共和国成立后“人民”这个词的具体所指变化也很大，而且很多时候受政治因素的影响非常大。如在改革开放之前，甚至在改革开放初期，只有工人阶级和农民阶级属于人民的范畴，其他的人是被排斥在人民的范畴之外的。

我们看上图的两个维度，一个维度是精英和大众，这个维度关心的就是我们刚才说的第一个问题，“谁是人民?”即民主主要是由精英来操作呢，还是大众能够参与其中？第二个维度关心的是后面一个问题，“如何统治?”民主的治理过程是以投票为中心，还是以对话为中心？根据这两个维度可以划分出四个象限，我们可以将各种民主形式分别安顿在这四个象限中。

我们首先需要讨论的问题是古典民主和现代民主之间的

① 戴维·赫尔德：《民主的模式》，燕继荣等译，北京：中央编译出版社，1998年，第2-3页。

差别。一说到古典民主，我们就会想到雅典，那么，雅典民主应该落在哪个象限？笔者将其放在第二象限，即“精英—对话”这个象限。因为雅典的民主是一种排斥性非常强的治理形式，只有具有公民身份的人才能参与到政治生活中，而公民仅占整个雅典人口的六分之一左右，其他人都被排斥在政治生活之外。换句话说，在雅典的民主政治中，其实是精英的统治，大部分人是进入不了政治生活的。但是，在其公民内部则是完全平等的，每个公民都可以参与到政治生活中，且参与的方式是以对话为中心的，而不是以投票作为主要的方式。这种民主与我们今天对民主的理解差异是非常大的，现代民主将参与的范围扩展到普通民众，用托克维尔的话来说就是，欧洲过去几百年的历史就是朝着平等不断迈进的历史。过去只有很少一部分精英所掌握的政治权利逐渐落实到所有公民，使民主不断朝着大众的方向发展。同时，从治理的形式来讲，希腊人认为民主必须是公民亲自参与到政治生活中，而现代民主则是以代议制为基本的制度构架。假如一个现代人“穿越”到古代的雅典，当他看到六分之五的人被排除在政治生活之外，他一定会说雅典是非常不民主的；但假如一个雅典人“穿越”到今天的美国，看到美国的代议制民主，他也一定会说美国是非常不民主的，因为普通公民被排除在决策过程之外。

以熊彼特为代表的精英民主可以说是现代民主的一个典型形态，熊彼特在《资本主义、社会主义与民主》这本书中对古典民主提出了非常严厉的批评，他认为人民直接统治的想法是完全错误的，其中一个最主要的原因是，他认为人民根本就没有能力进行统治，因为人民常常听从非理性的指导，而不是理性的指导，真正具备理性统治能力的是少数精英。所以，人民应该将权利交给少数精英，让他们来进行统治。这是不是说把人民完全排斥在民主过程之外呢？也不是的。他说人民能够参与的其实就是投票，人民所发挥的作用就是通过投票产生出统治者，然后由这群精英来统治。如果干得好，下次选举继续选他们，如果不好的话，下次选举就将其换下。民主其实就是通过投票这个机制来选择统治者的过程。① 当然，对投票和选举是有一定要求的。首先，投票必须是竞争性的，如候选人不能只有一个，否则投票就没有意义了。其次，要保证选举是有效的，民众要有充分选择的自由，这就要求民众必须能够获得充分的信息，并在没有胁迫的情况下自由地进行投票。这是精英民主理论的基本构想。尽管该民主想象后来遭到了很多批评，但是，由于它具有很强的操作性，我们今天在衡量一个国家是否民主时，基本上还是按照精英民主的构想来设定标准。精英民主也可以被称为最小化的民主概念，也就是说，作为一个民主的制度所必须满足的最低要求。

精英民主理论是1942年提出的，一直到20世纪60年代它都处于统治地位。但此后，有人开始反对精英民主理论的观点，认为它忽视了民主过程中的很多重要因素，其中一个非常重要的因素就是社会团体。我们知道，在精英民主理论的构想中，是没有社会团体的位置的，就是公民个体通过投票选出一批统治者出来，这跟社会团体没有关系。后来的早

① 约瑟夫·熊彼特：《资本主义、社会主义与民主》，吴良健译，北京：商务印书馆，2002年。

期多元主义者认为，精英民主理论的政治构想太过简单，整个政治的运作不是人民投票选出统治者所能概括的，统治者选出以后，不同的社会团体对政治运作的影响是非常大的。因此，他们认为应该在民主过程中加入社会团体这个中间变量，要让政党、利益集团能自由地向政府表达他们所代表的人民之意见，并且确保政府对此意见有所回应。这就是多元主义民主理论。严格来讲，多元主义民主理论并没有否定精英民主理论的基本逻辑，也就是政治的运作应该掌握在精英手中，只不过它认为精英不能仅仅局限于政治精英，还应该包括各种社会精英。当然，早期的多元论者对于多头政治（polyarchy）的设想也还是比较理想化的，他们认为所有的社会团体都有同等的接近权力的机会，因此，它们对政府的决策具有同等的影响力。他们继承了麦迪逊的看法，认为一个社会中存在的社会团体数量越多，这个社会就越能较好地实现民主的治理。因为它们之间可以相互牵制，并达到一种均衡状态。①

后来，多元主义的代表人物罗伯特·达尔自己也发现这样的设想存在问题，在1985年写了一本新书《经济民主导论》，将其在20世纪60年代提出的关于民主的设想完全推翻了。他发现在现实的政治运作过程中，不同社会团体对政治的影响力差别非常大。例如，那些军火商和商业巨头完全可以操控政治的运作过程，而一些小的团体对政治过程的影响力则非常弱，它们根本没有渠道或资源参与公共事务，连最

① 达尔：《民主理论的前沿》，顾昕、朱丹译，上海：三联书店，1999年。

起码的政治动员能力都没有，对公共政策当然也谈不上有什么影响。因此，他强调应该通过一些制度设计鼓励更多的个人和团体参加到政治生活中来，这样就逐渐地接近一种参与民主理论的政治构想了。①

在20世纪60—70年代，西方发达国家普遍出现了投票率下降的趋势。在20世纪70年代初，米歇尔·克罗齐和塞缪尔·亨廷顿等人合作，写过一本书叫《民主的危机》，对这一现象忧心忡忡。② 但不同的人对这个问题的解读却有不同，精英民主理论认为，人们不去投票是好事情，因为民众不具备相应的能力，因此一定的政治冷漠对政治运作而言是必要的。但参与民主理论则对精英民主理论的这些基本前提进行批评，认为精英民主理论所说的民众的非理性和政治冷漠是由于我们现有的制度本身所造成的。其实民众是有理性能力的，而且也是有参与热情的。他们之所以非理性和政治冷漠，主要是由于他们没有机会参与政治，一旦给予他们机会，他们的理性能力就能够得到锻炼，而且其政治热情会被激发出来。所以，参与民主理论认为，应该鼓励民众参与，而不是把他们排斥在政治生活之外，让其仅限于投票。③

其实就协商民主理论而言，它与参与民主理论共享着很

---

① Robert A. Dahl, *A Preface to Economic Democracy*. Oakland, CA: University of California Press, 1985.

② 米歇尔·克罗齐、塞缪尔·亨廷顿、绵贯让治：《民主的危机》，马殿军等译，中华书局（香港）有限公司，1990年。

③ 相关论述可以参考，卡罗尔·佩特曼：《参与和民主理论》，陈尧译，上海人民出版社，2006年；本杰明·巴伯：《强势民主》，彭斌译，长春：吉林人民出版社，2006年。

多基本的前提。它与参与民主理论的主要差别在于：参与民主理论更多的是强调参与的范围不断扩大，不断地拓宽参与渠道、创造新的参与形式，让更多的人参与到民主过程中来；协商民主理论则是在参与民主理论的基础上，更加强调参与质量的提高。所以，我们必须将协商民主理论放在20世纪民主理论的发展脉络中，才能看清其意义所在。从实践上来讲，多元文化主义以及公众对公共生活的热情，成为协商民主兴起背后的文化力量，急剧的全球化和民族国家内部日趋异质的族群，迫使企业、政府机关、社区增进对于文化差异的认知，正视差异，而不是忽略或否定差异，这才是正确的态度，对话和协商是放下、欣赏并运用差异，以达成集体决策的好方法。①

在我们这个图的右下角还有一种民主形式——公民投票，国家的各项重要事务必须通过全民公决的方式来决定。瑞士是现代国家中运用该民主形式的典型，瑞士只有600万人口，众多的公共事务都是通过全民投票的方式来确定。和其他的民主形式相比，公民投票的参与范围是最广的，它主要是通过投票来表达政治偏好，这与协商民主不同，协商民主的参与范围尽管没有公民投票广，但它的整个参与机制是通过对话的方式来完成的，它不强调投票，而是强调投票之前的对话。它最核心的思想是通过对话增进共识，如果共识能够达成，自然就不用再投票了。但如果通过对话没达成共识，还

① 约翰·盖斯提尔、彼得·列文著：《审议民主指南——21世纪公民参与的有效策略》，刘介修、陈逸玲译，台北：群学出版有限公司，2012年，第66页。

是需要通过投票来做出决定。当然，此时的投票与没有经过对话的投票是不同的。

2. 协商民主的基本理念

在对协商民主的基本理念进行阐释之前，我们先来了解一下协商民主（deliberative democracy）一词本身的含义。该词被引进国内后，大概有七八种译法，最常用的译法是协商民主，此外还有审议民主、商议民主、慎议民主、慎辩熟虑的民主等。[①] 这个词由两部分组成，关键在前面这一部分：协商。协商（动词 deliberate，名词 deliberation，形容词 deliberative）本身包含两层含义：第一层含义是审慎的反思，即个体自身对议题进行审慎的思考。像卢梭就持这种观点，他特别强调每个个体在投票之前要有审慎的思考。第二层含义是个体之间就所关心的议题进行理性的讨论。这两层含义之间是相互关联的，理性的讨论是建立在审慎的思考基础上的。反过来，经过理性的讨论又会促使我们对该问题进行反思，让我们有可能改变对该问题的最初看法。

有意思的是，deliberative 和 democracy 这两个词之间是有矛盾的。前文提到，精英民主理论认为大众不具备理性思考的能力。实际上，这种看法一直都有，如亚里士多德就认为奴隶完全不具备理性，妇女具有理性但不完全，儿童具备理性但不成熟。可见，在他看来，具备审慎思考和理性讨论能力的人只是一小部分人。不仅古典时期的思想家认为 delibera-

① 谈火生：《民主审议与政治合法性》，北京：法律出版社，2007 年，第 4 页，注释 7。

tive 和 democracy 之间存在冲突，即便在 19 世纪的思想家约翰·密尔看来，将这两个词放在一起也是不能理解的。因为前者（deliberative）只有精英才具备，大众是没有的，怎么能与民主（democracy）放在一起呢。将 deliberative 和 democracy 这两个词放在一起，确实是 20 世纪晚期的发明。[①] 在此还需明确一点，在协商民主理论初创之时，并未想到将协商扩展到大众，像早期的倡导者毕塞特就是围绕着美国联邦政体的正式体制来讨论协商民主的，而协商民主理论的重要代表人物罗尔斯在《政治自由主义》中也是将美国联邦最高法院作为民主协商的原型。换句话说，民主协商还是局限在政治机构内部的精英之间，并没有想着要普及到普通大众身上。将协商的理想从精英扩展到大众，这个变化是后来发生的，尤其是在哈贝马斯的书出来之后。自此以后，大家讨论协商民主时都将其理解为普通大众参与到整个协商过程中来，因此，现在所谓的协商民主通常是指大众型协商民主而非精英型协商民主。

下面，我们来考察协商民主的核心理念。对此，我想主要围绕古特曼关于协商民主的定义来展开。古特曼（Amy Gutmann）在《协商民主意味着什么?》这篇文章中，对协商民主理论做了清晰的阐释。她认为，我们可以将协商民主界定为这样一种治理形式：自由而平等的公民（及其代表）通过相互陈述理由的过程来证明决策的正当性，这些理由必须是相互之间可以理解并接受的，协商的目标是做出决策，这

① 约·埃尔斯特：《协商民主：挑战与反思》，周艳辉译，北京：中央编译出版社，2009 年，导言。

些决策在当前对所有公民都具有约束力，但它又是开放的，随时准备迎接未来的挑战。[①] 这个定义涵盖了协商民主理论的三个核心内容——协商的主体、协商的方式和协商的目标：

第一，就主体而言，协商民主体现了其民主的一面，协商民主强调所有受到公共政策影响的公民都有权参与到讨论中来。与精英民主所构想的"消极公民"形象不同，它继承了参与民主理论所提倡的"积极公民"理念。就此而言，我们首先需要注意的是，此处所谓"受到公共政策影响的公民"，既包括本国的公民，也包括道德意义上的选民。"道德意义上的选民"这个词是古德曼自己发明的，意思是这个人尽管不是某国的公民，但是，如果该国所制定的公共政策对他们的权利构成了影响的话，他们也有权参与到讨论中来。例如，2011 年法国轰炸利比亚，从理论上讲，法国公共政策的制定只需要对法国人负责。但古德曼会认为仅此是不够的，因为法国出台的这项政策不仅影响到法国公民，更会影响到利比亚人民。在这个意义上讲，利比亚人民就是道德意义上的选民，他们有权参与到法国关于轰炸利比亚政策的讨论中。但实际上法国政府关于轰炸利比亚的决策过程连能参与的法国人都非常少，更不用说利比亚人民了。从协商民主的角度观察，这项政策是不合法的，因为该政策并没有得到受其影响的民众的认可。但是，站在精英民主的角度观察，该政策则是合法的，因为法国人民已经通过投票的方式产生了政府，在这段时间已经把决策权交给政府，政府有权做出决策。在

① 此文见谈火生主编：《审议民主》，南京：江苏人民出版社，2007 年。

协商民主看来，所有受到公共政策影响的人都应该参与到公共政策的讨论中，可见它是一个包容性的概念。从这个意义上来讲，它体现了民主的维度。所谓的包容性不仅体现为参与主体的包容性，而且体现为政策过程的包容性，这意味着政策过程不仅应该向所有受该政策影响的公民主体开放，而且应该对不同的立场、视角和协商形式开放。也就是说，不仅理性的声音能有机会得到呈现，那些不是很理性的声音（如寒暄、修辞、讲故事）也应该有机会让人们听到，这样的包容性是保障那些少数群体和边缘群体能够有效参与协商的必要条件。

同时，这里的公民是自由而平等的公民。我们知道这个目标是非常难实现的。即便是现在世界上号称最民主的美国，也是最近几十年才实现了所谓的平等。我们知道美国宪法中曾公开规定，黑人只能算作五分之三个公民。即便在法律上实现了人人权利平等，在实践中也需要做很多的努力才能将其落到实处。美国在南北战争后，通过宪法修正案的形式赋予黑人以平等的政治权利，但是从 1865 年到 1965 年这一百年的时间中，黑人并没有真正实现宪法所允诺的平等，直到民权运动之后这种情况才得到实质性的扭转。可见，从宪法上的平等到实际的平等之间还有很长的路要走，还需要付出很大的努力。因此，协商民主尽管对以代议制为基础的精英民主有很强烈的批评，但是在这个问题上，它与精英民主分享着共同的理念，即公民应该具备平等而自由的身份。所以，保障公民自由平等权利的宪政制度无论对于协商民主还是精英民主而言都是非常重要的。

第二，从参与的方式而言，协商民主体现了协商的一面。

协商民主特别强调要通过相互阐述理由的方式进行论证，换句话说，它是通过讲理的方式证成公共政策的合法性。通俗地讲就是，我们必须对公共政策“给个说法”，必须公开地说明、解释，提出充分的理由来说明其合理性，才能“获得人民的同意”。在此可以看出，协商民主关于政治的想象与以投票为中心的民主理论之间的差别，其中最主要的差别就是它们对于偏好（preference）的看法。

投票包括两种形态，一是对人进行投票，如选举议员或总统；一是对事进行投票，如应将核电站建在什么地方，拨多少资金建核电站，也就是对政策进行投票。协商民主与以投票为中心的民主的差别主要体现在以下四个方面：

其一是民主意志的形成过程。通俗地讲就是公共政策的制定过程，因为所谓公共政策就是人民意志的体现。从投票民主的角度来看，公共政策就是通过投票的方式形成的，但协商民主则更注重讨论，它强调所谓的更佳论证的力量（the force of better argument）。比如说，我们需要对三个政策选项进行决定，就要求每个人给出合理的理由，然后比较，看哪个人给出的理由更有道理。它是比较级而不是最高级，这也就意味着它是目前我们所找到的理由中更有说服力的理由，但并非是颠扑不破的真理。可见它对未来是持一种开放的态度，随时准备接受未来的挑战。如果以后有更好的理由，就会将之前这个更佳的理由推翻。

其二是投票机制的不同。在以投票为中心的民主中，投票机制的任务是对偏好进行聚合、加总（aggregation），对不同公共政策选项的投票进行加总，看哪个公共政策所得的票数多。而协商民主则对这种完全依据偏好聚合的方式提出了质疑，因为这个偏好可能是非理性的，因此，它强调对偏好进行反思，办法就是讨论。在讨论的过程中，人们会对自己原有的偏好进行思考。比如，吸烟是一个人的偏好，但是这种偏好对健康是不利的。确实，很多时候人们在选择公共政策时，并不是根据自己的理性做出的，而是受自己的情绪、冲动所支配，这在我们日常生活中是很常见的。因此，协商民主认为，如果在做出决策的时候不对偏好本身进行反思，只是简单地对其进行加总的话，即便一项公共政策得到了百分之九十九的人同意，它也可能与共同体的公共利益背道而驰。为此，协商民主强调在投票之前应对偏好本身进行反思。在这样的前提下，协商民主对投票本身的看法也不同于聚合式民主，投票模式被视为理性判断基础上的投票（judgment-voting），而不是偏好基础上的投票（preference-voting）。

其三是对偏好性质的理解不同。以投票为中心的民主认为，偏好是给定的、不变的。而协商民主认为这个偏好是可以改变的，它是可以通过讨论和反思来加以改变的。当然以投票为中心的民主必须假定公民在单次的投票过程中偏好是不能变的，因为在投票过程中如果大家的偏好随时可以改变的话，最后的结果是无法合成的。为此，它必须假定在单次投票过程中每个公民的偏好是给定的，但它并不是说你的想法永远不变，而是说在投票的这个过程中你的想法是不变的。而协商民主则认为每个人的偏好在决策过程中都是可以通过相互的辩论来加以改变的。协商性民意调查就是基于这一假定设计的，它在进行讨论之前会发一个问卷看看被调查者的偏好是什么。在讨论完之后，同样的问卷还会再做一次，看看大家的偏好到底有没有发生改变。而实验的结果是，大多数人的偏好在讨论之后都或多或少地发生了改变，由此也证明讨论确实是有作用的。

其四是决策判断的标准不同。以投票为中心的民主是以数量为标准来判断的，以多数决定的方式，谁的票数多就按谁的办。但是，协商民主则是以论证的质量来决定的，谁说的对就按谁的办，或者说谁能说服大多数人相信他是对的就按谁的办。

协商民主不仅强调要以相互讲理的方式进行民主决策，而且，还强调这个理由必须是相互之间可以理解，并可以接受的。因此，在讨论时你不能说，因为这个政策对我有利，所以应该这么办。这样的理由大家是不能接受的。你必须讲一个大家都觉得有道理的理由，也就是说这个事情不仅对你有利，而且对我们大家都有利，这样大家才会接受这个理由。这就涉及协商民主审慎的反思和理性的讨论的内容是什么的问题。那么，反思和讨论的内容是什么呢？当然是公共利益，而不是私利，也就是说，怎样才能更好地促进共同体的公共利益。自由主义的一个最基本的看法是，社会中的每个人在追求自身利益的时候，可以通过类似于市场机制这样的社会机制，来实现整个社会的利益。它假定个人或者团体对于私利追求的正当性，并认为对私利的追逐会自动地导致公共利益的实现。但是，协商民主认为这样的自动机制是不存在的，它主张反思和讨论的并非是私利，而是公共利益。在此我们也可以说协商民主是继承了共和主义的衣钵，而不是自由主义的衣钵。

在这样的前提下，讨论本身就构成了一种约束性力量。比如说，在做一个关于修公路的公共决策时，两个城市的公民就公路修建的线路进行讨论，肯定谁都想公路的修建线路离自己所在的城市近一些。但是在讨论的时候，代表不可能直接说应该将公路修得离我们的城市近一点，因为这样方便我们出行，有利于我们这个城市的经济发展。他肯定不能这么讲，他会找一个公共的理由来说，例如，这样修可以节约成本，或有利于保护环境。因为你用一个自私的理由来讲的时候，你的理由是拿不上台面的。当你在公开陈述理由时，你只能找一个大家都能接受的公共理由来证明我这样的一个决策为什么是合理的。因此，讨论对每个参与者来说都构成了一种约束性的力量，迫使每个人都必须站在公共的角度来思考问题。如果是通过匿名投票的方式来决策的话，就不存在这样的约束。

第三，就目标而言，协商民主的目标是做出决策，这就跟哲学对话不同。讲理最典型的方式就是哲学对话或学术研讨会，它与协商民主的差别在于，这个对话可以无限地进行下去。例如，关于激情和理性的讨论，我们从古希腊讨论到现在还没有讨论清楚，讨论了两千年还没有结论。但是协商民主不能这样，它是要做决定的，是有时间限制的，时间到了我们必须要做出决定。也许这个讨论过程我们达不成共识，那可以通过投票的方式做出决定。而且所做出的决策对当前的公民是有约束力的，它是一个合法的决策，且在理想状态下是所有公民都同意的。因此，自己做下的承诺，自己当然要遵守。此外，所做出的决策是开放的，随时准备迎接未来的挑战。

在此，需要特别说明的一点是，协商的目的是为了做出决定，它不必然以共识收场。事实上，论坛能得出共识的例子很少见。如果预设共识是协商必须达成的目标，可能会压制居于少数的人的表达意愿，并使弱势群体被边缘化，这样的协商会强化既有的不平等。相反，协商的作用在于识别出一个处于一致和差异之间的区域，我们可以称之为“公共行动的共同基础”。它不是共识，也不是协议。它既不是人们共同想要的东西，也不是人们彼此不同意、但却愿意相互折中的妥协。这个共同基础可以被界定为，当一个团体接受某种行动或政策时，这个团体的成员仍然珍惜彼此的相异的价值，并持有不同的意见，只不过大家有了一个共同的参考框架和方向。有了这个基础，就有办法向前迈进。①

据此，我们可以说，协商民主提倡的是这样一种民主形式：自由而平等的公民在掌握充分信息的情况下，就共同关心的议题，运用明智的判断，通过讲道理的方式，审慎地评估各种观点，提出合理的解决方案。在协商过程中，无论是支持还是反对某个方案，都必须说明理由，而且是以能够让他人信服的方式来讲理。参与者不仅要提出理由来为自己的主张进行辩护，而且要真诚地聆听他人的观点，并反省和重新评估自己的论据是否无可非议。

3. 协商民主理论的类型和应用范围

以上我们对协商民主理论的核心理念做了简单的介绍，但必须注意的是，协商民主理论内部具有不同的理论取向，

① 约翰·盖斯提尔、彼得·列文著：《审议民主指南——21 世纪公民参与的有效策略》，刘介修、陈逸玲译，台北：群学出版有限公司，2012 年，第 103 页。

其关系错综复杂，不同学术脉络对“协商”概念有不同理解。由此，学术界对于协商民主理论内部的分野有不同的归纳，例如，布劳格曾按照规范性程度将协商民主理论划分为三类：共和主义的协商理论、后现代的协商理论以及普遍主义的协商理论。乌尔比娜提则将其分为共识型协商民主模式和竞争型协商民主模式两种类型。麦加菲按照不同的思想资源和问题意识将协商民主理论分为另外的三种类型：以偏好为基础的协商民主模式、理性的程序主义的协商民主模式和综合的协商民主模式。[①] 相对而言，麦加菲的分类让我们更易于把握协商民主理论的发展脉络。

按照麦加菲的分类，以埃尔斯特（Jon Elster）和菲什金为代表的协商民主被称为“以偏好为基础的协商民主模式”，因为他们仍将其注意力集中在个体的意见和偏好之上。它注重的是让参与者通过协商将未经反思的意见转化为“深思熟虑的判断”，并使之成为公共政策的基础。而罗尔斯、哈贝马斯则代表了“理性的程序主义的协商民主模式”。这种协商模式有着完全规范性的哲学根基，公民完全按照普遍化的规范行事。在这种模式中，协商就是集体地考量一项政策是否合法的方式。它是这样一个过程，在其中，人们考察一项建议在规范的和伦理的意义上是否正确。因此，其关注的重心是：正义和公共善。它要透过协商来考量一项政策建议在规范的

---

① Ricardo Blaug, New Developments in Deliberative Democracy. *Politics* , 16(2), 1996, pp. 70 – 76; Nadia Urbinati, Representation as Advocacy: A Study of Democratic Deliberation. *Political Theory*, Vol. 28, No. 6(Dec., 2000), pp. 758 – 786；诺埃里·麦加菲：《民主审议的三种模式》，载谈火生主编：《审议民主》，南京：江苏人民出版社，2007 年，第 48 – 63 页。

意义上或在伦理上是否正当（right）。判定的方式是各种论证往返辩难，每一个人都有机会陈述自己的理由，辩难的结果是非强制的更佳论证将获得广泛的赞同。也就是说，所有参与者最后都会接受从理性的角度来看是最具正当性的政策建议，这当然是一种理想状态。第三种是“综合的协商民主模式”。其思想资源是杜威（John Dewey）、阿伦特（Hannah Arendt）和巴伯（Benjamin Barber），由此也可以称为“准杜威模式”。这种模式具有典型的美国实用主义的特征。它不注重偏好（第一种）或理性（第二种），而是着眼于解决具体问题。目标是建设一个新的共同的世界。既不要求改变偏好，也不要求达成共识，而是旨在相互理解，通过扩大相互理解，寻找一种重新整合社会的方式，不管这种整合是多么的不完美，多么地具有临时性。

以上的这些分类都是就协商民主的理论形态做出的，就其实践形态而言，更为可取的大概是按照协商民主发生的场域而做出的划分，即发生在政府内部的民主协商、政府和民众之间的协商和发生在社会中完全由民众自己进行的协商。其中，第一种形式的协商民主属于精英型协商民主，如美国参议院、欧洲宪法法院和中国的政治协商会议中的民主协商在不同程度上属于这种类型；后面两种形式均属于大众型协商民主。当然，精英型协商民主和大众型协商民主之间还是有关联的，在很大程度上，大众型协商民主是以精英型协商民主为原型构想出来的，只不过是将参与者扩展到了普通民众，就理性、讨论和反思这一点上，二者还是一致的。需要注意的是，大众型协商民主在发展过程中演变出了一整套操作性的程序[①]，这一点倒是和精英型协商民主构成了差别。就此而言，大众型协商民主源于精英型协商民主，反过来又为精英型协商民主的深化和发展提供了可资借鉴的丰富经验。

在对协商民主理论进行了一个粗线条的勾勒以后，下面的问题是，应该如何给协商民主定位？有一种观点认为，协商民主是一种最新的民主形式，因此，它也是更高级的民主形式，有了它，我们没有必要再去搞民主选举，没有必要再去建设和完善我们的代议制民主。这里涉及的问题是：民主协商是不是唯一的政治决策形式？其实不是。比如说，决策过程中利益集团之间的讨价还价，或者行政部门之间的秘密交易，很多时候这些方式都是无法避免的。而且，协商还有成本的问题，如果所有的事情都是由公民通过协商的方式来进行决策的话，政治可以说没有办法有效地运作。我们还是需要利益集团之间的讨价还价，或者行政部门之间的秘密交易这些决策方式，因为政治生活中绝大部分的决策完全可以按照我们常规的流程进行，只有那些重大的、引起争议的决策才要通过公民协商的方式来进行补充。但是，协商民主强调，无论公共政策是通过利益集团之间的讨价还价，还是通过行政部门之间的秘密交易做出，这项政策的拥护者都应该给出充分的理由，并试图获得其他公民的支持与理解。因此，前面提到的观点是错误的，即使在西方，也没有哪位学者主张以协商民主来取代代议制民主。协商民主只是一个必要的补充，它并不否定精英民主和代议制民主，它与这些民主形

① 具体的情况可以参考谈火生、霍伟岸、何包钢：《协商民主的技术》，北京：社会科学文献出版社，2014 年。

式之间是一种互补的关系，而不是互相替代的关系。

与此相关的另外一个问题是：是不是所有的公共决策都需要民主协商？当然不是。那么，什么样的政策议题有必要通过民主协商方式来决策呢？适合进行民主协商的议题大致应该具备几个特点：一、该议题应该是社会大众强烈关注的议题；二、该议题易引起利益冲突、价值冲突或认知层次上的冲突，因而具有较大的争议性；三、该议题具有一定程度的技术复杂性和社会影响的不确定性，需要通过公开的讨论，以便让民众了解相关的问题，并在此基础上理解和支持最终的决策。何包钢先生发现了一个很有意思的现象，在国外，即使在社区层次，不少协商的主题涉及社区发展的规划和发展方向。这些话题是“软”性的。而中国地方协商民主话题大多是实体性的题目，如选地址、选项目、市场管理、社区建设。比较而言，中国的协商民主的话题更切实，大都讨论生活中发生的实在的问题，比如，浙江温岭泽国镇在2005年民主协商的议题是建设资金的使用安排；2007年讨论拆迁问题[①]；2009年讨论镇财政预算问题。广东惠州2010年用民主协商的方法来解决外嫁女的权益保障问题。[②] 这些问题很多是中国在社会转型过程中遭遇的特殊问题，而且其中往往蕴含着剧烈的冲突。

---

① 何包钢：《协商民主：理论、方法和实践》，北京：中国社会科学出版社，2008年，第108页。

② 何包钢：《协商民主和协商治理：建构一个理性且成熟的公民社会》，《开放时代》2012年第4期，第23－36页。

（二）协商民主理论发展的新趋势

2000年，德雷泽克（John S. Dryzek）在《协商民主及其超越》一书中，开篇即指出，民主理论自20世纪90年代以来出现了“协商转向”（deliberative turn）。[①] 10年后，他在新著《协商治理的基础与前沿》一书中，再次使用“转向”一词，认为新世纪以来协商民主理论研究发生了四个方面的转向：制度转向（institutional turn）、系统转向（systemic turn）、实践转向（practical turn）和经验转向（empirical turn）。[②] 作为协商民主理论的代表人物之一，德雷泽克的观察是非常敏锐的。其实，早在1998年，当博曼（James Bohman）称“一个协商民主的时代来临”时他就已经注意到，协商民主的实践可行性问题可能是协商民主理论研究下一个阶段的重要议程，“最佳的、也是最具可行性的协商民主方案必须接受经验社会科学的检验”。[③] 事实也确实如其所料，自2000年以来，关于协商民主的研究越来越集中在协商民主的制度设计问题上，

① John S. Dryzek, *Deliberative Democracy and Beyond*. Oxford: Oxford University Press, 2000, p. 1.

② John S. Dryzek, *Foundations and Frontiers of Deliberative Governance*. Oxford: Oxford University Press, 2010, pp. 6 –8.

③ James Bohman, The Coming of Age of Deliberative Democracy. *Journal of Political Philosophy*, Vol. 6, No. 4, 1998, pp. 400 –425.

越来越注重对现实世界实际发生的协商活动进行经验研究。[①]

本节将借助前贤的观察，结合笔者自己的观察，从以下三个方面来论述协商民主理论发展的一些新趋势：从规范研究到经验研究、从理想设计到制度构建、从协商转向到民主转向。

1. 从规范研究到经验研究

众所周知，协商民主理论首先是作为一种政治合法性的理想被提出来的。[②] 作为一种理想，它主要是规范性的，而不是描述性的。因此，在协商民主理论产生的早期，其目标是探讨政治应该如何运作，而不是描述政治实际是如何运作的。作为一种理想，协商程序应该是一个自由而理性的意志形成过程，它要求所有受政策影响的人都应该有机会参与到决策过程中来，其参与的方式不是投票，而是讨论，通过公开、理性的讨论，参与者检视相关证据，反思偏好，达成共识，使更佳的论证（the better argument）成为决策的基础。但是，很多学者认为，建立在哈贝马斯式话语伦理基础上的这种协商民主理想是一种纯粹哲学式的协商概念，在很大程度上是一种反事实的构想，缺乏经验基础。有人甚至认为协商民主是一个乌托邦，它不仅不可能实现，甚至在实践中是有害的。

---

① Samantha Besson and José Luis Marti, eds., *Deliberative Democracy and its Discontents*. Farnham: Ashgate, 2006, introduction XIV.

② 协商民主理论的几篇开篇之作均与合法性问题相关，如伯纳德·曼宁于1987年发表的《论合法性与政治协商》和乔舒亚·科恩于1989年发表的《审议与民主的合法性》。二文见谈火生主编：《审议民主》，南京：江苏人民出版社，2007年，第149－189页。

一个极端的例子是波斯纳（Richard Posner），他认为公众是糊涂无知而自相矛盾的，任何试图将协商民主制度化的努力都注定要失败。[①]

面对来自实证研究领域的批评，协商民主理论的倡导者们认为，应该直面问题，做扎实的经验研究，看看协商过程中到底会发生什么，看看人们在实际的决策过程中到底会如何做。这一经验转向的目的是为了检验其规范性诉求的有效性和适用性。协商民主理论应该去追问：现实世界中到底有多少协商？哪些因素有助于协商的有效进行？人们真的有协商的能力吗？协商到底是会产生出像协商民主理论所主张的更好的决策，还是会产生出其批评者所说的糟糕的决策？在方法论上，应如何把握复杂的协商现象？

2005 年，《政治学学报》（*Acta Politica*）杂志连续出了两期专刊，讨论的主题就是“协商政治的经验取向”，该领域的很多大牌学者均为其撰文，包括德雷泽克、詹姆斯·菲什金、西蒙·钱伯斯（Simone Chambers）、罗伯特·古丁（Robert E. Goodin）、罗伯特·拉斯金（Robert Luskin）等，最后，哈贝马斯还专门做了一个评论。专刊的导论认为，纯粹从哲学层面来讨论协商民主模式的局面已经发生了改变，大量的经验研究已经开展，通过经验研究，一方面可以检验协商民主的规范性理想是否具有现实可能性，另一方面，也可以检验人们对协商民主的批评是否合理。[②] 其中，特别需要加以检验的

---

① 理查德·A. 波斯纳：《法律实用主义与民主》，凌斌、李国庆译，北京：中国政法大学出版社，2005 年。

② André Bächtigera and Jürg Steiner, Introduction. *Acta Politica*, 2005, 40, pp. 153 – 168.

理论预设和研究假设包括：公民能力、协商对话的质量、协商对集体和个体所产生的影响。① 既有的研究表明，对协商民主的一些批评是站不住脚的，尽管协商的作用有限，但是，它确实在政治生活中发挥着重要而积极的作用，至少在某些情况下是如此。②

事实上，通过经验研究来检验协商民主规范性理想的脚步一刻未停，而且步子迈得越来越大，也越来越快，很多其他领域的研究方法，尤其是政治科学和政治心理学的方法，被借鉴过来用以检验协商民主的规范性理想。与此同时，世界各地如雨后春笋般涌现的协商民主实验也为经验研究提供了丰富的研究素材。

从 20 世纪 90 年代初开始，菲什金就倡导协商式民意调查（deliberative polling）方法，这既是一种协商民主的制度设计，也是一种经验研究方法，它就被用来检验协商民主的一个规范性命题：协商可以促使参与者对偏好进行反思，进而改变参与者的偏好。该方法通过随机抽样的方式邀请参与者，在协商前和协商后分别用同一套问卷对参与者进行调查。世界各地的实验表明，当参与者获得与议题相关的充分信息，并与他人进行讨论之后，确实能使参与者澄清和修正自己的偏好，使之更加合理化。③ 2011 年出版的《当人民决定》一书

① Shawn Rosenberg, The Empirical Study of Deliberative Democracy: Setting a Research Agenda. *Acta Politica*, 2005, 40, pp. 212 – 224.

② André Bächtigera and Jürg Steiner, Introduction. *Acta Politica*, 2005, 40, pp. 153 – 168.

③ James Fishkin, *When the People Speak: Deliberative Democracy and Public Consultation*. Oxford: Oxford University Press, 2009.

则致力于检验协商民主理论的另外一个基础性假设：人民是否有能力做出明智的政治决策。该书解析了加拿大不列颠哥伦比亚省、安大略省和荷兰的三个协商民主案例，这三个案例都是关于选举制度的协商，而且都持续达一年左右，操作方式也很类似，程序非常完整。但是，作者关心的不是这三个案例的具体操作，而是用这三个案例来检验规范性的理论假设。[①]

也有一些研究表明，协商民主在很多时候不一定产生出理论家们所期待的积极结果。例如，有学者对美国新泽西州举办的5次关于种族问题的市镇会议进行考察，发现协商并没有减轻冲突，也没有增进相互之间的理解和宽容。[②] 在法国举办的关于失业救济的公民会议中，协商也没有使人们将判断建立在更为合理的基础之上，相反，很多参与者的意识形态色彩变得更浓，其观点也相互对立。[③] 这也说明，协商能否成功，在很大程度上取决于议题的性质，以及协商所处的具体环境。因此，很多经验研究都致力于揭示，在什么情况下协商民主运作良好，在什么情况下协商步履蹒跚，那些对协商不利的条件在多大程度上可以得到改善。

有学者提出，在未来，协商民主的经验研究至少应该在

---

① Patrick Fournier, Henk van der Kolk, R. Kenneth Carty, André Blais and Jonathan Rose, *When Citizens Decide: Lessons from Citizen Assemblies on Electoral Reform*. Oxford: Oxford University Press, 2011.

② Tali Mendelberg and John Oleske, Race and Public Deliberation. *Political Communication,* Vol. 17, No. 2(Apr. – Jun. 2000), pp. 169 – 191.

③ Simon Jackman and Paul M. Sniderman, The Limits of Deliberative Discussion: A Model of Everyday Political Arguments. *The Journal of Politics*, Vol. 68, No. 2(May 2006), pp. 272 – 283.

如下四个方面进一步推进：1. 协商的真诚性及其证据，以区分协商性行为和策略性行为；2. 多层次分析，以探究在不同的制度环境中，行为者和各种中间变量是如何发挥作用的；3. 对公民社会领域的协商和正式政治制度中的协商的质量进行比较研究；4. 协商可能产生的未预期的后果和不当的后果。①

当然，协商民主理论的有些主张不是经验性的，例如，经过协商程序所产生的决策合法性更高，因为协商程序尊重参与者的道德意志。协商民主的这个好处是内在于协商程序本身的，它不是协商程序所产生的结果。因此，这个主张就不适合于用经验研究的方法来加以检验。②

2. 从理想设计到制度构建

从协商民主理论产生之初，就不断地有人质疑其现实可行性，认为协商民主不过是一种乌托邦式的构想，很难在操作层面上予以落实。因此，很早开始，协商民主理论的发展就将制度化问题作为其重要议程之一，很多学者倾注了大量的精力，2000 年以来，这一趋势表现得越来越明显，正如西蒙·钱伯斯所言：协商民主越来越从一种“理论陈述”转变为一种“可操作的原理”。③ 大体而言，关于协商民主制度化的研究主要集中以下三个方面：1. 对协商民主的各种实践形

---

① André Bächtigera and Jürg Steiner, Introduction. *Acta Politica*, 2005, 40, pp. 153 – 168.

② Dennis F. Thompson, Deliberative Democratic Theory and Empirical Political Science. *Annual Review of Political Science*, 2008, 11, pp. 497 – 520.

③ Simone Chambers, Deliberative Democratic Theory. *Annual Review of Political Science*, Vol. 6, 2003, pp. 307 – 326.

态的发掘；2. 不同的协商领域之间如何相互衔接；3. 协商制度创新如何与既有的制度安排进行对接？

1. 对协商民主的各种实践形态的发掘。这方面的努力沿着两个方向展开，一个方向是发掘体制内的协商资源，一个方向是探索公共领域的协商民主实践。

就前者而言，最重要的代表人物无疑是约瑟夫·毕塞特，在其1980年发表的《协商民主：共和政府的多数原则》一文中，他就探讨了如何让国会恢复其协商性质。[①] 1994年，毕塞特出版《理性的温和声音：协商民主与美国政府》，对国会、总统、公共舆论在政策协商中的作用进行了系统梳理。[②] 2014年，他撰写的教科书《美国政府与政治》更认为协商民主贯穿于美国政治生活的方方面面，无论是立法、行政、司法制度，还是政党、利益集团、选举，他都从协商民主的视角来加以阐释。[③] 很多学者都沿着毕塞特开辟的这一方向对不同国家的立法、行政、司法制度中的协商实践进行考察，产生了大量的成果。例如，鲁米斯研究了美国参议院的协商；斯坦纳等人对议会的协商实践进行了跨国比较；祖恩则探讨了协

① 约瑟夫·毕塞特：《协商民主：共和政府的多数原则》，载陈家刚主编：《协商民主与政治发展》，北京：社会科学文献出版社，2011年，第35－50页。

② Joseph M. Bessette, *The Mild Voice of Reason: Deliberative Democracy and American National Government*. Chicago, IL: University of Chicago Press, 1994.

③ Joseph M. Bessette and John J. Pitney, *American Government and Politics: Deliberation, Democracy and Citizenship*, 2nd Edition. Wadsworth: Cengage Learning, 2014.

商民主和司法审查制度之间的关系[①]；杜利斯以美国为例探讨了宪政制度内部不同部门之间的协商机制。[②] 针对行政机构公共政策制定过程中的协商所进行的个案研究更是数不胜数。

就后者而言，可以说是近年来协商民主理论着力最多的领域，按照斯蒂芬·艾斯特的归纳，西方协商民主理论的发展已进入第三代，第三代协商民主理论主要关注的就是协商的制度化问题，其主要代表人物有瓦尔特·巴伯、罗伯特·巴特莱特、艾温·欧弗林、约翰·帕金森和史蒂芬·埃斯特伯等。瓦尔特·巴伯和罗伯特·巴特莱特以环境政策为例，倡导建立有效的跨国协商机制[③]；艾温·欧弗林则关注在存在严重分歧（如种族冲突、宗教冲突）的社会中协商民主如何有效运作。[④] 布鲁斯·阿克曼和詹姆斯·菲什金提出了"协商日"的构想：设立一个新的国家假日，在国家大选前的一周进行。登记选民将被召集到邻近的集会地点，按 15 人为一小

---

① Burdett A. Loomis, ed., *Esteemed Colleagues: Civility and Deliberation in the U. S. Senate*. Washington, DC: Brookings Institution Press, 2000; Jürg Steiner, André Bächtiger, Markus Spörndli, and Marco R. Steenbergen, *Deliberative Politics in Action: Analyzing Parliamentary Discourse*. Cambridge: Cambridge University Press, 2004; Christopher F. Zurn, *Deliberative Democracy and the Institutions of Judicial Review*. Cambridge: Cambridge University Press, 2007.

② 杰夫雷·杜利斯：《制度间的协商》，载詹姆斯·菲什金、彼得·拉斯莱特主编：《协商民主论争》，张晓敏译，北京：中央编译出版社，2009 年，第 214 - 226 页。

③ W. Baber and R. V. Bartlett. *Deliberative Environmental Politics: Democracy and Ecological Rationality*. Cambridge and London: MIT Press, 2005.

④ Ian O' Flynn. *Deliberative Democracy and Divided Societies*. Edinburgh: Edinburgh University Press, 2006.

组，500 人为一大组，讨论竞选活动所提出的中心议题，协商的结果将使政治精英们了解到人民经过深思熟虑之后的意志。[①] 伊森·里布甚至提出一个更为大胆的建议，通过随机挑选的公民陪审团组建政府的第四部门——公众部门来制定法律，他还花了大量篇幅探讨如何将公众部门嵌入既有的三权分立的体制之中。[②] 约翰·盖斯提尔和彼得·列文主编的《审议民主指南》一书系统梳理了公民共识会议、公民陪审团、协商式民意调查、国家议题论坛、二十一世纪城镇会议、学习圈、民主学习中心、网络协商等实践形态，并对协商民主的未来发展提出了自己的思考。[③] 马克·沃伦则通过加拿大关于选举制度改革协商的案例，展示了各种协商机制的组合运用。[④] 何包钢和陈朋对中国本土的基层协商民主实践——浙江温岭的民主恳谈会进行了深度解析，从中提出了很多具有理论意义的洞见。[⑤]

---

① 布鲁斯·阿克曼、詹姆斯·菲什金：《审议日》，载谈火生主编：《审议民主》，南京：江苏人民出版社，2007 年，第 124 – 145 页。更详细的讨论请参考 Bruce Ackerman and James S. Fishkin, *Deliberation Day*. New Haven, CT: Yale University Press, 2004.

② 伊森·里布：《美国民主的未来：一个设立公众部门的方案》，朱昔群等译，北京：中央编译出版社，2009 年。

③ 约翰·盖斯提尔、彼得·列文著：《审议民主指南——21 世纪公民参与的有效策略》，刘介修、陈逸玲译，台北：群学出版有限公司，2012 年。

④ Mark E. Warren and Hilary Pearse, *Designing Deliberative Democracy: The British Columbia Citizens' Assembly*. Cambridge: Cambridge University Press, 2008.

⑤ 何包钢：《协商民主：理论、方法和实践》，北京：中国社会科学出版社，2008 年；陈朋：《国家与社会合力互动下的乡村协商民主实践》，上海人民出版社，2012 年。

2. 不同的协商领域之间如何相互衔接。协商民主理论家们在这方面的努力关注的是不同协商制度之间的相互作用，要解决的是体制内的协商资源和公共领域的协商制度创新之间的衔接问题。德雷泽克将其称之为“系统转向”，但笔者认为系统转向其实是制度转向的一个有机组成部分。

早在 1999 年，曼斯布里奇就提出了协商系统（Deliberative systems）的概念，后来，帕金森对之进行了发展。帕金森认为，在协商式的决策过程中，社会运动、专家论证、行政部门开展的咨询、公共听证会、公民论坛、媒体、立法机构、请愿活动等等，都可以在其中发挥自己独特的作用。不同的沟通方式对协商具有特定的功能，例如，修辞就在协商的议程设置方面具有不可替代的作用。①

2012 年，他们二人合作主编的《协商系统》一书出版，该书可以说集结了协商民主研究领域的顶级学者，致力于探讨协商民主发展中的一个核心问题：大规模的协商如何可能？该书提出了协商民主的系统性路径（systemic approach to deliberative democracy），认为协商系统是由不同的部分组成，既包括村庄、城镇、学校或医院，也包括国家的立法机构，既可能是地方协商网络，也可能是跨国、乃至全球的协商网络，它们之间相互独立，又相互依存，每个部分都具有独特的功能，通过劳动分工，连接成为一个复杂的整体，共同以对话

---

① Jane Mansbridge, Everyday Talk in the Deliberative System. in *Deliberative Politics: Essays on "Democracy and Disagreement"*, edited by S. Macedo. Oxford: Oxford University Press, 1999, pp. 211 – 239; John Parkinson, *Deliberating in the Real World: Problems of Legitimacy in Deliberative Democracy*. Oxford: Oxford University Press. 2006, pp. 166 – 173.

的方式应对政治冲突、解决现实问题。该书不仅提出协商系统的不同部分之间如何分工和协作问题，也探讨了协商系统运作中需要解决的一些核心问题，例如，专家在协商中的作用、协商系统的代表性问题、协商民主与大众民主的关系问题等。[①] 在作者看来，协商体系建设面临五大病理问题：一是连接过紧（tight-coupling）问题。协商体系的优点之一就是，当其中某一部分失察时，其他的部分可以弥补其缺失，例如，当专家为某些疾病或风险的观念所囿时，公民组织或媒体可以将一些潜在的经验或病源分析带入体系，帮专家走出困境。如果协商体系中的各个部分之间结合得过于紧密，会使体系丧失自我纠正的能力。二是脱节（decoupling）问题，体系中的某个部分所提出的有说服力的理由无法对其他部分产生影响，例如，在全球变暖问题上，美国的一些议员和利益集团拒绝听取来自科学界的意见。三是制度性支配（institutional domination）问题，体系中的某一个或几个部分拥有过度的权力或特权。四是社会性支配（social domination）问题，特定的社会利益群体和阶级控制了协商体系中的其他群体，或对其施加不当的影响。五是顽固的派性偏见（entrenched partisanship）问题，公民、议员和行政官员可能由于意识形态、种族、宗教或其他的社会分歧，不愿意自己的偏好受到质疑，更不愿意听取协商所产生的意见建议。[②]

有意思的是，当西方学者在理论上对协商系统进行探讨

① John Parkinson and Jane Mansbridge, *Deliberative Systems: Deliberative Democracy at the Large Scale*. Cambridge: Cambridge University Press, 2012, pp. 2 – 5.

② Ibid, pp. 22 – 24.

之时，党的十八届三中全会通过的《中共中央关于全面深化改革若干重大问题的决定》提出了“构建程序合理、环节完整的协商民主体系”的构想，并在2015年颁布的《中共中央关于加强社会主义协商民主建设的意见》中予以具体化，提出了七大协商渠道，并强调不同渠道之间的衔接配合。[①]

3. 协商制度创新如何与既有的制度安排进行对接？如果说不同的协商领域之间如何相互衔接要处理的是协商系统的内部关系问题的话，那么，协商制度创新如何与既有的制度安排进行对接要处理的则是协商系统与其他制度安排之间的外部关系问题。换言之，协商制度创新如何嵌入既有的制度安排之中？这是协商民主研究中一个非常重要的议题，其核心问题是：协商如何实现与决策的对接？

协商与决策之间的断裂一直困扰着协商民主理论。[②] 尽管在实践中确实有一些协商实践对决策产生了直接的影响，但是，大量的案例则是协商对决策几乎没有影响，或影响很小，更不用说将协商整合到协商体系之中了。德雷泽克以差不多同时在丹麦、法国和美国举行的关于同一议题的协商实践为例，说明在不同的政治体制中协商对决策的影响程度是不同的。丹麦具有悠久的参与传统，无论是政治家还是公众，对于公民共识会议都高度认同，因此，共识会议关于转基因食品的建议被直接交到议会相关的委员会，并对决策产生影响。

---

① 《中共中央关于加强社会主义协商民主建设的意见》，《人民日报》2015年2月10日。

② 朱迪斯·斯夸尔斯：《协商与决策：双轨模式中的非连续性》，载毛里西奥·登特里维斯主编：《作为公共协商的民主：新的视角》，王英津等译，北京：中央编译出版社，2006年，第79－99页。

与之相反，法国的议会就认为共识会议不具有合法性，甚至将其视为对自身权威的挑战。1998年法国举办的关于转基因食品的共识会议对相关政策基本没有什么影响，相反，它是被政府用来实现自己的目标，希望共识会议能提供赞成转基因技术的意见，以平衡民众对转基因技术的怀疑。美国联邦政府从来就对组织普通公民的论坛没有兴趣，所以，关于转基因食品的共识会议是由大学里的研究者组织的，尽管其协商结果可以对决策产生一定的影响，但是，这种影响是作为多元主义模式中相互竞争的众多主张中的一种主张发挥作用的，而且是很微弱的一种声音。我们可以发现，在丹麦，共识会议与决策过程是一体的（integrative）；在法国，共识会议处于被政府管理的（managerial）地位；在美国，共识会议则是作为倡导者（advocacy）发挥作用。[①]

那么，协商可以通过哪些机制来影响决策呢？第一种方式，由协商者直接做出决策。有人认为，协商民主的逻辑应该是，协商不仅应该提供建议，而且应该有权制定权威性的法律或政策。[②] 但是，这只是一种逻辑上的可能性，在现实中还出来没有发生过。

第二种方式，由协商者将协商结果递交给相关的决策部门（立法机构或政府部门），并对决策过程产生影响。丹麦科技委员会组织的共识会议是这种方式的代表；浙江温岭的公

① John S. Dryzek, *Foundations and Frontiers of Deliberative Governance*. Oxford: Oxford University Press, 2010, pp. 170 – 174.

② Russell Muirhead, Can Deliberative Democracy be Partisan? *Critical Review: A Journal of Politics and Society*, 22(2 – 3), 2010, pp. 129 – 157.

共预算协商也是通过这种方式影响党委和政府的决策[①]；德国的规划小组（Planning cells）一开始就和政府签订响应契约，这个契约规定，政府必须考虑并正式响应规划小组的提议，即便是负面的响应，也必须说明理由。因此，规划小组本身就是政府决策过程的一个环节，这就确保了它对政府决策的影响力。[②]

第三种方式，协商民主与公民投票制度的结合。加拿大的不列颠哥伦比亚省举办的关于选举制度改革的公民会议有一个创新之举：将民主协商的结果交给公民投票来决定。尽管最后因 2.3% 的得票之差没有通过，但它确实开辟了一个新途径，使协商与决策过程衔接起来。[③] 这种方式后来也为加拿大的安大略省所采用。

第四种方式，通过影响公共舆论，间接地对决策部门施加压力，从而影响决策过程。例如，澳大利亚关于转基因食品的共识会议就影响民众关于这一议题的认知，并促使相关政府部门认识到，不能仅仅向公众推销转基因技术的好处，应该采取更加平衡的立场。[④]

---

① 何包钢：《协商民主：理论、方法和实践》，北京：中国社会科学出版社，2008 年。

② Claus Offe, Crisis and Innovation of Liberal Democracy: Can Deliberation Be Institutionalised? *Czech Sociological Review*, 2011, Vol. 47, No. 3, pp. 447 - 472.

③ Mark E. Warren and Hilary Pearse, *Designing Deliberative Democracy: The British Columbia Citizens' Assembly*. Cambridge: Cambridge University Press, 2008, p. 7.

④ John S. Dryzek, *Foundations and Frontiers of Deliberative Governance*. Oxford: Oxford University Press, 2010, p. 169.

3. 从协商转向到民主转向

如果说协商转向是20世纪民主理论发展的一个新阶段的话，那么，民主转向则是协商民主理论发展的一个新动向。这个新动向包含三个方面的内容：协商主体的民主化、协商方式的民主化和协商传统的民主化。

1. 从精英协商到大众协商：协商主体的民主化。可以说，协商转向的同时也是民主转向的过程，因为协商民主理论的兴起其实是将以往局限于精英的协商拓展到普通民众。在100年前的人如果看到deliberative democracy这个词，他一定会大惑不解，因为在他们的脑中，deliberative和democracy这两个词所代表的正好是两种无法形容的元素——慎思和平等，协商所要求的理性和深思熟虑正是对治民主之弊端的良药。因此，自古希腊以降的协商，一直是精英的专利，协商从来都不是民主的，20世纪80年代兴起的协商民主其实是将协商"民主化"了，它使得协商不再局限于代表们，而是扩展到普通公民；不再局限于正式的政治机构，而是扩展到公共领域。

2. 从理性到修辞、从理解到权力：协商方式的民主化。理性论证的要求（reason-giving requirement）是协商民主理论的核心。[①] 桑德斯和艾利斯·杨都对哈贝马斯版本的公共理性概念提出批评，认为它隐含着文化偏见，会形成一种隐性的排斥机制，将很多边缘群体排斥在外，例如女性，她们很多

---

① Dennis F. Thompson, Deliberative Democratic Theory and Empirical Political Science. *Annual Review of Political Science*, 2008, 11, pp. 497 – 520.

人不具备协商所要求的理性论证的能力，她们在协商过程中更多的是提供信息、提问，而不是陈述自己的观点或参与论战。桑德斯和杨都强调各种替代性沟通形式的重要性，如礼节（greeting）、修辞（rhetoric）、讲故事（storytelling）乃至抗议等沟通形式，以弥补单纯诉诸理性的不足。通过这些方式，那些弱势群体能更好地表达自己的利益和诉求。[①]

她们的观点后来得到很多人的响应和进一步深化。例如，伊安·夏皮罗就认为，协商民主理论忽视了现实政治的逻辑是利益和权力，而不是理解和更佳的论证。[②] 10 年后，夏皮罗的这一观点以更加鲜明的方式得以呈现：《论自利和权力在协商民主中的作用》，这篇由曼斯布里奇起草并由多位名家联名发表的文章认为，只要对自利（self-interest）进行适当的约束，它应该成为协商的一部分，而不是像经典的协商民主版本那样认为协商只能考虑公共利益（common good），并将自利排除在协商之外。将自利纳入协商过程之中，可以让群体在思考公共利益之时更好地将每个人的特殊利益与之结合起来；同时，协商机制与非协商的民主机制之间是相互补充而不是相互排斥的关系，这意味着协商不排斥谈判和讨价还价等机制。当然，这种协商式的谈判（deliberative negotiations）必须是非强制性的，不能使用威胁等手段。尽管它本身不是

---

① 艾利斯·马瑞恩·杨：《沟通及其他：超越审议民主》；林·M. 桑德斯：《反对审议》。二文载谈火生主编：《审议民主》，南京：江苏人民出版社，2007 年，第 110－123、323－354 页。

② Ian Shapiro, Enough of Deliberation: Politics is About Interests and Power. in S. Macedo ed., *Deliberative Politics*. Oxford: Oxford University Press, 1999, pp. 28－38.

协商行为，但是，当它被置于协商程序之中并受到程序的约束时，它可以成为协商的有益补充。[①]

3. 从西方中心到超越西方：协商传统的民主化。尽管在非西方世界存在大量的协商活动，但是，在很长一段时间里很多研究者都相信，在西方世界之外协商很难有效运作。例如，迪戈·甘贝塔就认为，协商是盎格鲁—撒克逊文化的产物，这种文化建立在分析性知识（analytic knowledge）的基础之上，它重视正确的推理、经验的验证；相反，有些文化则建立在导向性知识（indexical knowledge）的基础之上，人们要么不愿公开表达自己的观点，要么在表达观点时从一开始就以一种强硬的方式表达出来，重视赢得争论而不是聆听和学习。就此而言，非西方文化基本上倾向于权威政治而不是民主政治。[②] 但是，这种情况在最近十多年发生了改变，越来越多的学者认识到，西方中心论的民主观是有问题的。在这个转变过程中，非西方背景的学者的努力功不可没。

2003 年，印度裔学者、诺贝尔奖获得者阿玛蒂亚·森指出，协商是一种普遍现象，协商民主在全球各地都有其自身的根基。在他看来，协商能力、与人合作的能力、进行公开讨论的能力是人性的一部分。他还以佛教的早期发展为例，

---

① Jane Mansbridge, James Bohman, Simone Chambers, David Estlund, Andreas Follesdal, Archon Fung, Cristina Lafont, Bernard Manin, and José Luis Martí, The Place of Self - interest and Power in Deliberative Democracy. *The Journal of Political Philosophy*, Volume 18, Number 1, 2010, pp. 64 - 100.

② 迪戈·甘贝塔：《"Claro!"：论话语中的大男子主义》，载约·埃尔斯特主编：《协商民主：挑战与反思》，北京：中央编译出版社，2009 年，第 19 - 44 页。

说明通过公共讨论以解决争议的实践广泛存在于印度和东南亚地区。[①] 华裔学者何包钢等人则通过对中国本土协商实践和协商传统的发掘，指出中国有着丰富的协商传统，在古代中国，士大夫在朝堂之上会就公共政策开展讨论；在现代中国，还建立了专门的协商机构——人民政协。[②] 这些努力逐渐改变了很多西方学者的观念，一个最明显的标志是，2014 年，政治学领域的权威杂志《政治理论》出了一期专刊，主题就是“超越西方协商民主”。放在若干年前，这样的标题可能都是不可想象的。1997 年埃尔斯特在为其主编的《协商民主》文集所写的序言中，曾追溯协商民主理论的发展脉络，在其整个叙述中都没有非西方国家的影子。[③] 但是，在“超越西方协商民主”这期专刊中，萨斯和德雷泽克明确提出政治协商的普遍性问题。他们指出，学界对中国、巴西、印度等非西方语境下的协商理论和实践越来越感兴趣，因此，有必要追问政治协商在多大程度上是一种普遍性的实践？我们不能将西方的协商实践作为衡量的标准，要通过对不同语境下的政治协商进行比较研究和历史研究，以确定协商实践可以采取何种形式，在何种条件下方可发展。他们以埃及为例，考察了

① A. Sen, Democracy and Its Global Roots. *The New Republic*, October 2003, pp. 28 –35.

② B. He & M. Warren, Authoritarian Deliberation: The Deliberative Turn in Chinese Political Development. *Perspectives on Politics*, (9) 2011, pp. 269 –289; S. Tan, Confucian Resources for Experimentation in Deliberative Democracy. Paper presented at the 2011 Annual Meeting of the American Political Science Association, Seattle, WA, Sep. 1 –4, 2011.

③ 约·埃尔斯特主编：《协商民主：挑战与反思》，北京：中央编译出版社，2009 年，第 1 –7 页。

伴随着伊斯兰复兴运动而出现的协商文化。[①] 专刊中有两篇文章则是以中国为例，研究儒家文化传统中的协商政治。[②]

对非西方世界协商实践的研究不仅有助于破除西方中心的魔咒，走出协商文化特殊论的困境，而且，非西方的协商实践可以为协商民主的进一步发展提供新的思想资源。近期，何包钢通过对浙江温岭民主恳谈会的解析，回应了西方学界关于代表制问题的相关争论，指出中国的实践将菲什金的统计意义上代表改造成为政治代表，提高了其政治合法性，并成功地将其整合到决策过程之中。在中国，抽样代表和选举产生的代表有机结合，形成了混合式的代表制度，中国的协商民主不是削弱选举民主或代议制民主的政治逻辑，而是强化了这一政治逻辑。可以说，中国基层的政治实践为协商民主的发展提供了新的思考方向。[③]

在其他地方，笔者曾呼吁，在十八大之后，尤其是《意见》出台后，协商民主研究应该将研究重心从规范性研究转向经验研究，关注协商民主的规范性理想如何才能落实到实践之中？如何才能制度化？[④] 用十八大和十八届三中全会的话

---

① Jensen Sass and John S. Dryzek, Deliberative Cultures, *Political Theory*. 2014, Vol. 42(1), pp. 3－25.

② Baogang He, Deliberative Culture and Politics: The Persistence of Authoritarian Deliberation in China. *Political Theory*, 2014, Vol. 42(1), pp. 58－81; S. Tan, Early Confucian Concept of Yi(议) and Deliberative Democracy. *Political Theory*, 2014, Vol. 42(1), pp. 82－105.

③ Baogang He, Reconciling Deliberation and Representation: Chinese Challenges to Deliberative Democracy. *Representation*(forthcoming).

④ 谈火生：《从民主研究的“协商转向”到协商民主的“经验转向”》，《联合时报》2015 年 3 月 30 日。

来说，就是“健全社会主义协商民主制度”，“推进协商民主广泛多层制度化发展”。这既是中国协商民主实践发展的现实需要，也是国际协商民主理论的发展给我们的启示。

协商民主理论在最近十多年的经验转向、制度转向和民主转向告诉我们，只有保持理论与实践之间的良性互动，在进行理论建构时对实践经验保持高度的敏感，理论的创新才有源头活水，不断丰富和发展社会主义协商民主理论体系的目标才有可能实现，理论自信才能水到渠成；与此同时，在关注经验事实时保持高度的理论自觉，才能用理论指导实践，推动实践不断向前发展。这一方面要求我们对本土的协商民主实践进行提炼总结，对传统的协商资源进行发掘；一方面也要求我们积极借鉴域外经验，包括印度、拉美、阿拉伯世界的协商民主经验，并借助社会科学方法开展协商民主实验，不断深化对协商民主的认识，为协商民主建设提供理论支撑，推动中国协商民主实践的发展，同时，积极参与国际学术对话，共同推动协商民主理论的创新。

第三章 协商治理在中国：历史与现实

在庆祝中国人民政治协商会议成立65周年大会上，习近平指出：中国的协商民主“源自中华民族长期形成的天下为公、兼容并蓄、求同存异等优秀政治文化，源自近代以后中国政治发展的现实进程，源自中国共产党领导人民进行革命、建设、改革的长期实践，源自中华人民共和国成立后各党派、各团体、各民族、各阶层、各界人士在政治制度上共同实现的伟大创造，源自改革开放以来中国在政治体制上的不断创新”[①]。这五个“源自”深刻阐明了中国协商民主的历史基础、实践基础和内在逻辑。

（一）中国传统政治中的协商系统

中国有着深厚的协商政治传统，在长期的政治实践中，

① 习近平：《在庆祝中国人民政治协商会议成立65周年纪念大会上的讲话》，《人民日报》2014年9月22日。

中国形成了一套比较完整的协商体系，尽管它不是民主的，但确实是协商的。这一精英型的协商体系分为三个层次：最核心的是国家政治制度中的协商，中间是相当于哈贝马斯的弱公共领域的协商，外层则是以大众舆论形态存在的协商。

在位居核心的政治制度中的协商里，包括廷议或者朝议制度、谏议制度。廷议或者朝议，起码从秦汉就已经制度化了，无论是议题的提出还是协商的程序安排，制度化程度都非常高。[①] 有人曾经做过统计，《明宣宗实录》中有95条关于廷议的史料，其中，仅有14次是由皇帝提议召开的，其余81次廷议均为朝臣请旨而开。而且，在皇帝主动要求召开的14次廷议中，讨论的内容多为“议先帝尊号”“议皇太后尊号”“议官军升赏”“议定品级冠服仪式”之类，而关于国家政治、经济、军事等重大问题大多由朝臣请旨召开。[②] 也就是说，在议题设置和议程安排中，士大夫发挥了巨大的作用。

廷议有不同的形式，如由皇帝亲自参加的面议、皇帝不直接参加的部议，或者就特定事项举行的专家会议等，无论是哪种形式，都有相应的制度安排和硬性的规定。廷议和言官制度不同，廷议属于决策型协商，协商本身就是决策过程；言官属于咨询型协商，它不决策，只提建议。关于言官制度这种协商形式，何包钢的文章进行了充分的阐述，此不

① 林乾：《论中国古代廷议制度对君权的制约》，《社会科学战线》1992年第4期，第155－161页。

② 吴志宏：《明前期廷议研究》，黑龙江大学2009年硕士学位论文，第37页。

赘述。[①]

除了廷议、言官制度之外，在国家正式制度中还有一个很重要的协商制度安排，那就是“经筵制度”，即请当朝的大儒给皇帝上课，而且还是日讲。当然，不是所有的朝代都能做到日讲。从协商的角度上来讲，经筵制度对于整个政治运作和决策产生了非常重大的影响。我们可以用一个比喻来形容，“经筵制度”相当于我们今天的政治局集体学习。

在经筵制度里面，主讲官在给皇帝讲课的时候是很自由的，在形式上比政治局集体学习更灵活。当然，经筵既是一个君臣讨论的场所，也是一个政治斗争的场所。经筵讲课并非只有一个大臣给皇帝讲课，而是有很多人。具体到每一次时，有时候是一个人，有时候是一组人，这一组人里面，不同派别的人都有。这时，经筵就变成了一个自由讨论的论坛。在讨论时，一定要有理有据，要有历史的先例、要引用“故事”、要有义理的根据，要引经据典。[②] 所以，经筵制度是一个非常有意思的协商形式，从某种意义上讲，它是最高层次的政治协商。

中间的协商层次属于现代意义上的公共领域，包括学校、书院、会馆、雅集等形式。其中，学校是属于国家的，书院是属于民间的。学校尽管是属于国家的，但它是以公共领域的形态存在的，因为它不掌握公权力。黄宗羲在《明夷待访录》的《学校》篇里，设想学校是正式的制度安排里面的一

---

① 何包钢：《儒式协商：中国威权性协商的源与流》，《政治思想史》2013 年第 4 期，第 1－21 页。

② 关于经筵制度，可以参考姜鹏：《北宋经筵与宋学的兴起》，上海古籍出版社，2013 年。

个公共议政的场所，从中央的太学到地方的郡县学校，对于中央的公共政策和地方的治理都会产生重大的影响。[①] 按照黄宗羲的设计，是要以“学”引“政”，非常类似于哈贝马斯的双轨制协商民主架构。在一定程度上讲，学校应该成为“公论”最重要的产生场所。

与此同时，官办的学校和民间的书院之间存在密切的互动，很多士人兼跨两边。除了学校、书院之外，还有会馆，它是一个很重要的组织网络，很多集体行动都是依托会馆来组织的。例如，在中国近代历史上非常有名的公车上书。还有士大夫之间的雅集，也是一个很重要的公共领域，其作用类似于西方的咖啡馆。在这样一些公共领域里面，大家来讨论公共的问题、公共的政策，而且这些讨论的结果能够很有效、很迅速地传递到正式的言官系统之中，并进入廷议等政策过程。

在外层还存在一个以大众舆论形态存在的协商领域。我们前面讲的公共领域的协商：学校、书院、会馆、雅集等等，都是士大夫的活动，不涉及普通的老百姓。而以大众舆论形态存在的协商领域，则是普通老百姓参与的平台。比如说，中国很早就有在固定的场所议政的传统，在基层，还有祠堂、乡贤祠，这些地方是基层治理很重要的场所，它们和我们刚才所讲的士大夫的公共领域又不一样。

值得注意的是，传统政治中的士大夫群体把三个层次的协商系统衔接成一个整体。这是一个很重要的经验，在西方的协商实践中是没有的。西方的协商民主现在面临一个很棘

① 黄宗羲：《明夷待访录》，北京：中华书局，1981 年。

手的问题：公共领域的协商和国家正式制度中的协商之间是断裂的，没有一套制度化的机制把它们衔接起来。很多时候，在公共领域开展协商，讨论完了对国家政策没影响、或影响不大。这是西方学者自己讲的，不是笔者讲的，他们有调查数据。[①] 但是，在中国传统的协商体系中有一个士大夫群体，士大夫群体把三个层次的协商整个贯通起来了。我们刚才讲了，公共领域的讨论会通过经筵制度、言官制度直接传递到国家政治决策过程中。不仅如此，街谈巷议和来自大众的、庶民的协商也能够通过士大夫群体被衔接起来。这主要是通过两个途径：第一个途径是采风，政府会定期派人下去采风，了解民间的意见和疾苦。第二个途径是退休制度，以前的官员退休后是要回到家乡的，跟我们现在不一样，现在退休是住在城里面，城乡之间是断裂的。但过去官员退休后是要回到老家住的，回去后他就变成了地方的乡贤。他通过自己的人际网络、门生故吏等关系将基层的意见与公共领域的讨论、国家的政治过程衔接起来。这是很有意思的一套制度安排，通过士大夫这个群体把三个层次的协商系统贯通起来。这个经验很值得我们去总结。传统中国确实通过围绕科举制度发展起来的各种非正式关系，如门生关系、师生关系、官员的

① 在英国只有1/3的地方政府认为公众参与对决策产生了影响。在美国，有些协商活动完全没有引起媒体、公众和政府部门的注意，更不用说对决策产生影响了。Alarcón Pau and Joan Font, Where Are the Boundaries of Deliberation and Participation? A Transatlantic Debate. *Journal of Public Deliberation*, Vol. 10 [2014], Iss. 2, Art. 11; Robert E. Goodin, *Innovating Democracy: Democratic Theory and Practice after the Deliberative Turn*. Oxford: Oxford University Press, 2008, p. 36.

社会网络，把三个层次的协商衔接成一个整体，并使协商对决策产生了实质性的影响。

（二）新民主主义时期的实践探索

早在中国共产党成立之初，民主就成为中国共产党人追求的价值目标，无论是陈独秀、李大钊还是毛泽东，都将民主视为现代政治发展的方向。李大钊直言："现代生活的种种方面，都带有 democracy 的颜色，都沿着 democracy 的轨辙——简单一句话，democracy 就是现代唯一的权威，现在的时代就是 democracy 的时代"[①]；在延安时期，毛泽东也一再强调民主政治是整个世界的发展趋势，"谁能违拗这个方向呢？历史的巨轮是拖不回来的"[②]。正是基于对民主的坚定信念，即使是在战争时期，中国共产党人也一边在延安开展"三三制"实践，一边利用合法的政治平台——国民参政会、旧政协等与各民主党派开展政治协商。这些实践探索为社会主义协商民主的确立积累了宝贵的经验。

1. 国民参政会

1938 年，国难当头之时，为"团结全国之力量，集中全国之思虑与识见，以利国策之决定与推行"而成立的国民参政会可以说是中国协商民主的"萌芽"。国民参政会是抗战时

---

① 《李大钊文集》（上卷），北京：人民出版社，1984 年，第 632 页。

② 《毛泽东选集》（第二卷），北京：人民出版社，1991 年，第 738－739 页。

期国民党及其政府的国是咨询机关，以国民参政会为舞台，中国各主要党派、社会各界的代表人士围绕抗战建国的一系列重大问题开展了一定程度的政治合作和协商。

从成立伊始，各党派就对国民参政会寄予厚望，认为它为各党派参政议政、协商国是提供了一个相对广阔的平台。第三党参政员代表章伯钧称，国民参政会的成立“使孙中山先生之民权与最近国人所要求之民主政治得以或可逐渐实现”。尽管中国共产党认为国民参政会还不是一个“尽如人意的全权的人民代表机关”，但是，它第一次为各主要抗日力量共同参与中国政治提供了一个稳定、公开、合法的场所，因此，在毛泽东看来，“在目前抗战剧烈的环境中，国民参政会之召开，显然表示着我国政治生活向民主制度的一个进步”，是“全国政治生活走向真正民主化的初步开端”。①

从国民参政会的人员构成上来看，国民参政会容纳了中国各抗日党派。以第一届国民参政会为例，200 名参政员囊括了抗日党派的领袖和共产党、国民党、青年党、第三党、国社党、职教派、救国会等党派在内的各方面代表人士。其中，国民党和无党派人士各 89 名，各占总数的 44.5%；其他 5 个抗日党派 22 名，包括共产党 7 名，青年党 7 名，国社党 6 名，社民党 1 名，第三党 1 名，共占 11%。② 当时的社会舆论对参议员名单给予不同程度的肯定，沈钧儒认为它基本符合“集合全国有志之士共同救国”的宗旨；史良认为它大体“表示

① 孟广涵：《国民参政会纪实》（上卷），重庆出版社，1985 年。

② 曾群芳：《试论抗日战争时期国民参政会中的协商民主思想》，《山西社会主义学院学报》2016 年第 9 期，第 19－22 页。

出各党各派的团结”和“代表各方面的民意”。[①]

从参政员的产生方式看，虽然前后不同，体现了一定程度的民主原则。第一届参议员系由中国国民党遴选产生，但第二届至第四届则兼采选举和遴选两种方式。选举是间接选举，遴选则是国防最高委员会和国民党中央执行委员会在其中发挥着重要的作用。[②] 但无论哪种方式，都力求使其具有一定的代表性。

从国民参政会的运作来看，其制度设计和实际运作之间存在较大差距。仅就制度设计而言，国民参政会的制度安排还是比较完善的。无论是组织架构、参议员产生，还是议事规则，都有比较系统的规定。但是，在实际运作中，其功能并未能正常发挥。在初期阶段（即第一届会议期间），国民参政会的实际运作与其制度安排还比较一致；但在抗战后期，国民党一党专政，出于消灭异己的需要，国民参政会沦为其制造“反共”舆论、鼓吹发动内战、粉饰独裁统治的工具。因此，从 1945 年 7 月第四届第一次会议起，共产党参政员不得不拒绝出席会议以示抗议。这时，国民参政会作为协商机构的功能已经丧失。[③]

从 1938 年 7 月到 1948 年 3 月，国民参政会共历四届，举行了 13 次会议。作为“战时协商民主的载体”，国民参政会

---

① 孟广涵：《国民参政会纪实》（上卷），重庆出版社，1985 年，第 91 - 92 页。

② 孟广涵：《国民参政会纪实》（下卷），重庆出版社，1985 年，第 769 页。

③ 黄寿福：《中国协商政治发生与演变逻辑》，上海人民出版社，2009 年，第 33 - 37、42 页。

在一定程度上为各种社会政治力量参政议政、共商国是创造了条件，中国共产党也正是利用这个合法的讲坛，宣传自己的政治主张，并与各党派合作，在共商国是的过程中对协商民主的实现形式进行了最初的探索，从而为政治协商制度的发展做了必要的铺垫。

2. 延安时期的“三三制”实践

在延安时期，中国共产党提出了系统的民主建国思想，并从1941年开始在敌后根据地开展“三三制”实践。“三三制”是中国共产党人对协商民主制度建设的最早探索，为中国的协商民主制度建设提供了雏形，开启了中国共产党与民主党派制度性合作的历史。在中国共产党人看来，“三三制政权的实质是民主”，它“不仅是今天敌后抗战的最好政权形式，而且是将来新民主主义共和国所应采取的政权形式”。[①]作为一种独特的政权组织形式，它无论是在组织形式上还是在运行机制上，都体现了协商民主的价值。

从组织形式来看，“三三制”体现了民主的平等原则。按照“三三制”的要求，无论行政机关或民意机关，共产党员占三分之一，他们代表无产阶级和贫农；左派进步分子占三分之一，他们代表小资产阶级；不左不右的中间派占三分之一，他们代表中等资产阶级与开明绅士。[②]通过“三三制”的制度架构，保障各党、各派、各界的利益和诉求都能在政权

① 《邓小平文选》（第一卷），北京：人民出版社，1994年，第8页。

② 毛泽东：《目前抗日统一战线中的策略问题》，《毛泽东选集》卷3，沈阳：东北书店，1948年，第480页。

机关中得到代表。在实践中，新区比老区做得好，一些新区，有的国民党员当选人数比共产党员还多。[①] 尤其在乡一级，边区29个县中的14个县里，乡参议会共有10926名参议员，其中，共产党只占2801席，刚刚达到25%。在绥德这样的绅士集中的商业重镇，市参议会中仅有12名共产党员，却有15名国民党人和62名无党派人士。为了保证“三三制”得到严格执行，1942年4月，100多名刚当选参议会常务委员会和政府委员会的共产党人辞职，将位子让给党外人士。例如，关中分区在1941年的选举中，“大部分的县议会县政府中，还是共产党占据半数的位置，不合乎三三制的原则”。次年四五月间，“各县又实行补选议员，超过数量的共产党员议席自动退出来，由党外人士递补。这样使县级政权也符合共产党员只占三分之一的原则了”。[②] 1942年下半年，共产党代表超过1/3的8个县，特别举行县和乡级重新选举。[③]

从运行机制来看，“三三制”体现了民主协商的精神。1941年11月6日，毛泽东在第二届边区参议会上发表演说时特别强调：“国事是国家的公事，不是一党一派的私事。因此，共产党员只有对党外人士实行民主合作的义务，而无排斥别人、垄断一切的权利”[④]。但是，要贯彻“三三制”的民

① 谢觉哉：《三三制的理论与实际》，《解放日报》1942年3月26日。

② 黄正林：《中共在陕甘宁边区执政问题研究——以抗日民主政权和“三三制”为中心》，《中共党史研究》2017年第9期，第15－29页。

③ 马克·赛尔登：《革命中的中国：延安道路》，魏晓明等译，北京：社会科学文献出版社，2002年，第165－166页。

④ 《毛泽东同志在第二届边区参议会上的演说》，《解放日报》1941年11月22日。

主精神必须解决两个问题：第一，既要坚持和巩固党的领导地位，又要避免“党包办一切”。第二，“三三制”政权中的非党人士要从“有职无权”转变为“有职有权”。为此，中国共产党一方面对党委与政府进行明确的分工，规范“三三制”政权的运行机制，破除党包办一切的旧习。另一方面，教育担任政权工作的党员，克服他们不愿和不惯同党外人士合作的狭隘性，提倡民主作风，遇事先和党外人士商量，取得多数同意，然后去做。同时，尽量地鼓励党外人士对各种问题提出意见，并倾听他们的意见。

为了解决非党人士“有职无权”的问题，共产党还特别强调要通过建立各种工作制度，确保党外人士能在重大决策过程中发挥作用。其中，定期召开党外人士座谈会就是一个很好的经验。在座谈会上，非党人士开诚布公，畅所欲言，取得了比较好的效果。其后，陕甘宁边区党外人士座谈会被当作一个重要的经验推广到其他敌后根据地。[①] 与之相应，基层政权也进行了配套的改革，创造了“一揽子会”的模式。参议会开会时，参议员、政府委员、村主任、村长、党支部干事都参加，“大家议、大家决、大家分工、大家参加”。[②]

3. “旧政协”的党派协商

抗战胜利后，中国面临着建立什么样的国家的问题。国民党为了维持一党专政，试图假国民参政会之名，遂行独裁

---

① 黄正林：《中共在陕甘宁边区执政问题研究——以抗日民主政权和“三三制”为中心》，《中共党史研究》2017 年第 9 期，第 15－29 页。

② 《林伯渠文集》，北京：华艺出版社，1996 年，第 384 页。

统治。中国共产党决定不参加第四届国民参政会，以示抗议。同时，沈钧儒、史良也主张民盟的参政员不出席会议。由于中共的缺席，第四届国民参政会已失去其政治协商的基本功能。在这一背景下，国共两党举行重庆谈判，签订《双十协定》，确定召开各党派及无党派人士参加的政治协商会议，共商和平建国大计。

1946 年 1 月 10 日，政治协商会议在重庆召开，史称“旧政协”。代表们分为五个小组进行审议，经过 21 天的协商，达成了五项决议——《政府组织案》《国民大会案》《和平建国纲领》《军事问题案》和《宪法草案案》。无论从协商的过程还是从协商的结果来看，政治协商会议都体现了一定程度的协商精神。一方面，政协五项决议案的通过，是参加政协会议的五方代表——国民党、共产党、民盟、青年党和社会贤达，本着平等协商、求同存异的精神，在斗争中相互容忍妥协而结出的硕果，这种多党协商、求同存异的政治局面在中国现代历史上是罕见的。另一方面，政治协商会议引起全社会的广泛关注。当时，重庆成立了政治协商会议陪都各界协进会等组织，妇女界、文化出版界等各界人士纷纷招待政协代表，邀请他们介绍会议情况。《新华日报》《新民报》和重庆《大公报》等报纸更是对政协议题逐一评论，政治协商会议一时成为国内舆论的焦点。从这个意义上讲，协商不仅发生在参加政协会议的代表之中，而且扩散到整个社会，社会各界也对相关议题开展了广泛协商。也正因为如此，国民党的《中央日报》称会议取得了难能可贵的成功；共产党的《新华日报》也发表社论，认为政治协商会议“发挥了和平协商的伟大作用，这是中国历史的创举”[1]。社会各界更是欢欣鼓舞，盛赞这是一个“伟大辉煌的成就”，“是一个不流血的革命”[2]。

需要强调的是，旧政协中的协商民主要素是脆弱的，它和后来的新政协不一样，支撑它的是各方的实力。当时之所以能通过协商取得折中的结果，是因为当时国共双方的实力使然，中共虽然兵力不及国民党，但占有地理上的优势，从而迫使国民党不得不在政治协商过程中做出一定程度的妥协。但是，这并非国民党真心实意希望的结果。旧政协期间，国民党 CC 系负责人陈果夫曾致函蒋介石：“政治协商会议必无好结果。且无论如何，共党已得好处，本党已受害。……中国如实行多党政治，照现在党、政、军均未健全之际，颇有陷覆辙之可能”，力劝蒋介石“临崖勒马，另行途径”。[3] 陈果夫的意见颇能反映国民党一部分高层人士的担忧：政治协商会议可能危及国民党一党专政地位。国民党缺少政治包容的胸襟，不愿意通过真正的政党合作将共产党纳入体制之内，不愿意将政治协商真正落到实处。因此，人们美好的愿望很快就在炮火中破灭了。

尽管这一次政治协商的成果很快就在内战的烽火中烟消云散了，但是，旧政协的政治协商实践却为新政协的诞生创造了条件，一方面，很多参加此次政治协商会议的代表后来都成为 1949 年政治协商会议筹备组的主要成员；另一方面，

① 《和平建国的起点》，《新华日报》社论，1946 年 2 月 1 日。

② 《陪都各界庆祝政治协商会议成功大会告全国同胞书》（1946 年 2 月 10 日），载《民主》第 18 期，1946 年 2 月 23 日。

③ 徐咏平：《陈果夫传》，台北：正中书局，1980 年，第 935 页。

中国共产党和各民主党派在此次政治协商会议上提出的一些政治主张是1949年政治协商会议的重要行动基础。从这个意义上讲，旧政协无意中成了新政协的“接生婆”。

（三）社会主义协商民主制度的确立

随着中华人民共和国的建立，中国共产党人确立了以多党合作和政治协商为代表的社会主义协商民主制度，并通过这一机制协商建国，完成了旧政协未能完成的历史使命。随着改革开放，社会主义协商民主向基层延伸，政治协商和基层的社会协商一体两翼，支撑起社会主义协商民主的主要框架。

1. 协商建国与政治协商制度的建立

旧政协协商成果的烟消云散让各民主党派对国民党政权反动本质有了深刻认识，他们由最初对国民党寄予厚望到对其完全失望。因此，当1948年5月1日中共发出“五一口号”时，各民主党派纷纷响应，在历史转折的关键时刻选择了中国共产党。1949年1月22日，到达解放区的各民主党派人士李济深、谭平山等55人联合发表《我们对时局的意见》，表示“愿在中共领导下，献其绵薄”，将革命进行到底。[①] 这标

① 杨建新、石光树、袁廷华：《五星红旗从这里升起——中国人民政治协商会议诞生纪事暨资料选编》，北京：文史资料出版社，1984年，第216页。

志着各民主党派承认了中共的领导地位，由此中国共产党和各民主党派的合作进入到一个新阶段，政治协商也从“旧政协”进入到了“新政协”。

新政协继承和发扬了旧政协所蕴藏的多党合作和政治协商精神，同时又增添了新的内容。周恩来在新政协筹备过程中指出：“凡是重大的议案提出来事先都是有协商的，协商这两个字非常好，就包括新民主主义的精神。”他还用通俗的语言总结了新旧政协在议事方式上的差别：“到开会的时候才把少数人了解的东西或者说是临时提出的意见拿出来让大家讨论决定，这是旧民主主义议会中议事的办法，也是旧政协的议事办法。而新政协则不同，它所采取的是新民主主义的议事方式，就是会前经过多方协商和酝酿，使大家都对要讨论决定的东西事先有个认识和了解，然后再拿到会议上去讨论决定，达成共同的协议”①。

纵观新政协的历程，应该说周恩来的归纳是非常准确的。以政协最重要的成果《共同纲领》的讨论为例，中共提出《共同纲领草案》初稿后，除各党派自己讨论外，到达北平的500多名政协代表分组讨论了2次，第三小组讨论了3次，筹备会常委会讨论了2次，总共进行了7次。虽然讨论中究竟提出了多少条修改意见已无法统计，但是600多人中，“很少很少没有发言的”，“也更很少发言不被重视的”。民主建国会代表章乃器用“三个做到”来评价新政协的协商：“分组讨论和

① 周恩来：《关于人民政协的几个问题》，载政协全国委员会办公厅、中共中央文献研究室编：《人民政协重要文献选编》（上），北京：中央文献出版社、中国文史出版社，2009年，第29页。

大会报告轮番地举行，保证了大家都有充分的发言权，做到了知无不言、言无不尽；做到了反复讨论，不厌求详；做到了多数起了决定作用，少数心悦诚服。这才是真正的、彻底的民主”。[①] 九三学社首席代表许德珩在一届政协全体会议上的发言感慨道：“这种民主的、实事求是的精神，是值得我们佩慰的”。[②] 可以说，协商建国的成功实践树立了多党合作、民主协商的典范。

新政协之所以能脱离旧政协的窠臼，实行真正的、彻底的民主，关键在于二者的性质不同：旧政协是在国民党一党专政、独裁统治下，由国民党召集，左中右三种政治势力参加的协商机构，其协商属于谈判型协商，党派利益在其中占据着重要地位；新政协则是在中国共产党领导下，各党派团体和社会各界人士之间的协商机构，他们在根本利益和基本立场上是一致的，因此，其协商属于对话型协商，大家在共同利益的基础上，通过理性对话来寻求共识，而不是通过相互博弈来争取利益。一如马叙伦所言：新政协是“民主方面的各阶级各阶层的代表自己互相商量‘国是’，取得一个协议，只是‘和衷共济’的而不是妥协的”[③]。

更重要的是，新政协非常重视政治协商的制度化工作。1948 年 9—11 月，在新政协正式筹备之前，中共与各民主党

---

① 孟醒：《毛泽东在 50 年代》，沈阳：辽宁人民出版社，2014 年，第 30 页。

② 杨建新、石光树、袁廷华：《五星红旗从这里升起——中国人民政治协商会议诞生纪事暨资料选编》，北京：文史资料出版社，1984 年，第 440 页。

③ 《马叙伦政论文选》，北京：文史资料出版社，1985 年，第 347－348 页。

派反复磋商，在充分吸纳各民主党派和无党派民主人士意见的基础上拟定了《关于召开新的政治协商会议诸问题》，就协商主体、内容、时间、地点、步骤、目标等取得了一致意见，这是中共和各民主党派在深度合作上达成的第一份规范的程序性文件，具有很强的可操作性。新政协筹备会第一次全体会议通过的《新政协会议筹备会组织条例》《关于参加新政治协商会议的单位及其代表名额的规定》等各项重要文件，为确保多党合作的有效开展提供了重要保障。① 作为人民政协第一届全体会议成果的《中国人民政治协商会议组织法》更是对多党合作、政治协商的原则、组织架构和程序办法进行了规定，将新政协筹备和召开过程中积累的经验以制度化的方式巩固下来。② 在中国共产党的推动下，多党合作、政治协商摆脱了旧政协期间的局限性，开启了政治协商的制度化进程。

正是在中国共产党的领导下，经过3个多月的筹备，新政协第一届全体会议顺利通过了《中国人民政治协商会议组织法》《中华人民共和国中央政府组织法》和《中国人民政治协商会议共同纲领》等重要文件，选举产生新政协全国委员会、中华人民共和国中央人民政府委员会，圆满完成了协商建国的历史使命，同时也确立了中国共产党领导的多党合作和政治协商制度。

---

① 秦立海：《政治协商会议组织演变述论》，《党史研究与教学》2006年第4期，第10－20页。

② 《中国人民政治协商会议组织法》，载政协全国委员会办公厅、中共中央文献研究室编：《人民政协重要文献选编》（上），北京：中央文献出版社、中国文史出版社，2009年，第56－60页。《中国人民政治协商会议组织法》的前身是《新政协会议筹备会组织条例》。

1954年9月，随着第一届全国人民代表大会的召开，结束了此前由中国人民政治协商会议的全体会议代行全国人民代表大会职权的历史。政协是否还有必要继续存在？如果必要，它应该如何发挥作用？对于这一问题，当时党内外都存在一些模糊认识。为此，毛泽东在第二届政协会议召开前夕，曾亲自召集参加政协会议的部分党内外人士座谈，指出“人民代表大会是权力机关，有了人大，并不妨碍我们成立政协进行政治协商。各党派、各民族、各团体的领导人物一起来协商新中国的大事非常重要”，但是，“政协不能搞成国家机关”，“政协不仅是人民团体，而且是各党派的协商机关”。[①] 1954年12月，政协第二届全国委员会第一次会议通过了《中国人民政治协商会议章程》，对人民政协的性质职能、组织机构进行了重大调整。从此，人民政协作为政权机关的作用消失了，但它作为统一战线组织继续存在，在社会主义建设和改革中发挥了重要作用，成为中国政治制度的一大特色和优势。

2. 改革开放与协商民主领域的拓展

令人痛心的是，“文革”期间政治协商的优良传统遭到破坏，人民政协被迫停止工作。“文革”结束后，政协开始逐步恢复工作。随着改革开放，多党合作和政治协商的制度化程度越来越高，协商民主的领域也不断拓展，不断向基层延伸，社会协商对话如星星之火在城乡社区呈燎原之势。

政治协商的制度化。在多党合作和政治协商制度化的进

① 《建国以来毛泽东文稿》第4册，北京：中央文献出版社，1990年，第633－634页。

程中，有几个重要的时间节点：（1）1982 年 12 月 4 日，五届全国人大第五次会议通过新的《中华人民共和国宪法》，第一次在宪法中阐述人民政协的性质、地位和作用。一周后，五届全国政协第五次会议通过新的政协章程，对政协的组织和工作作出更具体的规定，并推动了政协的各项制度更加规范；（2）1989 年 12 月 30 日，中共中央发出《关于坚持和完善中国共产党领导的多党合作和政治协商制度的意见》，第一次将多党合作和政治协商制度定位为我国的一项基本政治制度，为协商民主的发展开辟了更广阔的空间，从此，各种形式的民主协商成为我国政治生活的经常性内容；（3）1993 年 3 月，中国共产党领导的多党合作和政治协商制度作为一项基本政治制度被写入宪法；（4）2005 年和 2006 年，中共中央先后颁发了《关于进一步加强中国共产党领导的多党合作和政治协商制度建设的意见》和《关于加强人民政协工作的意见》，要求“把政治协商纳入决策程序，就国家和地方的重要问题在决策之前和决策执行过程中进行协商”，强调推进政治协商、民主监督和参政议政的制度化、规范化和程序化。随后，各地出台相应的实施意见，大大地提升了政治协商工作的制度化程度。在《关于加强人民政协工作的意见》的意见中，将江泽民同志的论断写入了党的正式文件，提出“人民通过选举、投票行使权利和人民内部各方面在重大决策之前充分协商，尽可能就共同问题取得一致意见，是我国社会主义民主的两种重要形式”①，这不仅为人民政协协商民主的实践注入

① 1991 年 3 月 23 日，在第七届全国人大四次会议、全国政协七届四次会议的党员负责同志会议上，江泽民同志第一次提出这一论断。

了新的活力，而且在社会主义民主理论的发展上迈出了重要的一大步。

社会协商：协商民主与群众路线的融合。随着改革开放的不断深入，中国经济社会政治生活的面貌发生了翻天覆地的变化，人们的生活水平提高了，但社会分化的程度也越来越大了，一时间出现了“端起筷子吃肉，放下筷子骂娘”的现象。为了更有效地回应社会的变迁，更及时地处理和协调各种不同的社会利益和矛盾，1987 年党的十三大报告关于政治体制改革的内容中第一次明确提出“社会协商对话”概念，明确强调要发扬“从群众中来、到群众中去”的优良传统，建立社会协商对话制度，提高领导机关活动的开放程度，重大情况让人民知道，重大问题经人民讨论，“及时地、畅通地、准确地做到下情上达，下情上达，上情下达，彼此沟通，互相理解”。[①] 中国共产党试图建构一套贯通全国各个层次、各个领域，多方参与的社会协商对话制度，努力使社会协商对话成为政治体制改革背景下民主政治运行的基本方式。

尽管由于当时特定的历史环境，作为顶层设计的“社会协商对话”构想并没有发展出具体的实现路径，但是，这颗种子后来在实践还是开出了零星的花朵，并在十八大以后，变成了漫天繁星。一些地方启动地方政府预算改革，让公众参与政策决策过程，或者让政府更加透明化，如哈尔滨、上海和无锡等地；一些地方在社会矛盾激化即群体性事件发生后，政府积极介入和进行信息公开，并建立了比较有效的社

① 中共中央文献研究室编：《十三大以来重要文献选编》（上册），北京：人民出版社，1991 年，第 43 – 44 页。

会协商对话机制，从而比较成功地化解了社会矛盾，如广东的乌坎事件；一些地方在重大工程项目的决策之前，同各利益相关者进行必要的社会协商，从而化解了可能存在的决策风险，如本书第十章会提及的福建漳州的PX项目；一些地方则将社会协商对话制度化，并不断转型升级，成为地方政府的常规动作，如本书第七章要分析的浙江温岭的民主恳谈会。十八大之前，各地在治理过程中自发探索的这些社会协商对话的机制尽管并非普遍现象，但它们为十八大后协商民主的蓬勃发展奠定了良好的基础，也提供了经典的范例。

（四）十八大以来协商民主的新进展

2012年，“协商民主”一词第一次进入党的最高规格的文件——十八大报告之中。十八大以来，协商民主理论研究进入了一个高潮。从理论界来讲，无论是文章的数量还是质量都有了很大的提升；从政界来讲，党中央高度重视协商民主建设，不仅将协商民主纳入全面深化改革的总体部署，而且于2015年2月出台了《关于加强社会主义协商民主建设的意见》，并督促各部门尽快出台与之配套的实施方案。在中央的全力推动下，正如十九大报告所指出的，在过去的五年中民主法治建设迈出重大步伐，“社会主义协商民主全面展开”。十八大以来协商民主实践部分的进展情况我们将在后面的章节中详细讨论，此处仅就十八大以来协商民主理论方面的发展略作分析。

1. 在理论上深化了对协商民主性质的认识

十八大报告“把协商民主正式写进党代会报告，是十八大的重要历史贡献，也是重大理论创新”。[①] 这一理论创新在十八届三中全会和习近平同志在人民政协成立65周年纪念大会上的讲话中得到了进一步的推进。

第一，党的十八大指出了协商民主根植于中国自身的实践。十八大报告在论述协商民主问题时用的是“健全”社会主义协商民主制度，而不是“建立”社会主义协商民主制度，明确肯定协商民主是一种本土资源，是对过去几十年中国共产党政治实践经验的总结，而非舶来品。这一点非常重要，它涉及一个基本立足点的问题，是以既有的制度框架为基础吸收有益的外来成果，还是另起炉灶建立一套全新的制度，这是协商民主建设的一个根本性问题。对于协商民主基础的不同回答，决定了我们在进行协商民主建设时应该采取什么样的策略。协商民主在中国有源有根，其“源”源远流长，是中国共产党和中国人民在长期的革命、建设和改革实践中创造出来的；其“根”根植于中华民族长期形成的天下为公、兼容并蓄、求同存异的优秀文化传统之中，根植于我们的根本政治制度和基本政治制度之中。

第二，党的十八大解决了“中国应该建设什么样的民主”这一重大理论问题。长期以来，我们一直满足于在抽象的意义上讨论社会主义民主优越于资本主义民主，但是，这种优

① 贾庆林：《健全社会主义协商民主制度，为全面建成小康社会广泛凝聚智慧和力量》，《中国政协理论研究》2012年第4期，第2－4页。

越性到底体现在何处，往往语焉不详。十八大报告将协商民主置于中国政治体制改革的大背景下考察，指出了协商民主是社会主义民主政治独特优势的重要体现。与西方以选举为中心的民主制度相比，社会主义民主制度的特点在于其将选举和协商有机结合起来，十八大报告第一次明确地揭示出这一特点。协商民主否定了选举民主将民主变成赤裸裸利益博弈的竞争导向，强调不同利益主体和具有不同社会视角的人们以合作共识为目标，以协商为手段，开诚布公、求同存异，不断提升民主政治的品质。协商和选举的有机结合可以有效克服单纯的选举民主可能带来的社会分歧加剧、政治走向极化的危险，消除党派和利益集团为了一己私利相互倾轧的弊端。习近平指出，“在中国，这两种民主形式不是相互替代、相互否定的，而是相互补充、相得益彰的，共同构成了中国社会主义民主政治的制度特点和优势”①，我们要以此为基础来建设社会主义民主，既不妄自菲薄，照搬照抄西方的选举民主；也不盲目排斥，完全将选举民主挡在门外。而是要实事求是地分析其利弊优劣，将选举民主和协商民主这两种民主形式有机结合，进一步激发社会主义民主的优势和潜能。中国的协商民主搞好了，将为人类政治文明作出重要贡献。

第三，党的十八届三中全会通过的《中共中央关于全面深化改革若干重大问题的决定》（以下简称《决定》）和十九大报告明确了协商民主的地位和作用。《决定》指出，协商民主是“党的群众路线在政治领域的重要体现”；党的十九大报

① 习近平：《在庆祝中国人民政治协商会议成立65周年纪念大会上的讲话》，《人民日报》2014年9月22日。

告更进一步指出，协商民主是“实现党的领导的重要方式”。这不仅明确了协商民主在中国政治运作中的地位和作用，而且将中国的协商民主和西方的协商民主区别开来。首先，党的群众路线要求，从群众中来，还要到群众中去。从群众中来是听取群众意见进行民主决策的过程，到群众中去则是落实科学决策的过程。同样，党的领导也不局限于决策，它包括从决策到决策实施的全过程。从这个意义上讲，中国的协商民主与西方主要集中于决策阶段的协商民主有很大的不同。其次，由于协商民主是实现党的领导的重要方式，因此，协商民主必须在党的领导下进行。而党是中国政治社会生活的核心，这意味着协商民主的成果可以顺利地与党和国家的决策过程衔接起来，这是社会主义协商民主的优势所在。众所周知，在西方协商与决策往往是断裂的，协商成果很难转化为决策或对决策过程产生实际的影响。但在中国，协商的成果可以顺利地转化为党和政府的决策。正如我们在第七章将要看到的，西方学者在近距离观察了中国基层的协商后，也禁不住感叹，在这一点上中国做得比美国都好。[①]

2. 在实践上提出了协商民主制度建设的完整构想

从党的十八大到2015年《关于加强社会主义协商民主建设的意见》出台，我们在实践上提出了协商民主制度建设的完整构想。

第一，党的十八大将进一步加强社会主义协商民主制度

① 何包钢：《协商民主：理论、方法和实践》，北京：中国社会科学出版社，2008年，第268页。

建设作为深化政治体制改革的重要任务。民主不是空喊口号就可以实现的，它一定要落实到制度层面、操作层面。没有制度和技术支撑的民主是没有办法运行的。十八大报告特别强调协商民主的制度建设，党的十九大进一步强调，“加强协商民主制度建设，形成完整的制度程序和参与实践，保证人民在日常政治生活中有广泛持续深入参与的权利”。而且，协商民主制度建设要“广泛”而“多层”。

所谓“广泛”，指的是协商民主横向的覆盖范围，它意味着协商民主不仅仅局限于过去所理解的“政治协商”，而且包括方方面面的协商。因此，十八届三中全会不仅对人民政协提出了新的要求，要“发挥人民政协作为协商民主重要渠道作用”；而且强调在国家政权机关、党派团体和基层群众自治制度建设中，都要开展民主协商。

所谓“多层”，指的是协商民主纵向的布局层级，它意味着协商不能仅仅局限于高层，而是要一直深入到基层，在我们政治社会生活的各个层次都要开展协商民主，都要建立起行之有效的协商民主制度。

可以说，十八大以来提出的“推进协商民主广泛、多层、制度化发展”的要求，一横一纵，为我们勾勒了一幅中国特色社会主义协商民主制度建设的蓝图。

第二，党的十八届三中全会提出了建设“程序合理、环节完整的社会主义协商民主体系”的构想。协商民主和选举民主一样，是一项技术性很强的工作，如果没有一套严谨而合理的程序，它是无法达到预期效果的。从协商议题的提出到协商人员的产生，从协商过程的控制到协商成果的运用，每一步都需要合理的程序来加以规范。十八届三中全会提出

"程序合理"的要求，就是针对我们的协商实践中随意性大、程序不规范不合理的现状，对症下药。《意见》特别强调，要"支持鼓励协商民主建设探索创新"，"尊重群众首创精神，注重实践经验提炼总结，并适时上升为制度规范"。与此同时，要积极借鉴西方协商民主发展过程中积累的有益成果。①

同时，协商民主也是一个系统工程，它需要方方面面的配合。"环节完整"意味着协商民主建设必须有系统思维，要改变过去那种各自为战的局面，加强统筹协调，在党的统一领导下，实现各方分工负责同时又相互衔接配合的工作机制，真正建立起纵横交错、上下贯通的协商民主体系。有意思的是，十八届三中全会的这一要求和西方协商民主的发展趋势不谋而合。剑桥大学出版社在 2012 年出版了一本文集就叫《协商系统》，主张从系统的角度来研究协商民主，这是西方协商民主理论诞生差不多 30 年以后第一次提出协商民主体系建设的主张。②

第三，《意见》将十八届三中全会提出的"社会主义协商民主体系"构想进一步落实为七大协商渠道，并对每个协商渠道的协商民主建设提出了具体要求和部署："重点加强"政党协商、政府协商和政协协商；"积极开展"人大协商、人民团体协商和基层协商；"逐步探索"社会组织协商。"重点加强"、"积极开展"和"逐步探索"是在充分考虑不同协商渠道的地位、特点、作用和发展现状的基础上提出的具体要求，

① 这方面的情况，可以参考：谈火生、霍伟岸、何包钢：《协商民主的技术》，北京：社会科学文献出版社，2014 年。

② John Parkinson and Jane Mansbridge, *Deliberative Systems: Deliberative Democracy at the Large Scale*. Cambridge: Cambridge University Press, 2012.

它为今后协商民主的发展提供了基本指南。与此同时，七个渠道的划分也为未来协商民主的发展提供了动能。在与国外学者交往过程中，国外学者很不理解，为什么《意见》要提出七大协商渠道，根据是什么？我告诉他们七大渠道是从实施主体的角度来加以划分的，这是中国协商民主建设的优势之一。因为有了实施主体，就为协商民主的广泛多层制度化发展提供了动能，作为实施主体，它有责任在其管辖的范围内推动协商民主的发展。《意见》的要求就意味着主体责任，这是十八大以后协商民主实践在中国遍地开花的重要原因。连西方学者都感慨：中国已经成为世界上最大的协商民主试验场。

与之形成对照的是，西方的协商民主发展由于缺乏实施主体，在发展过程中很容易遭遇瓶颈。在西方协商民主发展过程中久负盛名的丹麦科技委员会在2011年就面临灭顶之灾，当时丹麦新议会以科技委员会对科学研究并无重大贡献为由，决定终止对科技委员会的政府资助。后来由于内外部的压力才决定延长对委员会的资金支持。[①] 同样，发明“公民陪审团”的杰弗逊中心也因为资金不足而被迫于2002年关闭。[②]

第四，习近平同志的讲话进一步深化了对人民政协在协

---

① 具体情况参见 http://www.loka.org/TrackingConsensus.html.

② 约翰·盖斯提尔、彼得·列文著：《审议民主指南——21世纪公民参与的有效策略》，刘介修、陈逸玲译，台北：群学出版有限公司，2012年，第183页。在很大程度上，西方协商民主的发展是一个社会自发探索的过程，缺乏来自政府部门的支持。尽管在具有深厚社会基础的发达国家，社会为协商民主的发展提供了有力的支持，使得一些专事协商民主的研究机构（如斯坦福大学协商民主研究中心）或民间论坛（如国家议题论坛）能持续运转。但是，与中国相比，其动能明显不足。

商民主体系建设中的作用的认识。《意见》出台后，政协的很多同志很失落，感觉政协的地位下降了，从几乎是一家独大的局面变成了七个渠道之一。其实，这是一种误解。要消除这一误解必须深刻理解习近平同志的一个重要论断。在庆祝中国人民政治协商会议成立65周年纪念大会上的讲话中，习近平同志提出，人民政协不仅是重要协商渠道，而且是专门协商机构。[①] 作为专门协商机构，它不仅要承担起通过协商凝心聚力、为国家建设献计献策的责任，而且要承担起为协商民主建设先行先试、提供经验的重任。因为其他渠道都不是专门协商机构，协商只是它们在工作中所运用的一种手段和方法。政协作为专门协商机构，必须研究协商民主发生发展的规律，探索有效开展协商的方式方法，为其他渠道的协商工作提供经验和支持。作为专门协商机构，人民政协要更多地承担起将不同协商渠道衔接起来，并推动协商民主体系建设的任务。从这个意义上讲，人民政协的地位不是下降了，而是上升了；它的任务不是减轻了，而是更重了。人民政协应该成立专门的部门来从事协商民主的理论研究和实践试点的工作，一方面将人民政协协商民主不断推向深入，一方面积极和其他渠道合作，探索协商民主的新方法；一方面立足中国本土经验，不断总结我们在革命、建设和改革实践中行之有效的协商民主形式，一方面积极和高校和研究机构合作，认真研究国外的协商民主理论和方法，为中国的协商民主建设提供新的知识和技术手段。

① 习近平：《在庆祝中国人民政治协商会议成立65周年纪念大会上的讲话》，《人民日报》2014年9月22日。

第四章　社会主义协商民主体系建设：议题与挑战

2012年，中共中央在十八大报告中提出“健全社会主义协商民主制度”；次年的十八届三中全会进一步明确为“推进协商民主广泛多层制度化发展”，建立“程序合理、环节完整的协商民主体系”；2014年初，中共中央政治局常委会将制定《关于加强社会主义协商民主建设的意见》作为常委会工作要点；2015年2月，《意见》正式颁布，对协商民主制度化建设提出了完整的构想和具体的要求，提出了七大协商渠道，并强调不同渠道之间的衔接配合[①]；党的十九大报告着重强调，要“加强协商民主制度建设，形成完整的制度程序和参与实践，保证人民在日常政治生活中有广泛持续深入参与的权利”。有意思的是，也是在2012年，西方学界出版了一本著作——《协商系统》，强调从系统的角度来思考协商民主的体

① 《中共中央关于加强社会主义协商民主建设的意见》，《人民日报》2015年2月10日。

系建设问题。[1] 其实，早在1998年，当詹姆斯·博曼（James Bohman）称"一个协商民主的时代来临"时他就已经注意到，协商民主的实践可行性问题可能是协商民主理论研究下一个阶段的重要议程。[2] 事实也确实如其所料，自2000年以来，关于协商民主的研究越来越集中在协商民主的制度设计问题上。正如西蒙·钱伯斯（Simone Chambers）所言：协商民主越来越从一种"理论陈述"转变为一种"可操作的原理"。[3]

大体而言，关于协商民主体系建设的研究主要集中在以下三个方面：一、协商民主的制度创新；二、不同的协商渠道之间如何相互衔接；三、协商制度如何与既有的制度安排进行对接？就此而言，中国与西方国家所面临的问题是一样的，只不过其表现形态和所要应对的挑战与其他国家有所不同。本章将沿着这一线索讨论中国协商民主体系建设的三个议题及其面临的挑战：协商民主制度创新及其面临的主要问题：思想误区妨碍制度创新、制度创新动力不足（第一节）；协商制度之间的相互衔接及其面临的主要问题：公共领域发育不充分（第二节）；协商制度与其他政治制度之间的关系，以及其所面临的主要问题：社会组织协商与既有制度安排之间的衔接机制有待进一步完善（第三节）。尽管本章的研究对

---

① John Parkinson and Jane Mansbridge, *Deliberative Systems: Deliberative Democracy at the Large Scale*. Cambridge: Cambridge University Press, 2012.

② James Bohman, The Coming of Age of Deliberative Democracy. *Journal of Political Philosophy*, Number 6, 1998, pp. 400 – 425.

③ Simone Chambers, Deliberative Democratic Theory. *Annual Review of Political Science*, Number 6, 2003, pp. 307 – 332.

象是社会主义协商民主体系建设，但是，本章希望将其置于比较的视野中来加以观察。[①]

（一）中国协商民主的制度创新：成就与不足

协商民主制度化的第一个议题是制度创新。就实践而言，协商民主在中国并非全新的事物，中华人民共和国成立初期就建立了政治协商制度。但是，从协商民主的角度来阐释政治协商制度，并将协商民主提升到国家战略层次，写入党的十八大报告，要求将协商实践从政治协商扩展到立法协商、行政协商和社会协商，这却是一个新的要求，因此，如何在各个领域开展协商民主的探索创新是协商民主制度化的前提。按照改革开放以来的经验，制度化既不可能按照理论的推导凭空地构想各种制度安排，也不可能照搬其他国家和地区的经验，它一定是在鼓励各地区各领域探索创新的基础上，通过比较，将那些行之有效的做法固化，将其上升为制度规范。事实上，近些年来，各地各领域也确实在协商民主建设方面进行了很多有益的探索。同时，协商民主的制度创新也面临着一些挑战。

1. 各协商渠道的制度创新

按照《意见》，中国的协商民主建设有七个主要渠道，它

① 关于西方协商民主在制度化方面的研究状况，可以参见本书第二章第二节的相关论述。

们分别是政党、人大、政府、政协、人民团体、基层和社会组织；与之对应，就有七种协商形式：政党协商、人大协商、政府协商、政协协商、人民团体协商、基层协商和社会组织协商。近些年来，这些渠道在各自的工作中都自觉不自觉地进行了大量的协商民主制度创新。总体而言，人民政协和基层的制度创新最为显著，人大和政府次之，政党、人民团体和社会组织在协商方面的制度创新则相对较弱。

在人大方面，立法工作越来越透明，社会的参与程度越来越深，从立法计划的提出、法案的起草到法律的通过，整个流程都能看到公众的身影。除了早已有之的立法座谈和立法论证、向全社会公布法规草案征求民意等传统机制外，各地人大又摸索出很多新的社会参与机制。例如，公开征求立法计划的意见，从源头上充分体现“立法应当体现人民的意志”；立法草案委托起草制度，以弥补人民代表大会及其常委会的工作部门专业知识不足的问题，规避委托立法中的部门利益渗透问题；公民旁听地方人大会议制度，充分体现公民的知情权。与此同时，哈尔滨、上海、无锡、温岭等地还开展参与式预算改革，将协商民主嵌入预算工作之中。

在政府方面，政府在决策时除了加强与人大代表、政协委员以及民主党派、无党派人士、工商联等的沟通协商外，越来越重视与社会各界开展协商，如邀请相关专家学者开展咨询论证；召开听证会，听取社会各方面尤其是利益相关方的意见；与相关人民团体、社会组织以及群众代表进行沟通协商；“十三五”规划的编制，它是政府协商的典范，广泛地吸纳不同专业、不同背景的专家学者和普通民众共同参与到公共政策的制定过程中来。一些地方政府还尝试通过购买服务，委托社会组织有效开展协商活动。例如，自 2012 年以来，潍坊市教育局先后就多项教育政策，包括：教育督导政策调整、师德建设、有偿家教治理、学生体质健康促进行动等，委托潍坊市教育政策研究院组织协商听证。①

在政协方面，自 2005 年和 2006 年两个 5 号文件颁布以来，人民政协在协商民主制度创新方面成绩最为显著。一方面，政协不断完善政协会议及其他协商形式，增加专题议政性常委会议和专题协商会次数，完善专题协商、对口协商、界别协商、提案办理协商机制，探索网络议政、远程协商等新形式。另一方面，探索制定协商计划，将政协协商与党委政府工作紧密结合。政协在制度创新方面最引人注目的是双周协商座谈会。2013 年 10 月 22 日，在时隔 47 年之后全国政协重启双周协商座谈会，对具体的协商形式和相关的制度保障进行了有益的探索，有效地贯通了专题协商、对口协商、界别协商、提案办理协商，使四种重要协商形式集中在一个平台上展现。至 2017 年 9 月，双周协商座谈会已成功举办 74 次。在全国政协的示范效应之下，很多地方政协也举办类似的协商座谈会，有的也保持双周的频率（如天津市政协、北京市海淀区政协），有的则因地制宜，将其调整为月度协商座谈会（如湖北省政协、陕西省政协）或双月协商座谈会（如青海省政协、济南市政协、青岛市政协）。②

各地基层政府和基层群众自治组织在治理压力的驱动下

① 王清林、唐伟：《第三方参与让教育行政“更接地气”》，《中国教育报》2014 年 3 月 18 日。

② 谈火生：《双周协商座谈会：人民政协协商民主的制度创新》，《国家行政学院学报》2017 年第 2 期，第 41 – 45 页。

进行了形式多样的协商制度创新。其中，最有名的就是浙江温岭的民主恳谈会。温岭的民主恳谈会自 1999 年建立以来，不断创新，已经成为中国基层协商民主的样板，不仅应用范围广，制度化程度高，而且很巧妙地将国外的一些协商民主技术嵌入土生土长的民主恳谈之中。[①] 除了浙江温岭的民主恳谈会之外，吉林省安图县的群众诉求服务中心、四川彭州的社会协商对话会议制度，上海市静安区静安寺街道居民议事会等也都是比较成功的做法。[②]

社会组织一方面积极参与各渠道的协商活动，乃至参与到全球治理的过程之中。例如，北京市青少年法律援助与研究中心、北京市农民工法律援助与研究中心多次参与北京市人大和全国人大的相关立法协商，并提供专业严谨的立法建议。[③] 2009 年，在哥本哈根世界气候大会上，来自中国的山水、地球村、青年应对气候变化行动网络等本土 NGOs（非政府组织）参加了大会，发挥了积极作用。[④] 另一方面，社会组

---

① 陈朋：《国家与社会合力互动下的乡村协商民主实践》，上海人民出版社，2012 年。

② 李靖、李慧龙：《审议民主视角下的民事民议实践研究——以吉林省安图县群众诉求服务中心为例》，《社会科学战线》2014 年第 6 期，第248 - 250 页；李强彬：《协商民主的实践品质：审视维度与基层观察——以彭州市社会协商对话会议制度为例》，《国外理论动态》2015 年第 6 期，第 79 - 88 页。

③ 张文娟：《社会组织参与立法工作的独特作用》，载李林主编：《立法过程中的公共参与》，北京：中国社会科学出版社，2009 年，第 178 - 182 页。

④ 郑保卫、王彬彬、李玉洁：《在气候传播互动中实现合作共赢——论气候传播中中国政府、媒体、NGO 的角色及影响力》，《新闻学论集》（第 24 辑），2010 年 6 月 26 日，第 134 - 135 页。

织也主动开展公共事务协商。例如，国务院颁行的《民用建筑节能条例》，对于室内空调温度设置做出了夏季不得低于26摄氏度、冬季不得高于20摄氏度的规定，这一条款就得益于以自然之友为代表的环保NGO组织（ENGO，环境非政府组织）的长期努力，它们发起倡议行动，并最终使政府认同了这一理念。[①]

2. 挑战：思想误区和动力不足

中国的协商民主建设在制度创新方面也面临着挑战，它主要表现在两个方面：一是思想误区妨碍了制度创新；二是制度创新的动力不足。

一方面，思想误区妨碍了制度创新。观念决定行动，作为一种新的观念，协商民主常常被误读，我们可以通过两个例子来说明由于误读所导致的思想误区是如何妨碍制度创新的。

第一个例子是对“协商”概念的误读，将“协商”理解为“博弈”或“妥协”。在实践中，很多人都将协商民主理解为提供一个平台，让相关方进行利益博弈的过程；或者将协商理解为讨价还价、相互妥协。事实上，协商民主的产生恰恰是试图超越利益博弈的政治观，将政治建立在理性、讨论的基础之上，而不是力量对比的基础之上；将政治建立在公共利益的考量之上，而不是私利竞逐的基础之上；将政治建

① 杨维东：《中国环境保护NGO与政府关系研究——以自然之友为例》，中国政法大学2008年硕士论文，第33页。

立在对共识的追求之上，而不是对政策的控制之上。[①]

但正是基于将协商等同于博弈或妥协，有人认为，人大不应该开展协商民主，因为人大是依法办事，不需要协商。如果开展协商民主，就有可能将立法过程变成利益博弈，这不符合法律体现人民意志的宗旨；更有甚者，它还可能将法律变成相互妥协的结果，从而亵渎法律的神圣性。与此类似，也有人认为，司法工作中不需要协商民主，司法是依法审判，法律如何规定就如何判，不存在妥协的问题，如果运用协商来司法，将会牺牲法律的严肃性。这样的思想误区无疑会妨碍人大和司法部门在协商民主制度创新中有所作为。

第二个例子是对政协参与立法协商的误读。尽管在实践中各级政协在立法协商方面已经进行了相当丰富的探索，形成了不同的模式，也取得了很好的效果。但是，在理论上，究竟如何给人民政协的立法协商活动予以恰当的定位，这一问题并没有得到很好的解决，以至于很多人担心，人民政协开展立法协商会导致两院制，会形成人民政协与人大双峰对峙的局面，从而对中国现有的政治制度构架形成冲击。应该说，这种担心其实是一种误解。中国政治体制中人大—政协的关系与西方两院制立法机构中两院之间的关系，在性质、

① 尽管近年来有些协商民主理论家也认识到，自利、权力等在协商民主中也应有合法的地位，协商不排斥谈判和讨价还价等机制。但是，这些机制必须被置于协商程序之中并受到程序的约束，它们只能是协商的有益补充，而不是协商民主追求的目标。见 Jane Mansbridge et al. The Place of Self-interest and Power in Deliberative Democracy. *The Journal of Political Philosophy*: Volume 18, Number 1, 2010, pp. 64 - 100. 这与将协商误解为博弈或妥协完全是两码事。

功能定位、制度安排、协商范围和协商的性质等方面都存在根本性的区别，人民政协开展立法协商根本不可能导致两院制。[①]

但是，正是这样的担心束缚了人民政协制度创新的手脚。我们注意到，《关于加强人民政协协商民主建设的实施意见》在谈到人民政协参与立法协商时只涉及政府，而有意回避了人大，“在实践中丰富协商内容。鼓励各级政协根据形势发展，围绕党和国家中心工作，结合实际丰富协商内容，拓宽协商范围。政府起草一些重要法律法规的过程中，视情可在政协听取意见。充分发挥政协委员、民主党派、工商联、无党派人士、人民团体等在立法协商中的作用”[②]。

另一方面，制度创新的动力不足。2015 年 2 月 9 日颁布的《意见》明确要求，“各地区各相关部门要根据本意见，结合实际，制定具体实施办法”。但是，这项要求真正得到落实的只有三个渠道：政党、政协和基层。2015 年 6 月底到 12 月初，中共中央办公厅先后印发了《关于加强人民政协协商民主建设的实施意见》（由全国政协起草）、《关于加强基层协商民主建设的实施意见》（由基层政权建设的主管单位民政部起草）和《关于加强政党协商的实施意见》（由中共中央统战部起草），而其他四个渠道的《实施意见》却一直不见踪影。通过分析 2004 年到 2017 年相关领域文章的数量，我们也能观察到同样的趋势。

---

① 谈火生：《积极稳妥推进人民政协立法协商》，《社会主义协商民主建设与人民政协理论研讨会论文集》，2015 年 10 月，第 279 – 292 页。

② 《关于加强人民政协协商民主建设的实施意见》，《人民政协》2015 年第 13 期，第 9 – 12 页。

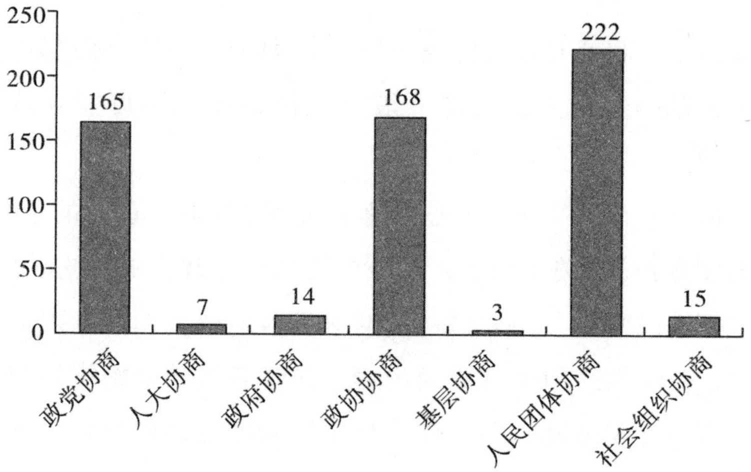

中国学术文献网络出版总库收录的七大协商渠道相关文章数量

（2015 年 1 月—2017 年 12 月）

这种现象在一定程度上说明，有些协商渠道在制度创新方面动力不足。通过分析不同协商渠道在中国政治架构中的位置会发现，政党、政协和基层恰好处于权力格局的边缘：政党、政协处于横向权力结构的边缘，基层处于纵向权力结构的末端。在通常所称的四套班子（党、人大、政府、政协）中，政协处于最边缘的位置。尽管我们一般将政协归入事实上的国家范畴，但它并不享有任何实质性的公共权力。[①] 与之相似，基层群众自治组织（村委会和居委会）虽然行政化倾向非常严重，以至于很多人认为它是政府的末端，但是，它实际上处于社会之中。恰好是这两个没有公共权力的渠道在制度创

① 在法律意义上，人民政协并不属于国家范畴，但它在国家政治生活中处于重要地位，各级政协的负责人均被列入“党政主要负责人”之列，《人民日报》每报道重大会议或仪式活动时，全国政协主席、副主席出席会议者都被列入“党和国家领导人”之中。人民政协机关的工作人员属于国家公务员，享受公务员工资、福利待遇，由国家财政统一负担，机关办公经费纳入国家预算开支。胡筱秀：《人民政协制度功能变迁研究》，上海人民出版社，2010 年，第 105 – 109 页。

新方面最为积极，而人大、政府等公共权力部门却动作不大。在西方国家也存在类似的情况，约翰·德雷泽克就发现，美国联邦政府从来就对组织普通公民的论坛没有兴趣，所以，协商民主的制度创新是由大学里的研究者或基金会等社会组织推动的；法国的议会认为共识会议不具有合法性，甚至将其视为对自身权威的挑战。① 在此，我们不去分析这种现象产生的原因，只是想指出不同渠道在既有权力格局中所处的位置会影响其协商制度创新的动机。当然，对于不同的渠道而言，动力不足的具体原因可能不一样。

（二）中国的协商民主体系建设：框架与特点

协商民主制度化的第二个议题是体系建设，也就是不同的协商制度之间如何衔接起来，共同构成一个“程序合理、环节完整”的协商民主体系。十八届三中全会提出了建设协商民主体系的任务，《意见》更将其具体化为七大渠道，提出了体系化的具体要求。但是，从整体上如何对七大渠道进行定位，各部分之间如何有效地衔接配合，仍是一个需要实践来回答的问题。在中国，协商民主体系建设有其独特的优势，有一些现成的通道，可以有效地将一些协商活动与正式的决策机制衔接起来。与此同时，在中国，协商民主体系建设也面临着与西方发达国家不一样的问题，如公共领域发育不充分，这已经成为一个短板，对协商民主体系建设构成了巨大的挑战。

---

① John S. Dryzek, *Foundations and Frontiers of Deliberative Governance*. Oxford: Oxford University Press, 2010, pp. 170 – 174.

1. 中国协商民主体系的基本框架

（1）协商渠道的定位

我们可以根据两个维度对《意见》提出的七大协商渠道进行定位，这两个维度是国家—社会维度和咨询—决策维度。① 国家—社会维度观察的是协商活动发生的场域，是处于国家正式的制度之中，还是发生于社会领域；咨询—决策维度观察的是协商活动的性质，协商活动本身就是决策过程的一部分甚至就是决策本身，还是为决策提供咨询性意见。根据这两个维度，我们可以将七大渠道安置如下：

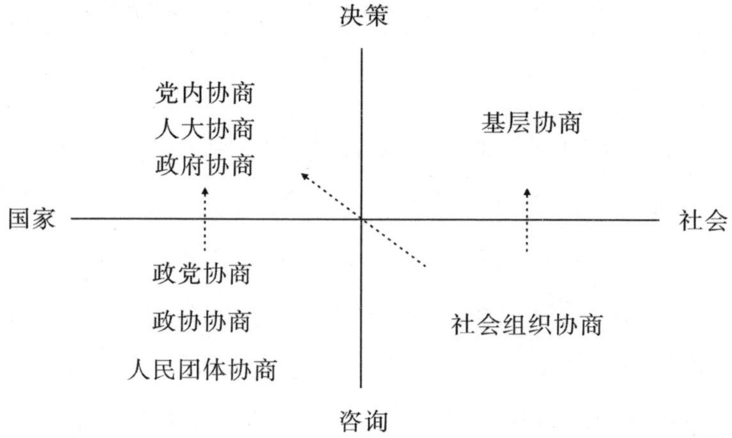

七大协商渠道在“咨询—决策”与“国家—社会”维度中的划分

---

① 关于协商类型的划分，无论是在学界还是在政界都存在不同意见。仅就党的文件来讲，在十八大报告中，协商民主被划分为政治协商、立法协商、行政协商、社会协商等类型，划分的标准是协商内容；在《意见》中，协商民主被划分为七个渠道，划分的标准是实施的部门。《意见》主要是考虑实践问题，其重点是落实，而不是学术意义上的周延性，所以这种划分方式有其合理性。本书关注的也是实践问题，因此不拟从理论上对这种划分方式的优劣进行评价。

可以看到，党内协商、人大协商、政府协商属于国家领域的决策型协商，它们的协商过程本身就是决策过程；而政党协商、政协协商、人民团体协商则属于国家领域的咨询型协商，它们的协商过程不是决策过程，只是为中国共产党、人大、政府的决策提供咨询性意见建议。在此，有两个问题需要说明：其一，党内协商，这是《意见》中没有提到的，但却是中国最重要的协商形式，因为党是社会主义事业的领导核心，党内协商是协商民主体系的核心。而且，与西方的政党不同，中国共产党不是处于社会之中，而是居于国家之中，并且是国家机器的灵魂。其二，政党协商专指中国共产党与各民主党派、无党派人士之间直接进行的政治协商。[①] 民主党派、人民政协和人民团体尽管是党和政府联系人民群众的桥梁和纽带，但它们并不是处于社会之中，而是处于国家之中，这是与西方国家非常不同的一个特点。只要看看各民主党派的主席、政协主席和人民团体的领导的行政级别就不难理解这一点。

基层协商属于社会领域的决策型协商，协商过程本身就是决策过程；而社会组织协商则属于社会领域的咨询型协商，协商过程不是决策过程，而是为中国共产党、人大、政府、基层群众自治组织的决策提供咨询性意见建议。在此，也有

① 需要指出的是，如果从定义的角度来讲，政党协商应该是以政党为主体开展的协商活动，从理论上讲，它应该包括两种形式：一是党内协商，包括中国共产党的党内协商和八个民主党派的党内协商；二是党际协商，即政党之间的协商，包括中国共产党与各民主党派、无党派人士之间的直接协商，以及中国共产党与各民主党派、无党派人士在人民政协开展的协商。目前，《关于加强政党协商的实施意见》中所讲的“政党协商”专指“中国共产党与各民主党派、无党派人士之间的直接协商”。

三个问题需要说明：其一，社会组织协商具有协商范围的广泛性和协商内容的丰富性特点。从协商范围来讲，社会组织协商纵向贯通、横向弥散。在纵向上，它可以在超国家层次、国家层次和次国家层次上开展协商活动；在横向上，社会组织协商遍布于社会的每个角落，沿着不同的组织脉络展开。与此同时，几乎所有的议题都可能成为社会组织协商的内容。正是这两个特点决定了社会组织协商可以为中国共产党、人大、政府、基层群众自治组织的决策提供咨询性意见建议。①其二，在实践中，社会组织协商常常与基层协商交织在一起，甚至在一些协商活动中融为一体。但是，在概念上，我们必须将二者区分开来。其三，社会组织协商如果是就其内部事务进行协商时，其协商也是决策型协商，但是，社会组织就公共事务进行协商时，其协商活动就属于咨询型协商。

（2）各协商渠道之间的相互衔接

《意见》对各协商渠道之间的衔接配合提出了一些具体的要求。例如，在论述人大协商时，强调“探索建立有关国家机关、社会团体、专家学者等对立法中涉及的重大利益调整论证咨询机制”；在论述政府协商时，强调“坚持社会公众广泛参与，加强与人大代表、政协委员以及民主党派、无党派人士、工商联等的沟通协商”，“涉及特定群体利益的，加强与相关人民团体、社会组织以及群众代表的沟通协商”；在论述政协协商时，强调“加强政协协商与党委和政府工作的有效衔接”。在实践中，一些地方也对具体的衔接机制进行了探索。例如，上海市规定，党委、政府在制定公共政策、编制

① 谈火生、于晓虹：《社会组织协商的内涵、特点和类型》，《学海》2016年第2期，第74－80页。

发展规划、进行重大决策过程中，要采取调研、咨询、听证等形式，听取和采纳社会组织的意见建议；市政府重要工作会议均须邀请15家5A级的行业协会秘书长列席。广东省则规定要建立各级政府与社会组织的信息交流制度，颁布公共政策前应广泛征求社会组织意见，并应将此作为必经程序加以规范。[①] 浙江温岭的实践将公民代表协商与党委、政府和人大的协商连接起来，整个协商过程都与正式的制度安排紧密结合在一起：协商在镇党委的领导下进行，预选项目由政府提出。其中，最有意思的一点是，泽国镇的协商民主实验中有两个环节与镇人民代表大会相关。第一个环节是：抽样产生的村民代表在协商时，邀请镇人大代表旁听整个讨论过程；第二个环节是：镇人大代表在审议村民代表的协商成果时，邀请村民代表旁听镇人大的会议。这两个环节的设计将协商民主和正式制度中最重要的制度——人民代表大会制度有效地连接起来。[②]

在这方面，作为专门协商机构的人民政协表现最为突出。在政协既有的制度安排中，中国共产党、各民主党派和8个人民团体都是人民政协的参加单位，因此，在政协这个平台上，政党协商、人民团体协商天然地就与政协协商建立了制度化的链接。近年来，很多地方政协探索搭建协商民主向基层延伸的平台，例如，杭州市在全市100多个乡镇（街道）设立政协工委或联络机构，为基层党委政府和政协委员、社会各

---

① 崔忠付：《社会组织协商民主建设存在的问题及建议》，《中国社会组织》2014年第16期，第16－18页。

② 谈火生、霍伟岸、何包钢：《协商民主的技术》，北京：社会科学文献出版社，2014年，第108－109页。

界搭建协商平台；深圳市突破传统的闭门协商方式，创办社会各方参与的协商平台——“委员议事厅”，把协商平台放到广场上、搬到市民中。[①] 个别地方政协在政协界别中新设社会组织界别，例如广东省惠州市博罗县等，为社会组织参与政协协商建立制度化通道。[②] 这些努力将政协协商与基层协商、社会组织协商紧密联系起来。

与此同时，各级政协都对政协参与立法协商进行了大胆的探索，有20个省级和副省级市的协商规程明确规定，地方人大和政府起草和修订过程中的重要地方性法规，应该纳入协商。在具体操作过程中，各级政协对人民政协参与立法协商具体路径的设计不尽相同，主要有三种模式：第一种模式是由人大或政府党组通过同级党委，将立法草案交由同级政协党组，由政协党组组织政协委员开展立法协商。在整个流程中，人大和政协不直接发生关系，而是通过同级党委为中介连接起来。2014年全国政协就《安全生产法》修订进行立法协商和2013年底北京市对《北京市大气污染防治条例（草案）》进行立法协商都是这一模式的代表[③]；第二种模式是人大法制工作委员会或政府法制办直接与政协社会和法制委员会对接，委托同级人民政协就立法草案开展立法协商。济南

① 周元春：《委员议事厅：协商民主的深圳尝试》，《深圳特区报》2014年10月13日。

② 雷辉、李晓敏、谢思雄：《博罗县政协率先设社会组织界别》，《南方日报》2012年6月12日。

③ 汪红、梅双：《全国政协首次组织立法协商》，《法制晚报》2014年3月21日；崔晨：《立法协商 迈出协商民主新步伐》，《北京观察》2014年第1期，第12－13页；余荣华：《北京探路政协立法协商》，《人民日报》2014年4月16日。

市和福州市是这一模式的代表。第三种模式是人大和政府在讨论立法草案时，邀请具有相关背景的政协委员以个人身份参加立法协商。[①] 在实践中，政协参与立法协商的效果是非常好的，例如，北京市人大常委根据政协委员的意见，对《北京市大气污染防治条例》草案中的61条进行了修改，涉及83处。[②] 上海市政协针对《上海市住宅物业管理规定》开展协商，委员提出意见66条，40条被采纳；委员针对《上海市养犬管理条例》提出的意见采纳率更高达93%。[③] 这些努力将政协协商与人大协商、政府协商联系起来。

但是，我们也不能不看到，中国协商民主体系建设也存在着短板，其中，最重要的就是公共领域发育不充分。

2. 短板：公共领域发育不充分

西方学者在讨论协商民主体系建设时有一个基本假设，认为协商民主体系包括两个主要的部分：正式的国家机构（如立法机构、行政机构、司法机构）中的协商和公共领域的协商。20世纪90年代以来的协商民主其实是一个协商的民主化过程，它将过去局限于国家机构的精英协商变成了公共领域的大众协商。[④] 由此，也产生了一个问题，如何将公共领域

---

① 林忠武：《关于立法协商与依法治理的思考》，《政协天地》2005年第12期，第37－38页。

② 余荣华：《北京探路政协立法协商》，《人民日报》2014年4月16日。

③ 殷啸虎：《人民政协参与地方立法协商的目标与路径》，《江西师范大学学报》（哲学社会科学版）2013年第3期，第3－8页。

④ 谈火生：《协商民主理论发展的新趋势》，《科学社会主义》2015年第6期，第10－16页。

的大众协商与正式体制内的精英协商衔接起来，而且像哈贝马斯所设想的那样，让公共领域的大众协商引导体制内的精英协商及其决策。这就是哈贝马斯双轨制协商民主的设想，也是西方学界最早关于协商民主体系的构想。当然，这种协商民主体系构想的前提是，已经存在一个非常强大的公共领域，并希望它能对国家的决策形成实质性的影响。

但是，在中国，问题恰恰在于公共领域的发育是非常不充分的。以公共领域最重要的组成部分社会组织为例，就存在两个方面的不足：

一是社会组织数量少、自主性程度低。据统计，截至2016年底，全国共有社会组织70.2万个。[①] 下图反映了2009年至2016年中国各社会组织的数量情况：

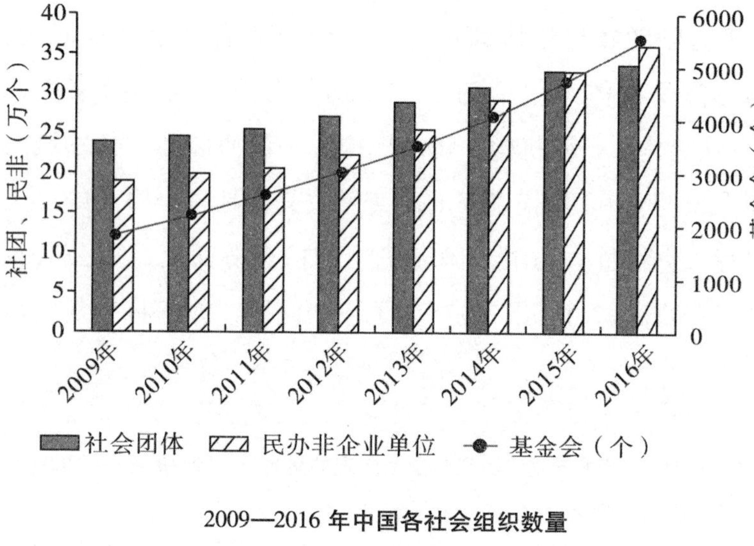

2009—2016年中国各社会组织数量

① 《2016年社会服务发展统计公报》，中国政府网，http://www.gov.cn/xinwen/2017-08/03/content_5215805.htm.

尽管这些年来社会组织的数量每年都是以两位数字的速度在增长，但是，相较于中国的人口规模、城市治理与社会治理的现实需求而言，社会组织目前的发展水平仍旧是有限的，其数量远远不能满足现实需求。据美国 2015 年的数据，其登记在案享有免税资格的非营利组织就有 150 余万个之多，而其总人口不过是三亿多，仅仅是中国的四分之一。就人均拥有量而言，目前，世界发达国家（地区）每万人拥有社会组织数超过 50 个，如德国 120 个、法国 110 个、日本 97 个、美国 52 个；发展中国家（地区）也在 10 个以上，如阿根廷 25 个、巴西 13 个，而中国只有 5 个。

二是社会组织协商意愿不足、协商能力有待提高。在调研中，我们发现很多社会组织对协商民主一片茫然，不清楚协商民主是什么，也想象不出社会组织和协商民主之间到底有什么关系。社会组织普遍存在等、靠、要的消极意识，开展协商的主动性不足。同时，社会组织自我设限，将自身定位为被政府管理的对象，而不是平等的治理主体，对社会组织开展协商民主的潜能认识不足。绝大多数社会组织对于规范的协商流程、规则和方法还不熟悉，组织或参与协商的能力不足，由此导致协商流于形式，很难真正发挥实效。从社会组织已开展的协商活动来看，与自身事务相关的协商较多，关于公共议题的协商较少，这一点与国外社会组织协商形成鲜明对比。

众所周知，西方国家绝大多数的协商民主实践是在公共领域中展开的，西方协商民主最有活力和创造力的部分也是在公共领域。与此不同，中国协商民主最弱的部分恰恰在公共领域。整体而言，中国的社会组织协商尚处于初级、零星和点状分布的状态。这意味着中国协商民主体系建设面临着双重任务：一方面要对既有的制度进行改造，使其协商功能得到强化；另一方面，还要培育社会组织，壮大公共领域，并引导社会组织就公共议题开展协商。

正是由于中国公共领域的协商还处于一种非常弱的状态，西方学界在讨论协商体系建设时特别关注的一些问题，在中国协商民主的讨论中却很少见。①

（三）中国协商民主制度的定位

协商民主制度化的第三个议题是协商民主制度的定位问题，也就是如何处理协商民主体系与既有的政治制度之间的关系。众所周知，人民代表大会制度是中国的根本政治制度，在此基础上，还有三个基本政治制度：中国共产党领导的多党合作和政治协商制度、民族区域自治制度和基层群众自治制度。那么，协商民主制度与它们是什么关系？是独立于它们之外的一套制度体系，还是内嵌于它们之中？

① 协商民主体系的建设不仅要解决协商系统的不同部分之间如何分工和协作的问题，也要探讨协商系统运作中需要解决的一些核心问题，例如，专家在协商中的作用、协商系统的代表性问题、协商民主与大众民主的关系问题、协商系统的病理问题等。John Parkinson and Jane Mansbridge, *Deliberative Systems: Deliberative Democracy at the Large Scale*. Cambridge: Cambridge University Press, 2012, pp. 2 – 5.

1. 协商制度和其他政治制度之间的关系

如何处理协商制度体系与既有制度安排之间的关系，这是协商民主制度化的一个非常重要的问题。在西方，这一问题表现为如何处理协商民主与代议制民主之间的关系。在中国，这一问题表现为如何处理协商民主制度与中国的一个根本政治制度和三大基本政治制度之间的关系。

笔者认为，中国协商民主制度创新的方式与西方不同，如果说西方的协商民主制度创新主要是组织创设型创新（innovation through establishing new organization）的话，中国的协商民主制度创新则属于功能添加型创新（innovation through appending new function）。西方国家最有名的一些协商民主制度创新，都是通过建立新的组织来实现的，不管这些新的组织是由民间成立的，如公民陪审团（Citizens Jury）、协商式民意调查（Deliberative Polling）；还有由政府资助成立的，如丹麦科技委员会（Board of Technology）；它们的运作都是独立于正式的政治制度之外。[①] 中国的协商民主制度创新都是既有的国家机构、政治性组织或社会组织，在其工作中通过增加新的

---

① 有名的共识会议就是由丹麦议会成立的一个独立机构丹麦科技委员会发明的，它由政府资助其运作；公民陪审团是由总部设在明尼苏达市的非营利组织杰斐逊中心（Jefferson Center）发明的；协商式民意调查则是由斯坦福大学的协商民主研究中心（Center for Deliberative Democracy）运作的。它们之间的差别在于，丹麦科技委员员从属于国家机构——议会，而杰斐逊中心和协商民主中心则完全是民间的。即便如此，2011 年，新议会终止了对科技委员会的政府资助，并解除了科技委员会与丹麦议会的从属关系。后来在外界的压力下，成立了新的社会组织丹麦科技委员会基金会，由它来负责运作。

协商功能来实现的。因此，它是内嵌于既有的制度之中的，而不是在既有的制度体系之外再建立一套组织体系，专门从事协商活动。中国没有类似于杰斐逊中心、协商民主研究中心、国家议题论坛（National Issues Forum）[①] 这样居于社会领域专事协商的组织机构。[②]

就我们此处所讨论的主题而言，西方的主要协商民主制度创新是在国家领域之外运作的，这就存在着如何处理与国家正式的政治制度之间的关系问题。它是要取代既有的代议制民主制度，还是对之进行有益的补充？如果是补充，如何实现二者之间的衔接，以保证协商与决策的连续性，使协商对决策产生实质性影响？可以说，协商与决策之间的断裂一直困扰着西方的协商民主理论。[③] 因为国外的协商民主实践多由立法机构和行政机构之外的团体发起，比如，研究机构（加拿大）、公立博物馆（英国）、基金会（美国）、国际发展组织（韩国）和倡议团体（澳洲），这些非国家行为者所召集

---

① 国家议题论坛是美国一个无党派的全国性网络，成立于 1981 年，由凯特琳基金会资助其运作，致力于以协商民主的方式召集普通公民就国家政策议题展开讨论，至今已在美国各地就地方性议题和全国性议题举办过上千场讨论，影响非常广泛。

② 当然，可能有人会说，中国的人民政协就是专门的协商机构。是的，人民政协是专门的协商机构，但是，它本来就是中国的基本政治制度，这与杰斐逊中心等组织机构的性质是完全不同的。

③ 朱迪斯·斯夸尔斯：《协商与决策：双轨模式中的非连续性》，载毛里西奥·登特里维斯主编：《作为公共协商的民主：新的视角》，王英津等译，北京：中央编译出版社，2006 年，第 79－99 页。

的会议，其政策咨询能力相对薄弱，其政治或公共影响较小。[①] 尽管在实践中确实有一些协商实践对决策产生了直接的影响，但是，大量的案例所显示的则是协商对决策几乎没有影响，或影响很小。有研究者就指出，在英国只有1/3的地方政府认为公众参与对决策产生了影响。在美国，有些协商活动完全没有引起媒体、公众和政府部门的注意，更不用说对决策产生影响了。[②]

但是，在中国，协商民主的制度创新都是既有的组织和机构将协商民主的方式方法运用于其工作之中的结果，在这个意义上，除了社会组织协商之外，协商民主是内嵌于既有制度之中的，是既有政治制度功能的具体实现形式。也就是说，《意见》中所提出的七大渠道中，有六个渠道的协商民主制度创新都是内嵌式的，因此，对于这六大渠道而言，并不存在令西方学界非常焦虑的对接问题。在这个意义上，中国的协商民主制度在解决协商与决策衔接问题时有其独特的优势，因为在既有的制度安排中，就有很多通道可以将协商和决策连接起来，使协商成果能有效地影响决策。例如，民主党派与中共有定期的座谈机制；各民主党派和人民政协都有

① 约翰·盖斯提尔、彼得·列文著：《审议民主指南——21世纪公民参与的有效策略》，刘介修、陈逸玲译，台北：群学出版有限公司，2012年，第156页。

② Alarcón Pau and Joan Font, Where Are the Boundaries of Deliberation and Participation? A Transatlantic Debate. *Journal of Public Deliberation*, Vol. 10 [2014], Iss. 2, Art. 11; Robert E. Goodin, *Innovating Democracy: Democratic Theory and Practice after the Deliberative Turn*. Oxford: Oxford University Press, 2008, p. 36.

专报制度，协商成果直接提交给决策核心；全国政协开展的双周协商座谈会，邀请与协商议题相关的政府部门主管领导参加。这些制度化的通道保证了政党协商、政协协商、人民团体协商的成果可以比较顺利地进入相关决策者的视野，保证了协商成果对决策产生实质性的影响。

当然，这不是说协商与决策断裂的问题在中国完全不存在，而是说这一问题在中国表现不那么尖锐，因为对于真正处于“一根三基”制度安排之外的社会组织协商而言，同样也存在与西方类似的问题，只不过目前中国的社会组织协商还比较弱，这一问题显得不那么突出。与此同时，在基层协商中，协商与决策之间的衔接也需要相应的制度安排。按照《意见》，基层协商包括三种形式，一是乡街层面的协商，二是城乡社区层面的协商，三是企事业单位的协商。城乡社区层面的协商本身就是在基层党组织和基层群众自治组织的领导下进行，有些就是以村（居）民代表大会作为载体，企事业单位的协商也是在企事业单位党委的领导下进行，因此，衔接起来并不困难。在乡街层面，尽管协商是在乡镇党委、政府或街道工委、党工委的领导下进行，但协商与决策的衔接问题要比社区层面复杂。在乡镇，作为一级政府，有些议题镇党委和镇政府即可决定，有些议题（如参与式预算）的协商成果则需要提交乡镇人大审议和表决。在街道，作为区县政府的派出机关，协商成果必须提交上级部门、甚至区县人大审议。就目前的实践来看，基层协商的衔接机制还是畅通的，形式也非常多样。[①] 因此，本文重点讨论社会组织协商与既有制度安排之间的衔接问题。

2. 难点：社会组织协商与既有制度安排的衔接

前文已述，除了社会组织协商之外，其他六个渠道的协商都是内嵌于既有制度之中的，因此协商与决策之间的衔接相对较为容易。真正的难点在于，社会组织的协商制度创新如何与“一根三基”相互衔接，使之成为一个有机的整体。由于社会组织协商具有协商范围的广泛性和协商内容的丰富性等特点，这就决定了要解决这一难点必须妥善处理好社会组织协商与“一根三基”的关系，以及社会组织协商与作为中国政治核心的中国共产党之间的关系。尽管在这方面已经有一些实践探索，但是还远远不够，其制度化的程度也有待提高。

在处理社会组织协商与人大制度、政治协商制度的关系

① 以基层协商最为成熟的浙江温岭为例，在实践中就探索了多种将协商与人大决策相衔接的机制。(1) 混合代表制。混合代表制最初是由新河镇创造出来的，它将抽样产生的村民代表和人大代表混合在一起开展协商。这种做法的好处是防止可能出现的尴尬情况：抽样产生的村民代表的意见和人大代表的意见可能不一致。(2) 前后相续式。协商结束后，镇党委和镇政府对协商中提出的意见和建议进行研究，并据此对政策本身提出初步修改意见。然后，将修改意见提交镇人大审议。最后，召开镇党委、人大主席团和镇政府联席会议，根据人大代表提出的相关意见和建议对政策做最后的修改，并正式提交给镇人大表决通过。(3) 交叉旁听。抽样产生的村民代表在协商时，邀请镇人大代表旁听整个讨论过程。镇人大代表在审议村民代表的协商成果时，邀请村民代表旁听镇人大的会议。后面两种方式最初都是由泽国镇创造出来的。

上，需要在制度建设上下功夫。在人大代表和政协委员的产生过程中，应该为社会组织保留适当的比例，使社会组织能以制度化的方式嵌入人大制度和政治协商制度之中。在这方面，一些地方政协已经进行了有益的探索。例如，2012 年，广东省惠州市博罗县在全国率先在县政协界别中新设“社会组织界”，分配 4 名委员名额，这一做法后来被推广到广东其他几个城市。[①] 这样，社会组织就有效地嵌入到政治协商制度之中，并借助人民政协的渠道，将社会组织的协商成果输入决策过程。但是，这一做法还局限于若干点上，尚未成为一种正式的制度化安排，目前还只能称之为一种经验，而不是制度，但它确实为社会组织与政治协商制度的衔接提供了一个可行的思路。

在社会组织与基层群众自治制度的关系上，各地有不少创新性的做法。兹举两例：一、交叉任职。例如，在北京市海淀区上地西里小区，作为社会组织的业主委员会和作为基层群众自治制度的居民委员会水乳交融，早在 2003 年，当时居委会选举，居委会共有 9 名成员，其中有 5 名是业委会委员。[②] 这在当时可能是首例，后来，很多地方都采取了类似的做法。尽管这一做法还没有上升为制度规范，但已经是一种很普遍的做法。当然，不一定是业主委员会，也可能是其他的社区社会组织，当它们发展到一定程度，在社区治理中发挥着重要作用时，就可能通过交叉任职的方式，将其吸纳到

① 雷辉、李晓敏、谢思雄：《博罗县政协率先设社会组织界别》，《南方日报》2012 年 6 月 12 日。

② 雷弢：《社区业主代表大会模式的制度创新——以北京市海淀区上地西里小区为例》，《北京社会科学》2010 年第 6 期，第 59 - 63 页。

基层群众自治组织之中，使社会组织和基层群众自治制度实现融合。二、搭建新的平台，连接社会组织和基层群众自治制度。例如，南京市雨花台区翠竹园社区建立了“四方会谈”平台，在这个平台上，居民委员会、业主委员会、社区社会组织、物业公司四方合作，通过协商共同应对社区的各种问题。① 总体而言，社会组织与基层群众自治制度的相互衔接还是比较容易，也比较成功的。在这方面，需要做的是提高其制度化程度，通过对各地的成功经验进行总结提炼，将其转化为正式的制度安排。

在社会组织与党组织之间的关系上，2015 年 9 月底，中共中央出台了《关于加强社会组织党的建设工作的意见（试行）》，提出在社会组织中设立党组，这可以视为党试图嵌入社会组织的努力。但是，问题的另一面是，社会组织如何通过制度化的方式嵌入到党组织之中，目前似乎还没有看到成熟的做法。因此，在未来党代表的产生过程中，应该规定一定比例的代表必须从社会组织中产生，这样就可以保证在社会组织协商与党组织的决策之间建立起制度化的联系。

当代中国是一个巨大的政治实验场，协商民主体系建设是这个实验场中正在上演的一部大戏，这部大戏才刚刚拉开序幕，它将给中国未来的政治发展带来何种机遇，它将为协商民主理论的演变带来什么启示，目前我们可能还很难给出一个明确的结论。但我们确实看到，中国的协商民主体系建

---

① 孟谦、梁曦：《营造社区参与互助，构建新时代的邻里关系》，《社区》2015 年 6 月（上旬刊），第 8 – 9 页。

设与西方国家存在一定的差别，无论是其展开方式还是所遭遇的挑战都很不相同。尽管近年来各协商渠道都进行了很多制度创新，并通过各种机制将不同的协商渠道衔接起来，使之成为一个有机整体，但我们也不能不承认，我们的协商民主体系建设有挑战，有短板，有难点，需要我们在未来的实践中进一步探索。其实，最令人感兴趣的还不是这些细节问题，而是一个更为宏观的问题：中国是否可能通过协商民主体系建设走出一条新路？

第五章　政协协商的制度创新：双周协商座谈会

双周协商座谈会是十二届全国政协加强协商民主建设最重要的一项制度创新。自 2013 年 10 月 22 日召开第一次双周协商座谈会以来，至 2016 年 12 月，共召开了 60 次。双周协商座谈会是一种定期协商座谈会制度，以界别为基础、专题为内容、对口为纽带、座谈为主要方法，融专题协商、对口协商、界别协商、提案办理协商为一体，使人民政协的四种重要协商形式集中在一个平台上展现，不仅对人民政协发挥作为专门协商机构的作用具有重要意义，而且对社会主义协商民主体系建设也具有重要意义。目前学界对这一制度创新的研究还比较薄弱，2015 年底，当笔者就此问题开展文献调研时，以“双周协商座谈会”为检索词在知网上进行检索，学术期刊中标题含有“双周协商座谈会”的仅两篇文章，均是从历史的角度梳理双周协商座谈会的产生和演变[①]，尚缺乏对双周协商座谈会运作机制和制度绩效等问题的实证分析。本章拟从理论和实践两个方面分析双周协商座谈会的制度演化、运行机制和制度绩效。首先，从历史维度考察人民政协双周协商座谈会的历史变迁；其次，从制度维度分析双周协商座谈会的程序、规范和运行逻辑，并通过案例解剖考察双周协商座谈会对公共政策所产生的积极影响；在结论部分，将简要分析双周协商座谈会的特点、优势以及未来的发展方向。

（一）从“双周座谈会”到“双周协商座谈会”的飞跃

“双周协商座谈会”是从“双周座谈会”演变而来，要了解“双周协商座谈会”，必须从“双周座谈会”说起。“双周座谈会”是各党派间的时事政治座谈会，主要目的是沟通思想，就时事政治和统一战线工作交换意见。从中华人民共和国建立之初到“文化大革命”前，“双周座谈会”共举行了

① 林怀艺：《“双周协商”座谈会的产生与发展》，《理论探索》2014年第4期，第62－66页；刘维芳：《从“双周座谈会”到“双周协商座谈会”——中国人民政治协商会议协商对话机制的历史考察》，《中共党史研究》2015年第7期，第46－55页。

114 次。[①]“文化大革命”开始后“双谈”停止活动。党的十八大提出：“健全社会主义协商民主制度。要完善协商民主制度和工作机制，推进协商民主广泛、多层、制度化发展”，要“坚持和完善中国共产党领导的多党合作和政治协商制度，充分发挥人民政协作为协商民主重要渠道作用”。[②] 全国政协在继承“双周座谈会”的基础上，创立了“双周协商座谈会”制度，时隔 47 年，“双周座谈会”这一在“文革”淡出政治舞台的重要形式重新回到了中国政治舞台。从“双周座谈会”到“双周协商座谈会”，尽管在名称上只是增加了“协商”二字，但其性质、功能都发生了很大的变化，具体而言，实现三个转变：

1. 在性质上，实现了从政党协商到政协协商的转变

双周座谈会尽管是在人民政协举行，但是，其实质是政党协商。[③] 为什么这么讲呢？我们来看看《双周座谈会暂行组织办法》（以下简称《组织办法》）第一条的规定：“双周座

① 刘维芳：《从“双周座谈会”到“双周协商座谈会”——中国人民政治协商会议协商对话机制的历史考察》，《中共党史研究》2015 年第 7 期，第 46 – 55 页。刘维芳在该文中使用的统计数据有出入，一方面，她根据郑万通提供的数据，指出双周座谈会共计举办 114 次；另一方面，她又根据《统一战线 100 个由来》一书指出，在三个阶段分别召开了 55 次、11 次和 50 次，但是，相加之和为 116 次。笔者根据《人民政协大事记》统计，郑万通先生的数据是准确的，应该为 114 次。

② 胡锦涛：《坚定不移沿着中国特色社会主义道路前进　为全面建成小康社会而奋斗》，《人民日报》2012 年 11 月 18 日。

③ 政党协商包括两种形式，一是中共与各民主党派、人民团体之间的直接协商；二是中共与各民主党派、人民团体在人民政协开展的协商活动。

谈会系由各民主党派、无党派民主人士发起，联合各人民团体为交换有关思想、政策、时事及统一战线工作意见而设立”。[①] 可见，双周座谈会的组织主体是民主党派，所以，在《人民政协大事记（1948—1992）》中关于双周座谈会的记载均为“各民主党派、无党派人士双周座谈会座谈……”，或“各民主党派、无党派人士双周座谈会举行会议，……”。如果同一时间还有政协的活动，其主语是“政协全国委员会”。例如，在1953年6月11日，同时记载了两件事情：1．“政协全国委员会工作会议举行会议，华侨事务组组长费振东报告侨务工作的几个问题，会上进行了讨论”；2．“各民主党派、无党派人士双周座谈会举行会议，全国总工会主席赖若愚作《工会与全国人民奋斗目标是共同的》的报告，会上进行了讨论”。[②] 而纵观“双周协商座谈会”的相关报道，从2013年创办之初，到2016年最近一次座谈会，从《人民政协报》到《人民日报》，其主语从来都是“全国政协”，而不是“各民主党派”[③]，尽管事实上每次都有民主党派领导或成员参加。

这种表述背后的基本预设就是，双周座谈会的性质是政党协商，而双周协商座谈会的性质则是政协协商。《组织办

---

① 《双周座谈会暂行组织办法》，载政协全国委员会办公厅、中共中央文献研究室编：《人民政协重要文献选编》，北京：中央文献出版社、中国文史出版社，2009年，第135－136页。

② 全国政协办公厅研究室编：《人民政协大事记（1948—1992）》，北京：中国文史出版社，2009年，第34页。

③ 包松娅：《全国政协召开第一次双周协商座谈会》，《人民政协报》2013年10月23日；《全国政协召开双周协商座谈会 围绕〈快递条例〉的制定建言献策》，《人民日报》2016年1月22日。

法》的第七条规定将这一区分很清晰地呈现出来，“双周座谈会开会前之准备工作，委托人民政协全国委员会秘书处代办”[1]。一个“委托”，一个“代”字，清楚地表明，双周座谈会不属于政协的本职工作。正因为如此，我们才不难理解，为什么双周座谈会的参加者分为以下三种：第一，“当然参加者”，指中共和各民主党派、无党派民主人士、人民团体推出的代表；第二，“自愿参加者”，指人民政协全国委员会主席、副主席、常务委员、委员、秘书长、副秘书长、组长、副组长，以及国家政权机关的领导人；第三，“临时邀请参加者”，指来京的地方主要领导人。[2] 这与今天的双周协商座谈会可谓天壤之别，双周协商座谈会的参加人员以普通政协委员为主，按照《双周协商座谈会工作方法（试行）》的规定，一般每次会议邀请20人左右，包括委员和相关领域的专家学者，算下来参会的委员一年将近400人次，一届下来参会的委员就有2000人次，基本上政协委员在一个任期内都能有一次参加双周协商座谈会的机会。尽管每次双周协商座谈会都有民主党派的成员参加，但民主党派成员都是以政协委员的身份参加。例如，在2015年11月19日举办的第42次双周协商座谈会

① 《双周座谈会暂行组织办法》，载政协全国委员会办公厅、中共中央文献研究室编：《人民政协重要文献选编》，北京：中央文献出版社、中国文史出版社，2009年，第135－136页。

② 同上。其中，参加双周座谈会的无党派人士是固定的，只有3人。当时的无党派民主人士总共只有14人，1950年9月11日，在无党派民主人士第一次会议上，决定“推定符定一、欧阳予倩、洪深三位为代表，参加双周座谈会”。见《无党派民主人士单位关于参加各项活动的七项决定》，载政协全国委员会办公厅、中共中央文献研究室编：《人民政协重要文献选编》，北京：中央文献出版社、中国文史出版社，2009年，第133－134页。

上，民进中央常务副主席罗富和、民进中央副主席朱永新、民进中央原副主席冯骥才出席了会议，但媒体报道中并没有突出其党派的身份。[①] 而双周座谈会的参加人员中，普通的政协委员几乎是没有机会的，即便是全国政协的领导也是可参加可不参加。事实上，“自愿参加者”和“临时邀请参加者”的出席率也确实不高，根据1951 年11 月6 日至1953 年6 月26 日这段时间的统计，出席率最高的为61.5%，最低的为27.9%，平均为40.9%。[②]

2. 在功能上，实现了从团结功能到民主功能的转变

为什么双周座谈会的定位是政党协商，而不是政协协商呢？这与当时人民政协的性质有关。众所周知，在1954 年人大诞生之前，人民政协代行全国人民代表大会职权，成为宪

① 在新华社发的通稿中，称“全国政协副主席杜青林、罗富和、张庆黎出席座谈会”“全国政协委员冯骥才、朱永新、单霁翔、刘兰芳、王旭东、龙新民、李延声、王文章、田青、杨承志、励小捷、郑福田、高培芬、何星亮、高云，以及专家学者李选生、邓丽丽、陈四光在座谈会上发言”。《全国政协双周协商座谈会围绕“非物质文化遗产传承与保护”建言献策　俞正声主持》，新华网，2015 年11 月19 日。

② 曹虹冰、崔红星：《建国以来多党合作的几种形式》，载中央统战部研究室编：《社会主义国家多党合作问题研究》，北京：春秋出版社，1988年，第114 页。

法上的最高国家权力机关。[①] 如果我们将此时的双周座谈会界定为政协协商，则其协商的性质属于决策型协商，协商的结果就是国家的决定。而这与双周座谈会的功能是相悖的，双周座谈会是统战平台，主要还是中国共产党与各民主党派之间沟通思想、协商议事，而不是做出决定。《组织办法》明确规定了双周座谈会的宗旨是“交换有关思想、政策、时事及统一战线工作意见”[②]。在实际操作中也确实如此，在第一个阶段（1950 年 4 月—1954 年 6 月），座谈的主题主要以“时事政治”为主，组织民主党派学习和思想改造，各民主党派成员报告参加土地改革的情况，以及对抗美援朝、过渡时期总路线、国际形势等问题的探讨；在第二个阶段（1957 年 12 月—1958 年 4 月），双周座谈会的内容全部是关于反右问题的，如学习中央关于反右运动的精神，讨论各民主党派处理

① 这里需要澄清一个常见的误解：认为在第一届全国人大召开之前，仅以政协全体会议作为国家最高权力机关。实际上，在共同纲领时期的最高国家权力机关，应是一届政协全体会议及其选举产生的中央人民政府委员会。因为虽然人民政协《组织法》规定全体会议每三年召开一次，但实际未能实行。人民政协“作为代行权力机关只是第一届全体会议，几天会散了，权力已授权给中央人民政府”。见周恩来：《人民政协的五项任务》，载政协全国委员会办公厅、中共中央文献研究室编：《人民政协重要文献选编》，北京：中央文献出版社、中国文史出版社，2009 年，第 205 页。正如董必武指出的，在中央人民政府委员会选出之后，它“即为行使全国最高权力的机关”。而且，全国政协自成立之日起，便脱离于国家政权之外，没有立法权、选举权和决议权，只有建议权。参见李格：《人民政协在第一届全国人大召开前后职能和组织的变化》，《中共党史研究》2009 年第 9 期，第 25 – 30 页。

② 《双周座谈会暂行组织办法》，载政协全国委员会办公厅、中共中央文献研究室编：《人民政协重要文献选编》，北京：中央文献出版社、中国文史出版社，2009 年，第 135 – 136 页。

右派分子的原则和处理意见，汇报交心运动的情况和体会等，这一时期双周座谈会的功能主要是对民主党派进行思想改造；在第三个阶段（1960 年 2 月—1966 年 7 月），双周座谈会的内容以学习中央文件、了解国内外形势、加强统一战线自身建设为主。总的来看，双周座谈会中报告会或者结合报告座谈讨论占了较大比重，真正的座谈会少，尤其是 1957 年以后，它逐渐演变成各民主党派汇报工作、学习情况，进行自我检讨和批评的会议①，其功能主要是统战，而不是参政议政。

而双周协商座谈会的主要功能则是参政议政。通过“双周协商座谈会”，人民政协在坚持团结和民主两大主题，围绕党和国家中心工作，建言献策、服务大局，发挥了其“协商民主重要渠道”的作用。从已举办的 46 次双周协商座谈会的议题来看，主要是围绕经济社会发展的重大问题和涉及群众切身利益的实际问题开展协商，前者如化解产能过剩、核电和清洁能源发展、加快转变政府职能增强政府公信力、更好地发挥社会组织在社会治理中的作用、依法独立公正行使审判权检察权、科技体制改革等；后者如建筑工人工伤维权、集中连片特困地区精准扶贫、残疾人权益保障、积极推进医养结合型养老护理模式建设、《快递条例》制定等。

与之相应，会议的形式和效果也发生了很大变化。双周座谈会以报告为主、讨论为辅；在双周座谈会的第一阶段，中共和各民主党派轮流主持会议并参与活动。从第二阶段开始，各政党法律地位平等的原则就越来越遭到破坏了，因为

① 林怀艺：《“双周协商”座谈会的产生与发展》，《理论探索》2014 年第 4 期，第 62－66 页。

反右斗争之后，民主党派重新被界定为资产阶级政党，处在被改造的地位，不少成员为防止直言贾祸，在各种场合采取了“一拥护，二检讨”的消极态度。第三阶段恢复活动后，双周座谈会的主持人大都由中共担任，民主党派尽管认同“三自”“三不”的“神仙会”形式，但心有余悸的阴影始终存在。[①] 与此不同，双周协商座谈会议题小、规模小，每次20余人，大家围坐在一张椭圆形会议桌旁，地位平等、理性对话，没有空话套话，讲问题、谈看法、提建议，畅所欲言，通过平等对话，凝聚共识，提出建设性的意见建议，供决策部门参考。

3. 在运作机制上，实现了从非制度化到制度化的转变

双周座谈会的运作一直都不是很规范，在其存在的16年里，随着政治气候的变化时断时续、时疏时密。以下为1950—1966年双周座谈会频次分布图：

① 林怀艺：《“双周协商”座谈会的产生与发展》，《理论探索》2014年第4期，第62－66页。“神仙会”是一个形象化的用语，其实质是用和风细雨、说服教育的方法去分析问题、解决问题，从而达到明辨是非、提高认识、改造思想、加强团结的目的。“三自”和“三不”是实现“神仙会”的具体办法。“三自”，即自己提出问题、自己分析问题、自己解决问题；“三不”，即不打棍子、不戴帽子、不抓辫子。“神仙会”首先是从工商界开始采用的，随后很快便在各民主党派中开展起来。参见彭友今主编：《当代中国的人民政协》，北京：当代中国出版社、香港祖国出版社，2009年，第165－167页。

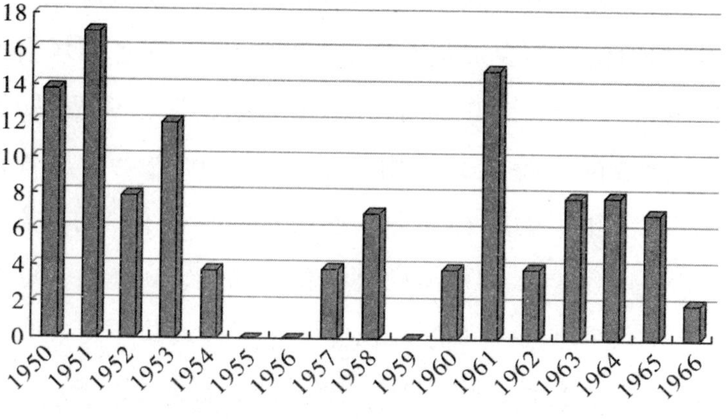

双周座谈会频次分布图（1950—1966 年）

首先，从会议的频率上讲，双周座谈会名曰“双周”，实则并不固定，最多时一年举行 17 次（1951 年），最少时一年仅举行 2 次（1966 年），有些年份（1955 年、1956 年、1959 年）干脆停办。在 16 年中，超过 10 次的年份仅 4 年。即便在相对规范的第一阶段（1950 年 4 月到 1954 年 6 月），会议也难以如期召开，例如，在 1952 年的 1 月 3 日到 6 月 4 日之间，21 周，因为“三反”而断会。相反，1957 年 12 月 14 日到 1958 年 1 月 24 日，为了落实“反右”，40 天时间举行 7 次，平均 5. 6 天一次。[①] 1955 年 4 月 15 日，在政协第二届全国委员会常务委员会第五次会议上，决定“将各民主党派双周座谈会改为不定期的座谈会”。[②]

其次，参与人员和人数也不固定。前文已述，“自愿参加

① 全国政协办公厅研究室编：《人民政协大事记（1948—1992）》，北京：中国文史出版社，2009 年，第 63－64 页。

② 全国政协办公厅研究室编：《人民政协大事记（1948—1992）》，北京：中国文史出版社，2009 年，第 46 页。

者”和“临时邀请参加者”的出席率不高；1957年以后，作为“当然参加者”的人民团体也不再派代表参加。[①] 从人数来看，参加的人数并不固定。由于资料方面的原因，笔者无法看到原始的记录，因而不能确切地指出每次会议的规模，但是，根据《组织办法》的相关规定来推断，每次会议的人数当在百人以上。因为按照《组织办法》第二条规定，作为“当然参加者”的单位至少有21家，又按照第三条规定，每一单位参加人数不超过5人[②]；而“自愿参加者”的范围包括人民政协、中央人民政府、政务院、军委、高院、高检、政务院所属各部会院署行之首长，即使按平均40%的出席率也人数不少。有论者指出，据1951年12月的统计，一次座谈会参加人数最多时有200多人，短短的半天时间内，200多人显然无法进行讨论，这样的会议更类似于报告会。[③] 但事实上，双周座谈会规模最大的一次可能是1958年4月25日的双周座谈会扩大会议，会上梁思成、华罗庚、蒋光鼐、王光英、金克木、邓初民、朱学范、章廷谦分别汇报个人交心的经验和体会；各民主党派中央部分负责人和干部、无党派民主人士及社会主义学院的部分学员共400余人参加了会议。[④]

与双周座谈会不同，双周协商座谈会的运作非常规范，

① 《从双周座谈会到双周协商座谈会》，《人民政协报》2014年9月20日。

② 参会人员“以住京者为限，各民主党派、无党派民主人士及人民团体出席双周座谈会代表之人数，经各参加单位协商决定，但每一单位至多不超过五人”。

③ 《从双周座谈会到双周协商座谈会》，《人民政协报》2014年9月20日。

④ 全国政协办公厅研究室编：《人民政协大事记（1948—1992）》，北京：中国文史出版社，2009年，第66页。

从2013年10月恢复至今，60次座谈会基本做到了有序规划、按期举行，一般每两周举行一次，安排在周四下午，每年举行20次左右。而且，从年度协商计划的制订到协商成果的报送，形成了一套严格的操作流程，具体情况我们下一节再做分析。更可贵的是，双周协商座谈会常做常新，不断完善。全国政协对每次双周会都进行小结，查找出现的新问题和不足之处。从一开始，全国政协就高度重视双周协商座谈会的制度建设，全国政协办公厅组成课题组认真研究，起草了《双周协商座谈会工作方法（试行）》，2013年9月，经第六次主席会议审议通过。2015年初，出台《双周协商座谈会组织服务工作规范（试行）》，对计划制定、人员邀请、发言材料等11个方面的事项进行详细规定。在此基础上，2015年下半年，又总结历次办会经验，形成《关于进一步改进双周协商座谈会的建议》，从会议的议题设置、人员邀请、发言组织、成果处理、宣传报道等5个方面，在机关广泛征求意见。[①]

（二）双周协商座谈会的运作机制

双周协商座谈会的运作分为以下几个环节：议题的提炼和年度协商计划的制订、协商人员的选择、前期调研、会议组织、总结报告的撰写和成果报送、宣传报道。经过两年多

① 邓涛：《全国政协双周协商座谈会的创新与完善》，《人民政协报》2015年11月18日。

的运作和总结，已经形成了一套比较规范的做法。

1．议题的提炼和年度协商计划的制订

协商议题的提炼是协商有效开展的关键，一般而言，协商议题既不能太过宽泛，也不能太过狭隘。太宽泛，讨论无法深入；太狭隘，协商的实践意义就会打折扣。从过去59次双周协商座谈会的经验来看[①]，协商议题的提炼是比较成功的，它在实践意义和操作性之间保持了较好的平衡。总体而言，双周协商座谈会的议题有三个特点：

一是与党委、政府工作的有效衔接。尽管“双周”的议题覆盖面广，举凡政治、经济、社会、民生、法治建设、文化教育、科技发展、环境保护，均在协商之列。但是，经济

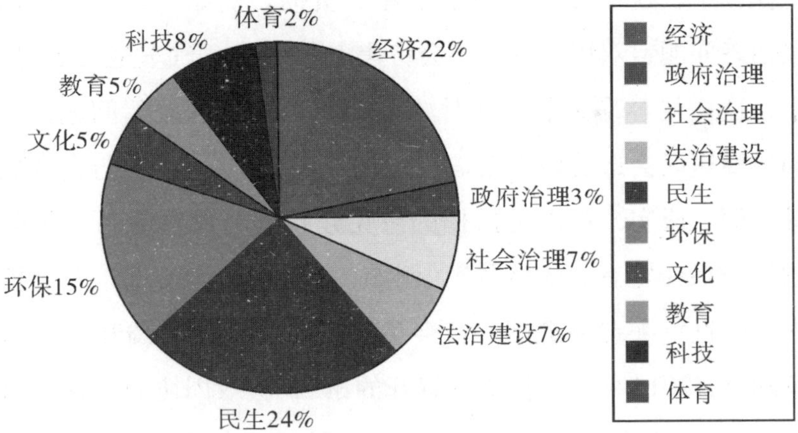

双周协商座谈会议题分布图（2013 年 10 月—2016 年 12 月）

① 尽管截至2016年12月上旬，双周协商座谈会已举办60次，但第35次的资料查不到，既没有相关报道，在全国政协网站的双周协商座谈会专题中也缺这一次的资料，因此，此处的统计只有59次。

（13 次）、民生（14 次）和环保（9 次）占的分量最大，这三项占了全部 59 次双周协商座谈会的约 2/3。这也符合近几年国家整体的发展态势，随着经济下行压力加大，经济新常态下如何通过创新驱动发展、实现产业结构调整成为重中之重；与此同时，五大发展理念的提出，环保和民生成为本届政府施政的亮点。“双周”议题的结构性特征反映了人民政协的功能定位，确实是围绕中心，服务大局，为党委和政府的工作建言献策，配合国家大战略的实施。

二是小切口、大视野。对于议题，俞正声多次强调“切口要小，讨论问题集中一点。”他希望从关系全局的小问题入手，选准一个切入点，真正把它研究透，以点带面、点面结合，这样有利于讨论的深入，切实找出解决问题的有效对策。在操作中，这个要求得到了很好的贯彻。例如，针对大气污染治理问题，双周协商座谈会将焦点集中在“汽车尾气治理”上，这样就容易聚焦；针对“维护职工切身利益”问题，双周协商座谈会选的切入点是“建筑工人工伤维权”，与会者能够谈深、谈实，提出可操作的意见建议。与此同时，“小问题”背后一定有“大背景”。例如，“汽车尾气治理”背后折射的是近年来愈演愈烈、社会关注度非常高的雾霾和大气污染问题；2014 年 12 月 12 日召开的第 23 次双周协商座谈会以“城镇化进程中传统村落保护”为议题，时值《关于切实加强中国传统村落保护的指导意见》出台 8 个月，但仍存在传统村落保护发展模式单一、保护资金短缺、因无序开发导致自然风貌和环境遭到破坏等诸多矛盾和问题急需解决。这样，针对“小问题”开展的协商可以推动背后的环境治理、公民权益保障等“大问题”的解决，这是“双周协商座谈会”选题的一个成功经验。当然，这一特点也是逐步摸索出来的，如果我们系统梳理双周协商座谈会的议题就会发现，开始几次座谈会的议题相对比较宏观。

双周协商座谈会前5次议题

第1次	分析当前宏观经济形势
第2次	建筑产业化
第3次	发挥人民政协的界别优势，为维护职工群众切身利益、促进社会公平正义建言献策
第4次	深化科技体制改革、着力提升原始创新能力
第5次	加强汽车尾气治理、减少城市大气污染

三是年度协商计划的制订。制订年度协商计划，这在国外的协商民主实践中还比较少见，它是人民政协作为专门协商机构的一个特点。全国政协制订年度协商工作计划不是专门针对双周协商座谈会的，它包括每年2次专题议政性常委会、2次专题协商会和20次左右的双周协商座谈会，计划要明确会议议题、具体时间、承办单位。在每年20次双周协商座谈会中，有16次左右的议题是提前确定的，另外几次机动，根据情况临时安排。例如，2014年的20个议题中，15个来源于年度协商计划。[①] 而临时安排的议题有些是来源于政府相关部门的建议，例如，国家能源局原局长、国家能源委员会专家咨询委员会主任张国宝就曾给俞正声写过一封信，希望借双周协商座谈会的平台探讨一下核电的问题，于是有了2014

① 周宇：《双周协商座谈　委员怎样当智囊?》，《北京青年报》2015年2月9日。

年1月9日举办的那场以“核电和清洁能源发展”为主题的全国政协双周协商座谈会。[①]

年度协商计划的确定流程如下：全国政协办公厅每年从9月开始，就分别向各专门委员会、各民主党派中央、工商联、部分全国政协委员，广泛征集下一年双周协商座谈会的议题，汇总整理后与有关部门反复磋商，最后才形成年度协商计划，经全国政协主席办公会议讨论后，报请中共中央正式批准。[②]

2. 协商参与人员的选择

在任何一种协商民主的制度安排中，协商参与人员的确定都是至关重要的，它包括两个方面的内容：一是参与者的代表性；二是参与者的能力。前者关乎协商活动的合法性，后者关乎协商的质量。

双周协商座谈会在筹备过程中充分注意到这两个方面的问题。第一，在协商参与人员的确定过程中注意吸纳与议题利益相关的各方面代表人士，以便从不同的角度出发，确保能产生出较为平衡的判断。例如，第22次关于“大力支持中小微企业技术创新”的双周协商座谈会就邀请了三方面的委员参加：作为管理者代表的天津滨海高新技术产业开发区工委书记荣建勋、国家税务总局原副局长宋兰，作为中小微企业代表的袁隆平高科技有限公司董事长伍跃时、北京一轻食品有限公司董事长李奇，以及作为服务者的中国中小企业协

① 周宇：《政协双周协商座谈会如何炼成?》，《北京青年报》2016年3月2日。

② 邓涛：《全国政协双周协商座谈会的创新与完善》，《人民政协报》2015年11月18日。

会副会长丁明山、平安银行武汉分行行长万安培。[①] 第二，邀请对议题有专门研究、认识深刻和浓厚兴趣的委员，以便对议题进行深入实质的讨论，而不是泛泛而谈。为了保证委员对议题有认识、有兴趣，从 2015 年开始，委员的选择采取“双向选择”的办法，年初，全国政协发出《关于政协全国委员会 2015 年双周协商座谈会有关事宜致委员的一封信》，由全体委员根据工作领域和专长，自愿选择主题深入调研，提交发言材料，再由组织者综合选择。如此一来，委员与选题的契合度进一步提高，协商质量得到更有力保证。[②] 同时，为体现政协特色，民主党派和无党派人士要占一定比例，为扩大委员参与面，尽量不重复邀请委员。[③] 第三，邀请对议题有

---

① 谢靓：《全国政协双周协商座谈会围绕“大力支持中小微企业技术创新”建言献策》，《人民政协报》2014 年 11 月 28 日。

② 周洪双：《协商民主的新实践》，《光明日报》2016 年 2 月 29 日。“双向选择”尽管是一个传统套路，但它确实在一定程度上缓解了协商民主实践中的一个普遍性问题：参与意愿不足和参与能力不高的问题，民众不愿花时间、精力来参与协商。尤其是通过抽样产生的代表，有时出席率非常低。2004 年加拿大举办关于选举制度改革的公民会议，随机抽样选出的 26500 人，只有 1441 人表示有兴趣参加协商活动，最后到会参加正式代表选拔的只有 964 人。见谈火生、霍伟岸、何包钢著：《协商民主的技术》，北京：社会科学文献出版社，2014 年，第 60、175－176 页。

③ 在实际操作中，也有一些委员多次被邀请参加双周协商座谈会，但这样的委员数量不多，只有几十人。他们有两个特点，一是官员背景，参加的议题多与其本职或原职工作相关，例如住建部原副部长仇保兴参加过建筑产业化、利用水泥窑协同处置垃圾废弃物和城镇化进程中传统村落保护等议题协商；二是专业性强，例如中国人民大学法学院教授汤维建委员参加过《安全生产法》修正、确保依法独立公正行使审判权检察权、《快递条例》的制定等议题的协商。

独到见解的非委员身份的专家学者。当然，作为政协的双周协商座谈会有其自身的特点和要求，主要的参与者肯定是政协委员，由于参与的规模有限，一般在20人以内，因此，留给非政协委员的专家的名额是非常有限的，一般会根据议题邀请2—3名。例如，2015年12月17日举行的关于“促进家庭服务业发展”的双周协商座谈会，就邀请了汤敏、卓长立、周珏珉等三名专家学者。[①] 据笔者统计，在45次双周协商座谈会中，有41次邀请了非委员的专家学者参加，占全部双周协商座谈会的91%，基本已成定制。第四，邀请国家有关部门负责人到场与委员对话，直接听取意见。一般来讲，每次协商座谈会都有3名左右相关部委的副部长甚至部长参加。这就为协商和决策之间搭建起直接的通道，有效解决令西方学者十分头疼的协商与决策之间的断裂问题。尽管每次协商后，政协都会将协商座谈会上提出的意见建议以专报的形式报送高层，并抄送相关部门，但是，决策者的直接参与同他阅读简报所获得的感受、受到的观念冲击是不一样的，现场参与能更有效地影响其政策偏好，并进而影响相关的决策过程。

3. 前期准备工作

与一般旨在增强政策合法性或公民培养的协商民主实践不同，双周协商座谈会的主要目标是提高决策的质量，因此，能否通过协商形成建设性的意见建议成为双周协商座谈会成功与否的关键。为了实现这一目标，双周协商座谈会充分运用当代

---

① 潘跃：《全国政协召开双周协商座谈会围绕“促进家庭服务业发展”建言献策》，《人民日报》2015年12月18日。

中国政治中的调查研究传统，为协商进行前期的准备工作。

由于双周协商座谈会的年度协商计划在前一年的12月份即已确定，因此，全国政协办公厅会根据议题性质，将年度协商计划中所开列的议题进行任务分解，分别由全国政协各专门委员会承担，基本上每个专门委员会每年要承担2个议题的前期调研和相关的准备工作。根据情况，专委会可能联合与和议题相关的民主党派或全国工商联一起来开展，首先会在内部针对所承办的会议议题进行充分讨论；然后，带着问题组织相关委员深入基层、深入群众作调查研究，调研的范围一般会涉及1—5个省、市、自治区。① 有时，调研还会联合相关决策部门一起进行，例如，第21次关于“建筑工人工伤维权”的协商，就邀请了国务院有关部门一起开展调研。② 与此同时，还会组织与议题相关的单位、企业和专家学者召开座谈会，对议题进行研讨。③ 在调查研究和前期研讨的基础

① 例如，为了筹备于2015年12月17日召开的第44次关于“促进家庭服务业发展”的双周协商座谈会，2015年10月，全国政协社会和法制委员会赴甘肃进行专题调研。这是目前看到调研范围最小的一次，而且没有联合民主党派中央；为了筹备于2015年12月3日召开的第43次关于“仿制药的质量问题与对策”的双周协商座谈会，2015年8月至10月，全国政协科教文卫体委会和农工党中央分别赴江苏、山东、河北、湖北和上海5省市调研。这是目前看到调研范围最大的一次。

② 刘维涛、李昌禹：《全国政协双周协商座谈会已举行46次》，《人民日报》2016年2月4日。

③ 为了筹备于2015年12月17日举行的“促进家庭服务业发展”双周协商座谈会，全国政协社法委先后于10月21日和11月10日组织人力资源社会保障部、商务部、中国家政协会等单位负责同志与委员、专家学者进行座谈。见王泳：《让优质服务走进千家万户》，《人民政协报》2015年12月18日。

上，确定双周协商座谈会的预约发言人，并与预约发言人沟通协商，对发言稿反复打磨[①]，力求从不同视角来观察问题，推动不同观点的交流融合，不断深化理解，减少分歧，增进共识，确保议政建言的质量和水平。

双周协商座谈会每次会邀请3—4名相关部委或政府部门的负责人参加会议，一般是副部级干部，有时部长亲自参加。为了保证他们与委员之间的协商富有成果，全国政协办公厅会尽可能提前为与会的部门负责人提供委员发言要点信息，其作用类似于西方协商民主实践使用的议题手册，使与会的部门负责人了解委员们的核心关怀和针对性，并系统梳理本部门的实践和思考，这样就能保证通过双周协商座谈会这个平台，真正实现政界、社会各界和学界就共同关心的问题进行协商交流、增进共识的目的。

4. 会议组织

双周协商座谈会从一开始就定下了这样一条原则："坚持广开言路、求同存异、民主协商、集思广益，鼓励各界别委员知无不言、言无不尽，充分发表意见和建议。"这条原则被正式写入了双周协商座谈会工作办法。为了做到这一点，双周协商座谈会对会议的组织工作进行了精心的设计。首先，要营造平等协商、真诚坦率的会议氛围，破除妨碍畅所欲言的习惯和做法，鼓励与会者讲真话、讲实话，开门见山、直奔主题，坦诚发表自己的意见和建议，不做经验介绍或工作

---

① 邓涛：《全国政协双周协商座谈会的创新与完善》，《人民政协报》2015年11月18日。

汇报式发言。这一点看似平常，但在中国实属不易。[①] 其次，精确控制会议发言时间，确保每位与会委员和专家都有平等表达自己意见的机会，同时力图使协商在自由而理性的讨论中富有成果。会议分为两个阶段：第一个阶段是轮流发言时间，确保每位与会者都有平等表达的机会。与一般协商实践不同的是，轮流发言阶段又分为两个单元，前面一个单元是5位预约发言人发言，每人8分钟，然后是十几个自由发言人发言，每人5分钟。预约发言人发言是事前设计的，是结构化的，可以保证从不同的视角来观察问题。这种结构化的预约发言还有聚焦的功能，引导与会者从某一个角度对议题展开深入的探讨；自由发言人发言则是非结构化的，希望藉此引入新的社会视角，激发新的思考，有效解决信息不对称造成的认识上的偏差甚至误解。第二个阶段是自由讨论时间，保证不同观点之间有交锋，通过理性讨论来增进共识。在自由讨论阶段，由于有相关部门负责人的参与，因此，双周协商座谈会专门为相关部门负责人预留时间，但是规定，部委回应不能超过5分钟。

5. 总结报告的撰写和成果报送

每次会议结束后3天内，全国政协办公厅会与承办的专委会一起，及时将会上的意见和建议整理出来，并以《信息专

---

① 参加过双周协商座谈会的人都有相同的感受，在这个会上如果讲空话套话，通常会被“毫不留情”地打断，发言都是直奔主题，反映真实情况，直接提出批评和建议，会上全是实打实的“干货”，感觉很“过瘾”。见刘维涛、李昌禹：《全国政协双周协商座谈会已举行46次》，《人民日报》2016年2月4日。

报》的形式报送相关决策部门。据全国政协信息局局长谷斌介绍，在双周协商座谈会确立之初，并不是所有中央领导都能看到双周协商的成果。起初座谈会结束后整理出来的协商成果，仅以政协《信息专报》的形式，报送几个相关的中央领导，一般情况下不报送国家部委。后来，经全国政协研究决定，将协商成果以普刊的形式，报送给中央领导和国家相关部委。从2014年3月开始，中央领导及国家相关部委都可以及时看到和了解双周协商座谈会的成果。①

6. 宣传报道

双周协商座谈会的相关情况还会通过新闻媒体向社会传播，在这方面，双周协商座谈会可以说是做得非常成功的。每次双周协商座谈会，国内各主要媒体，包括《人民日报》、新华社等都会予以报道，《人民政协报》还会拿出两个版面的篇幅来摘登与会人员的发言。与此同时，全国政协的网站上还开辟了一个双周协商座谈会的专栏，相关的报道、发言摘要，甚至一部分视频都会在这个专栏中集中呈现。最重要的是，每次座谈会召开的当天，中央电视台的新闻联播都会对之进行报道。众所周知，新闻联播是中国受众面最广的一档电视节目，其传播效果可想而知。

7. 协商成果的跟踪落实

在解决协商与决策的衔接问题上，作为专门协商机构，

---

① 周宇：《双周协商座谈 委员怎样当智囊?》，《北京青年报》2015年2月9日。

人民政协具备组织优势，它会追踪协商中形成的意见和建议在党政部门决策中落实的情况，哪些意见和建议被采纳落实了，哪些意见和建议实施条件还不成熟，哪些意见和建议还不够正确。在协商成果转化为相关的政策之后，政协还可以利用自身“民主监督”的职能，通过开展具有监督性的履职活动，推动相关政策的落实。例如，第 21 次双周协商座谈会推动《关于进一步做好建筑业工伤保险工作的意见》的出台，2015 年 12 月，在该意见出台一周年之际，全国政协社会与法制委员会组织委员就此开展监督性调研，并邀请了人力资源和社会保障部、住房和城乡建设部、国家安监总局、全国总工会等部委有关同志参加。[1]

（三）双周协商座谈会的绩效分析

从理论上讲，协商的绩效可以从三个方面来加以测量：一、协商对参与者政策偏好的影响。二、协商对政策选项的影响。三、协商对决策的影响。而这三个层次的测量标准是不同的。一、协商对参与者政策偏好的影响，它要观察的是协商活动是否影响了参与者的政策偏好，以及影响的强度和变化的方向。如果参与者的政策偏好在协商后发生了变化，我们就认为协商是有效果的。同时，我们会根据参与者偏好变化的幅度和方向来衡量变化究竟是理性的还是情绪化的。对这个层次的测量最常用的方法就是由美国政治学家詹姆斯·菲

① 周洪双：《协商民主的新实践》，《光明日报》2016 年 2 月 29 日。

什金发明的协商式民意调查方法。二、协商对政策选项的影响，它要观察的是协商是否提出了新的政策建议，如果有，我们就认为协商是有效果的。当然，这个“新”有两种情况，一种情况是协商中产生出以往学术界和决策部门从未想到过的政策选项；另外一种情况则是该政策选项在学界已经提出，但决策部门并不知晓。对这个层次的测量需要通过文献调研和实地调研相结合，通过文献梳理，确定该政策选项是否曾经由学界提出过，或者，通过访谈和查阅决策部门的相关文献，确定该政策选项是否曾经进入过相关决策部门的考量。三、协商对决策的影响，它要观察的是协商所提出的政策建议（不管它是既有的，还是新的政策建议）是否影响了实际的政策过程。对这个层次的测量手段主要是观察政策输出，当然，在具体测量过程中，我们需要确定协商产生的政策建议和政策输出之间确实存在因果关系。最理想的情况是，我们能找到协商影响决策的具体环节的证据，如协商成果报送中共中央政治局常委或政治局委员后，中央领导同志对双周协商座谈会的材料做了批示，并转相关部门办理。相关部门接到批示后，着手研究，并将相关政策建议吸纳到政策议程中，甚至将其转为实际的政策。之后相关部门向全国政协通报落实的情况。

但是，我们现在还不具备全面测量双周协商座谈会绩效的条件。就第一个层次而言，协商式民意调查需要在协商之前和协商之后进行前测和后测，而到目前为止，双周协商座谈会并未采用这一方法来检验协商的效果，因此，我们没有基础数据来进行相关研究。就第二个层次而言，还是有部分可行性的，起码可以检验协商中所产出的政策建议是否在学术意义上是创新性的；至于说是否通过协商将学界既有研究成果传递到政府相关部门，这需要通过对相关部门尤其是相关部门负责人的访谈来予以证实，这有一定难度。就第三个层次而言，如果按照严格的程序来操作，需要阅读相关批件和政府内部文件，或者通过访谈来获取相关信息，这项工作难度很大。

由于资料方面的原因和访谈的难度，本文主要以第三个层次为例来加以讨论。而且，由于资料获取的困难，目前只能以公开发表的报道和个别访谈为基础来进行讨论，严格来讲，这种做法是不严谨的，但在现阶段也只能做到这一步。

从第三个层次来讨论双周协商座谈会的效果，其背后的实质是协商与决策之间的衔接问题。这是协商民主理论研究中的一个经典问题，如果协商不能影响决策，协商的意义就大打折扣，最多只具备认识论意义和公民教育的意义了。但现实的状况恰恰是，协商与决策之间往往是断裂的。[①] 落实到双周协商座谈会，首先必须明确的是政协协商在中国协商民主体系中的地位和作用。如第四章所述，政协协商属于咨询型协商，而不是决策型协商，其协商过程不是决策过程，只是为中国共产党、人大、政府的决策提供咨询性意见建议。

作为政协协商重要形式——双周协商座谈会的优势在于，它可以利用政协在中国政治体制中的特殊地位，有效地在协

---

① 朱迪斯·斯夸尔斯：《协商与决策：双轨模式中的非连续性》，载毛里西奥·登特里维斯主编：《作为公共协商的民主：新的视角》，王英津等译，北京：中央编译出版社，2006 年，第 79 – 99 页。出于对协商无力影响决策这一现状的失望，近年来西方学界有将重心转向探讨协商民主的认识论功能和公民教育功能的趋势。

商和决策之间搭建起一座桥梁，这座桥梁有两个通道，一条通道连接政党，一条通道连接政府。一方面，双周协商座谈会的成果会以《信息专报》的形式直接报送中共中央政治局常委和政治局委员，而政治局及其常委会是中国的决策核心；另一方面，双周协商座谈会在召开之时就会邀请相关部门的负责人参加，尽管双周协商座谈会本身并非决策型协商，但是，这种组织形式可以让协商成果直接抵达相关的决策部门。因此，双周协商座谈会影响决策的途径也分为两种：一种是通过中央领导的批示，推动协商产生的意见建议进入政策议程。事实上，双周协商座谈会的《信息专报》基本上都得到了批示，有的专报甚至得到 10 次以上的批示。[①] 一种是通过相关部门负责人直接推动政策的制定。前者如建筑产业化问题，后者如建筑工人工伤维权问题。

通过领导批示推动协商成果进入政策议程有两种情况，一种情况是批示推动协商成果进入政府相关部门的决策过程；另一种情况是领导批示推动协商成果进入人大的立法过程。也就是说，政治局常委会可能会将协商中产生的与立法相关的建议转全国人大，全国人大在相关立法的过程中参考或吸纳相关建议。但是，截至目前笔者还没有看到相关报道，这只是作为一种可能性存在。因此，此处主要以第 2 次双周协商座谈会为例分析第一种情况。此次协商的主题是“建筑产业化”，会后，中央领导同志在报送的信息上作出“推进建筑产业化势在必行”的批示，要求住房和城乡建设部会同有关部

① 周宇：《双周协商座谈 委员怎样当智囊?》，《北京青年报》2015 年 2 月 9 日。

门深入研究，积极稳妥推进建筑产业化。[①] 事实上，住建部副部长齐骥参加了此次双周协商座谈会，住建部对协商中提出的意见建议是清楚的，但中央领导的批示会引起相关部门的重视，推动政策的出台和落实。

通过相关部门负责人直接推动政策制定的案例较多，第21次双周协商座谈会最为典型。此次协商的主题是“建筑工人工伤维权”。在座谈会召开前，国务院有关部门就与政协一起开展调研，并在调研基础上起草了有关建筑业工伤保险问题的文件草稿，拿到会上讨论。在座谈会上，与会人员讨论的焦点集中在工伤保险问题上，大家围绕资金来源、体制机制障碍、部门利益等各方面进行详尽周全的研讨，形成了比较一致的建议就是推进建筑业工伤保险按项目参保。会上，全国政协委员、人力资源和社会保障部副部长胡晓义当即表态，会认真研究协商结果，进一步完善相关规定，简化工伤申报程序，缩短申报周期，不把困难推给老百姓。最终，这个多部门十几年没有解决的问题，通过双周协商座谈会这个平台得以推动解决[②]，2014年12月，人社部、住建部、安监总局和全国总工会等四个部委联合出台了《关于进一步做好建筑业工伤保险工作的意见》。与之类似的情况还是比较多的，例如，2014年政府工作报告中提到要淘汰黄标车和老旧车辆600万辆，这一数字的背后就有双周协商座谈会的作用。2013年12月，座谈会讨论汽车尾气问题后，形成报告给中

① 吴晶晶、孙铁翔、刘维涛、李昌禹：《求最大公约数 汇聚发展正能量》，《人民日报》2016年2月4日。

② 周宇：《双周协商座谈 委员怎样当智囊?》，《北京青年报》2015年2月9日。

央。李克强总理注意到仅占汽车保有量13.4%的黄标车，却排放了81.9%的细颗粒物，因此就有了政府工作报告中“淘汰黄标车和老旧车辆600万辆”的目标。① 在2014年4月3日举行的第8次双周协商座谈会上，姚明提出把体育赛事审批制改为备案制，以“激活体育市场”；2014年10月，国务院出台的《关于加快发展体育产业 促进体育消费的若干意见》采纳了这条建议；李克强总理在一次座谈会上当面对姚明表示：“我们的文件与你之前提的意见有直接关系”。②

（四）双周协商座谈会的优势与未来的发展方向

作为十二届政协最重要的制度创新，双周协商座谈会不仅在全国层次上将专题协商、对口协商、界别协商、提案办理协商等协商实践有效地贯通起来，而且产生了很强的示范效应，带动了地方层次政协协商民主的发展。自2014年起，各级地方政协也陆续建立了地方版的双周协商座谈会。由于各地情况存在差异，各级地方政协在打造地方版双周协商座谈会时都因地制宜，对会议频率进行了适当调整。总体而言，有三种主要模式：一是以天津为代表的双周协商座谈会，保持了双周的频率；二是以甘肃、河南、陕西为代表的月（度）

① 周宇：《政协双周协商座谈会如何炼成?》，《北京青年报》2016年3月2日。

② 刘维涛、李昌禹：《全国政协双周协商座谈会已举行46次》，《人民日报》2016年2月4日；《双周协商座谈会大家谈》，《政协机关通讯》2015年第4期，第27－33页。

协商座谈会，将频率调整为一个月一次，初步建立起覆盖省、市、县三级政协的定期协商座谈会制度；三是以青海为代表的双月协商座谈会，将频率调整为两个月一次。很多市、县级政协也采取了这种模式，如山东的青岛市、济南市；河南洛阳市；湖南的益阳市、株洲市、张家界市桑植县；江西鹰潭市；河北石家庄市；甘肃平凉市泾川县等。[①] 可以预见，未来全国各级政协的定期协商座谈会制度会逐步建立，并形成制度网络，成为协商民主体系的一个重要组成部分。

那么，人民政协的定期协商座谈会有何特点，又有哪些需要改进的地方呢？我们还是以全国政协的双周协商座谈会为例来进行分析。

双周协商座谈会有其自身的特点和优势。第一，作为咨询型协商，它和作为决策型协商的政府协商不同，双周协商座谈会具有地位超脱的特点。在政府协商中，部门利益可能妨碍协商所要求的平等、理性；在双周协商座谈会上，参与协商的委员和专家学者没有自身的利益，更有可能站在全局的立场上、从长远的利益来进行考量，以中立的视角提出更加平衡、更富有建设性的政策建议。第二，与同样作为咨询型协商的社会组织协商相比，双周协商座谈会具有权威性的特点。由于人民政协在中国政治体制中的特殊地位，它可以将政党、政府、学界和社会各界的力量调动起来，在政协这个平台上就大家共同关心的问题展开协商。这是任何一个社

① 张月卓：《从双周协商座谈会看人民政协定期协商座谈会制度的发展》，载人民政协报社编：《社会主义协商民主建设与人民政协理论研讨会论文集》，2015 年 10 月，第 315－323 页。

会组织都做不到的。第三，与西方公共领域的协商相比，它们同属咨询型协商，但双周协商座谈会具有渠道畅通的特点和优势，能有效解决协商与决策之间的衔接问题。一方面，其协商成果可以通过特定渠道直达最高决策层，而且，最高决策层对双周协商座谈会的成果非常重视，甚至要求看原汁原味的会议记录，而不是简报。另一方面，它能将相关决策部门的负责人请到现场，直接参与协商，这对推动协商成果的转化是非常有利的。

当然，运行仅两年多时间的双周协商座谈会也并非尽善尽美，还有很多地方需要完善，未来可以在以下几个方面进一步向前推进：

第一，进一步提升双周协商座谈会的合法化功能。双周协商座谈会的基本属性还是精英协商，而不是大众协商，参与协商的人员主要是全国政协委员，都是社会各界的精英，而不是普通民众，即使每次仅邀请2—3名专家学者，仍局限于社会精英。因此，其决策科学化的功能较强，但决策民主化的功能较弱；其提升决策质量的功能较强，但赋予决策合法性的功能较弱。双周协商座谈会所凝聚的共识和形成的政策建议可能确实能提高决策的质量，但并不能代表普通民众关于相关议题可能具有的成熟看法。如何建立相应的机制，提升双周协商座谈会的合法化功能还有待探索。

第二，进一步提高双周协商座谈会的制度化水平。（1）创新协商议题的产生机制。目前双周协商座谈会的议题产生机制开放程度不够，议题的产生局限于政协系统内部，缺乏社会力量的参与。未来应该重新协商议题的产生机制，让议题更接地气。（2）进一步提升协商参与者的代表性。目前有些协商的代表性不足，例如，第46次双周协商座谈会的主题是“《快递条例》的制定”，座谈会精心邀请了中国快递协会会长高宏峰和企业代表刘强东、王卫。[①] 但是，座谈会没有充分考虑快递行业内部的构成。中国快递行业主要有三大板块：桐庐帮、以顺丰为代表的龙头企业和一些小的快递公司。尽管顺丰作为单个企业的规模是最大，但它所占的市场份额并非最大；市场份额最大的是“四通一达”的桐庐帮，它们起家也最早。座谈会只邀请了顺丰的总裁王卫，显然不够全面，因为作为行业条例，必须兼顾行业内不同规模企业的利益诉求和发展需求。（3）进一步完善协商效果的评价机制。如前所述，我们至少可以从三个方面来对协商的效果进行评价，而我们目前的眼光基本上仅仅盯着第三个方面，这会削弱双周协商座谈会自身的合法性，因为不是每次座谈会都能得到中央领导同志的批示，更不可能每次座谈会的成果都能被相关的立法和决策过程吸收。但是，这并不意味着这些协商就没有意义。如果评价指标更丰满一些，即使没有领导批示，没有直接影响国家的法律和政策，只要协商改变了参与者的偏好，提出了新的思路，甚至只要让既有的思路进入了决策者的视野，协商就是成功的。（4）进一步提高协商流程的透明度。目前双周协商座谈会的整个流程都是高度封闭的，甚至连研究者都接触不到相关资料，这不利于其自身的进一步完善和发展，也限制了双周协商座谈会的社会效应。

第三，进一步探索有效的机制与方法，更好地发挥双周

① 《全国政协召开双周协商座谈会 围绕〈快递条例〉的制定建言献策》，《人民日报》2016年1月22日。

协商座谈会在推动协商民主体系建设方面所具有的潜能。按照十八大和《关于加强社会主义协商民主建设的意见》的要求，健全社会主义协商民主制度的重要标志之一就是“程序合理、环节完整”，必须实现不同协商渠道之间的相互衔接，使之成为一个整体。[①] 人民政协作为专门协商渠道，历史悠久，制度健全，理应在协商民主体系建设中发挥引领作用。作为精英型协商的双周协商座谈会如何与同属精英型协商的人大协商、政府协商密切互动，同时，如何带动人民团体协商和社会组织协商等大众型协商的发展，其具体机制有待进一步探索。与此同时，全国各级政协的定期协商座谈会制度正在逐渐建立，如何将中央版的双周协商座谈会和地方版的双周协商座谈会整合起来，使之构成一个资源共享、信息互通的系统，这也是今后双周协商座谈会需要进一步解决的问题。

① 《中共中央关于加强社会主义协商民主建设的意见》，《人民日报》2015 年 2 月 10 日。

第六章　人民政协参与立法协商：环节完整如何可能？

党的十八大和十八届三中全会提出“推进协商民主广泛多层制度化发展”，要“深入开展立法协商、行政协商、民主协商、参政协商、社会协商”。根据《立法法》第 5、34、35、58 条的规定，人大和政府在制定法律或行政法规时，应当广泛听取有关机关、组织和公民的意见，保障人民通过多种途径参与立法活动。立法协商正是人民参与立法活动的途径之一，在《意见》中，进一步强调要“拓宽公民有序参与立法途径，健全法律法规草案公开征求意见和公众意见采纳情况反馈机制。”[①] 中共十八届四中全会通过的《中共中央关于全面推进依法治国若干重大问题的决定》强调指出：“健全立法机关和社会公众沟通机制，开展立法协商，充分发挥政协委员、民主党派、工商联、无党派人士、人民团体、社会组织

① 《中共中央关于加强社会主义协商民主建设的意见》，《人民日报》2015 年 2 月 10 日。

在立法协商中的作用”。可以预见，随着依法治国的全面推进，立法协商将会更加广泛深入的展开。

众所周知，人民政协不是国家权力机关，它并没有立法的功能。但是，人民政协可以参与人大或政府的立法协商活动。作为专门协商机构和重要协商渠道的人民政协，如何在立法协商中发挥其独特的作用，这是社会主义协商民主体系建设的一个重要问题。由于人民政协自身的特点，人民政协参与立法协商具有三个方面的优势：从代表机制上讲，人民政协由界别组成，它代表的是不同社会群体的利益和社会视角，这与人大的地域性代表机制形成了互补，保证了立法协商过程中利益表达和社会视角的“条块结合”；从协商主体上讲，很多政协委员都是所在领域的专家，具有出色的专业背景，对于立法工作大有裨益；从协商性质上讲，人民政协不是权力机关，地位超脱，能够有效避免立法过程中部门利益对立法的捕俘。因此，人民政协参与立法协商有助于提高立法的质量。

与此同时，党的十八届三中全会和《意见》还特别强调，社会主义协商民主建设不仅要实现“程序合理”，建立规范的协商程序，保证协商取得良好的效果；而且要建立“环节完整”的协商民主体系，“发挥各协商渠道自身优势，做好衔接配合”。党的十九大报告进一步强调“统筹推进政党协商、人大协商、政府协商、政协协商、人民团体协商、基层协商以及社会组织协商”。[①] 人大和政府在立法过程中有效吸纳人民

① 《决胜全面建成小康社会 夺取新时代中国特色社会主义伟大胜利》，北京：人民出版社，2017 年，第 38 页。

政协的参与是落实《意见》的内在要求和统筹推进不同渠道协商民主建设的重要举措，有助于实现不同协商渠道之间的衔接配合，健全和完善社会主义协商民主体系，真正实现习近平总书记所讲的“协商民主和选举民主两种民主形式的相辅相成”，意义十分重大。

但是，究竟通过何种机制实现立法过程中人民政协与人大、政府的有效衔接和配合，目前学界对此还缺乏深入的讨论。本章试图在系统梳理人民政协参与立法协商实践经验的基础上对此问题进行探讨。本章分为三个部分：首先对中国各级政协参与立法协商的实践进行描述和分类。然后，从理论上对之进行定位，力图准确理解人民政协参与立法协商的性质和特征。最后，提出如何积极稳妥推进人民政协参与立法协商的五个原则。

（一）人民政协参与立法协商的三种模式

立法协商工作是人民政协履行政治协商、参政议政职能的重要形式。人民政协开展立法协商并非始于今日，而是源远流长。

在 1949 年 9 月 21 日开幕的人民政协第一届全体会议上，经过协商，通过了三部重要的法案：《中国人民政治协商会议共同纲领》、《中国人民政治协商会议组织法》和《中华人民共和国中央人民政府组织法》。[①] 其中，《共同纲领》在“五四宪法”诞生前一直承担着中华人民共和国宪法的功能。随后，在政协第一届全国委员会常务委员会第三次、第四次、第九次会议和政协第一届全国委员会第二次会议上，又对两部重要的部门法——《中华人民共和国婚姻法》（草案）和《中华人民共和国土地改革法》（草案）进行协商、讨论，并通过了法案。[②] 1954 年 3 月，中共中央提出宪法草案初稿，全国政协邀请各民主党派、人民团体的负责人和各界代表人士，组成 17 个小组进行协商讨论，提出修改意见。[③]

改革开放之后，随着经济社会的发展，人民政协在不同时期均积极参与人大和政府的立法协商活动。尤其是 2000 年以来，人民政协参与立法协商进入了一个快速发展期，很多地方政协制定了规范性文件，将立法协商工作予以规范化、程序化和制度化。如福建省于 2000 年出台了《关于加强地方立法协商工作的意见》，福州市政协与市人大常委会办公厅随即联合出台了《实施意见》；2004 年以来，南京市政协社法委与市人大法制委、市政府法制办制定了《关于加强南京市地方立法协商工作的意见》和《关于加强南京市政府立法协商工作的意见》；2005 年和 2006 年两个 5 号文件出台后，很快有 20 多个省级和副省级市出台了政治协商专项规定，这些文

① 全国政协办公厅研究室：《人民政协大事记（1948—1992）》，北京：中国文史出版社，2009 年，第 9 页。

② 全国政协办公厅研究室：《人民政协大事记（1948—1992）》，北京：中国文史出版社，2009 年，第 11－13 页。

③ 全国政协办公厅研究室：《人民政协大事记（1948—1992）》，北京：中国文史出版社，2009 年，第 39 页。

件都明确要求，重要地方性法规和行政规章是政治协商的重要内容。就立法协商专门制定文件的省区市有吉林、新疆、北京、上海、长春、南京、杭州、济南等。[①]

在实践中，各地对人民政协参与立法协商具体路径的设计不尽相同，主要有以下三种基本模式。

第一种模式是人大法制工作委员会或政府法制办直接与同级政协社会和法制委员会对接，委托同级人民政协就立法草案开展立法协商。

这种模式产生较早，且主要为地方政协所采用，尚未见全国政协采用这种模式参与立法协商。较早在这方面进行探索的地方有福州市和大连市。早在20世纪90年代，福州市政协社会法制委就同市人大常委会法制委（现为法工委）建立起对口联席会议制度，让委员在立法协商前知道立法背景，提前看到法规草案。[②] 大连市政协从1995年开始每年对2—3部地方性法规和政府规章草案在人大或政府审议通过之前进行协商。[③] 福州市人大坚持每年就制订年度立法计划和重要地方性法规征求市政协的意见和建议。仅2000—2005年，福州市政协就对15部地方性法规开展立法协商，大量的意见和建

① 韩冬梅：《各地政协开展立法协商实践探索》，《团结》2014年第5期，第25－28页。

② 夏良宝：《福州市政协在为地方立法协商中履职》，《政协天地》2007年第4期，第33页。

③ 黄福寿：《推进人民政协立法协商制度化发展》，《团结》2014年第5期，第22－24页。

议受到市人大常委会的采纳。[①]

2009 年 9 月中共上海市委发布《关于进一步加强人民政协工作的实施意见》，要求“涉及人民群众切身利益的重要地方性法规（草案）以及其他重大问题，要在政协充分听取意见”。例如，在上海自贸试验区改革中，人民政协全程参与了《中国（上海）自由贸易试验区条例》的立法协商过程，从“草案”到“征求意见稿”，市政府法制办与市人大法工委相关负责人分别到政协听取委员对各个版本的意见。与此同时，市政协还通过网上征求意见、召开座谈会等形式，组织委员和专家学者反复讨论，最终形成了一份长达 87 页的“修改意见”，经由市政协办公厅报送到市人大常委会办公厅。[②]

第二种形式是由人大或政府党组通过同级党委，将立法草案交由同级政协党组，由政协党组组织政协委员开展立法协商。在整个流程中，人大和政协不直接发生关系，而是以同级党委为中介连接起来。

十八大以来，这种模式成为主流模式，在不同层级政协均有采用。在全国政协层次，以这种模式开展了多次立法协商。2014 年 3 月，国务院法制办将《安全生产法》修订草案报告中共中央，中共中央将其交给全国政协，全国政协从中共中央接到任务后，组织委员开展立法协商。2014 年 3 月 20 日，全国政协举行双周协商座谈会，就“安全生产法修正”问题进行座谈交流，18 位全国政协委员和 2 位专家学者在座

① 林忠武：《关于立法协商与依法治理的思考》，《政协天地》2005 年第 12 期，第 37－38 页。

② 黄铮：《政协参与立法协商：上海的路径和实践》，《联合时报》2014 年 11 月 11 日。

谈会上对安全生产法的修订提出意见建议。[①] 这是全国政协双周协商座谈会第一次将法律修订作为协商的议题。随后，全国政协又先后针对《促进科技成果转化法》的修订（2015年)、《快递条例》的制定（2016年)、《水污染防治法》修订（2017年）开展了立法协商。[②]

在地方政协层次上，北京市是这一模式的典型。2013年底，北京市人大常委会党组将《北京市大气污染防治条例（草案)》法规草案向市委常委会汇报，市委常委会将法规草案交由市政协党组。市政协党组接到市委来函，将其作为一项重点工作，在近一个月的时间里，共组织各界别及专家组座谈会30次，形成《委员意见建议汇总稿》，最后经市政协常委会审议通过后，报送中共北京市委，再由市委批转市人大常委会党组。市人大常委会收到报告后，认真研究、分析和采纳，对《北京市大气污染防治条例》草案进行修改。对建议的办理情况，市人大常委会党组报告市委，市委办公厅函告市政协办公厅。[③] 自2014年以来，北京市政协每年会对1部地方性法规和1—2部政府规章开展立法协商，其中，2014年对3部地方性法规开展了立法协商。[④]

---

① 吴晶晶：《全国政协召开双周协商座谈会》，中国政协网，2014年3月21日。

② 《全国政协双周协商座谈会专题》，中国政协网，2017年12月10日。

③ 崔晨：《立法协商 迈出协商民主新步伐》，《北京观察》2014年第1期，第12－13页；余荣华：《北京探路政协立法协商》，《人民日报》2014年4月16日。

④ 2017年11月28日，访谈北京市政协社会和法制委员会办公室副主任刘仕博，访谈人：刘子赫。

第三种形式是人大和政府在对立法草案或征求意见稿进行讨论时，邀请具有相关背景的政协委员参加。这种模式在各级政协中都有采用。例如，福建省就规定了人大常委会年度立法计划项目征求政协意见，重要地方性法规邀请政协委员进行论证的制度。[①] 在这种方式中，尽管有政协委员参加，但是，他们是以个人身份参加立法协商，而不涉及政协组织。

在实践中，人民政协参与立法协商的效果是非常显著的。首先，政协的主动作为与人大的密切配合，形成了立法协商工作的良性互动，提高了立法质量。例如，在北京市，2013年，北京市人大常委会根据政协委员的意见，对《北京市大气污染防治条例》草案中的61条进行了修改，涉及83处；2014年，《居家养老服务条例》草案经政协协商后，对全部27条中的21条进行了修改，比例达到78%；2016年的《全民健身条例》草案经政协协商后，也对其中的28条进行了修改，涉及53处。[②] 在上海市，上海市政协针对《上海市住宅物业管理规定》开展协商，委员提出意见66条，40条被采纳；委员针对《上海市养犬管理条例》提出的意见采纳率更高达93%。经统计，2010年，上海市政协就8件法规议案（草案）共提出修改意见200条，采纳（含部分采纳）133

---

① 林忠武：《关于立法协商与依法治理的思考》，《政协天地》2005年第12期，第37－38页。

② 2017年11月28日，访谈北京市政协社会和法制委员会办公室副主任刘仕博，访谈人：刘子赫。

条，平均采纳率达66.5%。[1] 2014年7月25日，《中国（上海）自由贸易试验区条例》在上海市第十四届人大常委会第十四次会议表决通过，与征求意见时相比，正式颁布的“条例”修改涉及40多个方面，许多内容与政协委员和专家提出的意见建议不谋而合，甚至高度一致。[2]

其次，政协委员是社会各界的代表，他们提出了许多具有前瞻性和科学性的立法建议，为立法机关编制立法计划项目提供切实有益的参考。例如，福州市政协根据对残疾人事业开展专题视察调研情况，向市人大常委会法工委、市政府法制办提出制订《福州市残疾人权益保护若干规定》的立法项目建议；在组织委员对纠正拖欠农民工工资问题开展专题视察时，就加强和改进劳动执法手段、提高执法水平提出制订《福州市劳动保障监察条例》立法建议，均被市人大常委会采纳。[3]

（二）准确理解人民政协参与立法协商

尽管在实践中人民政协开展立法协商已经进行了相当丰

① 余荣华：《北京探路政协立法协商》，《人民日报》2014年4月16日；殷啸虎：《人民政协参与地方立法协商的目标与路径》，《江西师范大学学报》（哲学社会科学版）2013年第3期，第3－8页。

② 黄铮：《政协参与立法协商：上海的路径和实践》，《联合时报》2014年11月11日。

③ 夏良宝：《福州市政协在为地方立法协商中履职》，《政协天地》2007年第4期。

富的探索，形成了不同的模式，也取得了积极的成果。但是，在理论上，究竟如何给人民政协的立法协商活动予以恰当地定位，这一问题并没有得到很好的解决。其中，最大的一个问题是，很多人担心，人民政协参与人大的立法协商会导致两院制，从而对中国现有的政治制度构架形成冲击。

笔者认为，这种担心其实是一种误解，其产生的原因在于，以西方两院制的政治制度为基本框架来分析中国的政治现实。如果我们将中国政治体制中人大—政协的关系与西方两院制立法机构中两院之间的关系进行对比，就会发现它们之间存在以下五个方面的区别，这使得人民政协参与立法协商不可能走向两院制。

中国政治体制中人大—政协的关系与西方两院制中两院之间的关系对比

	中国政治体制中人大—政协的关系	西方两院制中两院之间的关系
关系性质	权力机关—非权力机关	权力机关—权力机关
功能定位	相辅相成	相互制衡
制度安排	分工协作	否决权
协商范围	选择性	普适性
协商类型	咨询型协商	决策型协商

第一，二者的性质是完全不同的。两院制中两个院之间的关系是国家权力机关与权力机关之间的关系，而人大和政协之间是国家权力机关与非权力机关之间的关系，这是二者之间最根本的区别。

世界各国立法机构的组织形式基本上可以划分为两种：一院制（unicameralism，立法机构由一院组成）和两院制

(bicameralism，立法机构由两个独立运作的议院组成)。[①] 两院制中的两个院都是国家的权力机关，都拥有实际的政治权力。尽管两院制有对称的两院制和不对称的两院制之别[②]，但它们之间的差别只是两院权力的大小不同，而没有改变两院都拥有实际政治权力的基本事实。

与此不同的是，中国《宪法》对全国人民代表大会的定性是“最高国家权力机关”，而对人民政协的定性是“有广泛代表性的统一战线组织”。也就是说，人民政协是不拥有政治权力的。早在 1954 年 10 月，毛泽东就在《关于政协的性质和任务的谈话提纲》中指出：“政协的性质有别于国家权力机关——全国人民代表大会，它也不是国家的行政机关”，“如果把政协全国委员会也搞成国家机关，那就会一国二公，是不行的。”[③]

尽管在实践中人民政协与党委、人大、政府并称“四套班子”，各级政协的负责人均被列入“党政主要负责人”之列，以至于有人误认为人民政协已经成为事实上的国家机关或准国家机关[④]，甚至有人认为可以把人民政协建设成上议院、把人大建设成下议院。但是，这种观点既不可行，也不

① 罗德·黑格、马丁·哈罗普：《比较政府与政治导论》（第 5 版），北京：中国人民大学出版社，2007 年，第 352 页。

② 对称的两院制以美国最为典型，不对称的两院制以英国最为典型。参考阿伦·利普哈特：《民主的模式》，北京大学出版社，2006 年，第 205 页。

③ 《毛泽东文集》（第六卷），北京：人民出版社，1999 年，第 385 - 387 页。

④ 胡筱秀：《人民政协制度功能变迁研究》，上海人民出版社，2010 年，第 105 - 109 页。

可取。[1] 人民政协作为专门的协商机构，作为协商民主的重要渠道[2]，能比它作为国家政权机关更好地发挥作用。

第二，二者的功能定位是不同的。两院制中两个院之间是一种相互制衡的关系，而人大和政协之间是一种相互补充、相辅相成的关系。

两院制的思想依据可上溯至孟德斯鸠《论法的精神》，他认为立法权应该由贵族和人民共同行使，即立法机构应由两部分组成。18 世纪末期，詹姆斯 · 麦迪逊在《联邦党人文集》中对两院制所作的思考推动了当时人们对两院制的认可。麦迪逊认为，两院制的设计提高了政治的稳定性，并通过抑制众议院党派领导人的影响力来降低产生恶法的可能性。[3] 在这种相互制衡思想的背后，还有一个重要的理论假设：通过分权，以野心对抗野心的方式来抑制权力可能产生的恶果，防止少数专制（tyranny of the minority）。

人民政协与人大之间不是要相互制衡，而是相辅相成。人民政协和人大有一个共同点：它们都是一种代表制度。但它们以不同的方式来代表社会的利益，反映人民的诉求，其不同点在于：人大主要是一种地域代表制，人大代表基于地域选举产生，代表选区选民的意志和利益；人民政协是一种群体代表制，政协委员由特定社会群体协商推荐产生，代表

① 肖存良：《中国政治协商制度研究》，上海人民出版社，2013 年，第 284 – 285 页。

② 习近平：《在庆祝中国人民政治协商会议成立 65 周年纪念大会上的讲话》，《人民日报》2014 年 9 月 22 日。

③ George Tsebelis and Jeannette Money, *Bicameralism*. Cambridge: Cambridge University Press, 1997, pp. 23 – 29.

特定社会群体，在人民政协中，体现这种群体代表制的具体制度安排就是界别设置。人大和人民政协这两种代表机制相互补充，能更加完整地反映社会的利益和诉求。正是由于政协委员不是由选区选民选举产生，“政协位置超脱，政协发表意见，可以较少受到利益驱动的影响和地区的局限，可以比较客观、准确地反映各种情况和问题”①，以“旁观者清”来弥补可能出现的“当局者迷”，从而使得人民政协开展立法协商有助于提高人大的立法质量，防止可能出现的失误。

第三，二者的制度安排是不同的。两院制中的两院通过各自拥有的否决权来实现相互制衡，而人大和政协则通过分工协作来实现高质量的立法。

否决权是“野心对抗野心”的制度保障，是两院制的制度基础。如果没有否决权，两院制就不成其为两院制了。因此，尽管英国的议会早已从对称的两院制演变为不对称的两院制，但是，根据1911年和1949年《议会法》的规定，上议院的权力仍包括否决权。② 美国式对称两院制对否决权的运用就更不用说了，参众两院的地位和权力是同等的，两院共同平等行使立法权，任何一院通过的法案必须送交另一院通过才能成为法律，任何一院对另一院通过的法案都拥有绝对的否决权。而且，这种被弗朗西斯·福山称为“否决政体”（Vetocracy）的体制在两党制条件下常常被推向极端，并导致制度性的僵局，使得立法工作陷入泥潭。

① 李瑞环：《进一步重视和加强反映社情民意工作》，2001年6月29日。

② 比尔·考克瑟、林顿·罗宾斯、罗伯特·里奇：《当代英国政治》（第四版），北京大学出版社，2009年，第385页。

人大和政协在立法过程中是一种分工协作的关系。政协对立法协商工作的参与是阶段性的，主要是在法律法规草案形成后到正式的法律法规出台前这个阶段，由政协对法律法规草案进行协商，提出修改建议。在人大—政协的关系中，没有否决权的制度设计，政协有的只是提出意见建议的权利。而且，整个工作都是在党的领导下进行，无论是人大还是政协，都是通过各自的党组在党委的领导下开展立法协商，这就保证了二者之间的分工协作能顺利展开。政党因素在中国是作为一种积极因素发挥作用，而不会像在两院制条件下那样成为政治僵局的催化剂。

第四，二者协商的范围是不同的。两院制中一院对另一院提出的法案进行审查是一种普适性审查，而人民政协对人大法律法规草案的协商是选择性协商。

在两院制中，立法的一般程序是：无论法案由哪个院首先提出，一旦法案在该院获得通过，该法案会被送到另一院进行审议。这种审查没有例外，更不可能选择。即使是在极端不对称的英国，下院提出的所有法案也都必须经过上院。[①]

相比之下，人民政协参与立法协商则是选择性的，不是所有的立法一定都要经过政协这个环节。例如，2009 年中共上海市委发布《关于进一步加强人民政协工作的实施意见》，要求“涉及人民群众切身利益的重要地方性法规（草案）以及其他重大问题，要在政协充分听取意见”。目前，在上海市政协听取意见的地方性法规、规章（草案）的数量，平均每

① 比尔·考克瑟、林顿·罗宾斯、罗伯特·里奇：《当代英国政治》（第四版），北京大学出版社，2009 年，第 370 页。

年为30件/次左右，其中地方性法规（草案）10至12件，重要的政府规章（草案）10件左右。[①] 有政协的同志认为，凡是人大的立法草案都应该拿到政协来协商，这种观念是不对的。政协开展立法协商一定要“思不出其位”。

第五，二者协商的类型是不同的。两院制中两院的立法协商属于决策型协商，而人民政协参与的立法协商则属于咨询型协商。

作为决策型协商，两院制中两院的立法协商有两个特点：其一，两院都是权力机关，都有决策权，协商本身就是做出决定的过程。其二，协商的结果具有强制性的约束力，如果一个院不同意另外一个院的提出的法案或其中的某些条款，另一个院必须对这些条款进行修订，或由两院组成协商委员会处理相关分歧，直至两个院就相关的所有条款达成一致意见。

与此相比，尽管人民政协参与立法协商和人大自己开展的立法协商都属于立法协商，但是，二者的性质是不同的。政协参与立法协商属于咨询型协商，人大的立法协商则属于决策型协商。

人大的立法协商本身就是在进行决策，协商的结果就是法律法规草案或法律法规本身；人民政协参与立法协商不是在进行决策，而是为人大决策提供咨询，以资参考，其协商的成果对人大立法决策并不构成强制性的约束力。对于政协提出的意见建议，人大在立法决策中可以采纳，也可以不采纳，更不会要求人大就所有条款与政协达成一致意见。

---

① 黄铮：《政协参与立法协商：上海的路径和实践》，《联合时报》2014年11月11日。

综上，人民政协参与立法协商不可能在结构性意义上将国家权力机关与非权力机关之间的关系改变成国家权力机关与权力机关之间的关系，将相辅相成的合作关系改变为相互抗衡的对抗关系，人民政协也没有两院制所赖以建立的制度基础——否决权。因此，人民政协参与立法协商不可能导致两院制。

（三）积极稳妥推进人民政协参与立法协商的五个原则

人民政协参与立法协商是不仅不会出现一些同志所担心的两院制问题，而且很有必要，也很有价值，它是落实《中共中央关于加强社会主义协商民主建设的意见》和十九大精神的内在要求和重要举措。

积极稳妥推进人民政协参与立法协商，必须把握好以下五个原则：

第一，推进人民政协参与立法协商，必须加强党的领导，通过同级党委进行统筹和领导，在党的领导和统筹下积极稳妥地推进人民政协参与立法协商工作。中国共产党的领导是人民政协事业发展进步的根本保证，人民政协协商民主建设必须毫不动摇坚持中国共产党的领导，按照党总揽全局、协调各方的原则，人民政协依照宪法法律和政协章程独立负责、协调一致地开展工作。在具体制度安排上，人民政协参与人大或政府的立法协商，既可以通过同级党委这个中介（如北京模式），也可以由人大、政府和政协直接对接（如福州模式），没有必要强求一律。但无论哪种模式，都必须在党的领导下进行。要充分发挥人大、政府和政协党组的作用，通过各自的党组在党委的领导下开展立法协商，按照民主集中制原则，确保立法协商工作依法开展、有序进行，确保人大、政府和政协之间的分工协作顺利展开。

第二，人民政协参与立法协商，要分清主次，准确定位。人民政协的立法协商只是人大立法协商和政府立法协商的辅助性环节，这一点必须明确。换言之，立法协商的发起者是人大（无论是人大直接委托，还是通过同级党委委托）或政府，人民政协只是参与者。作为咨询型协商，人民政协立法协商的成果只具有参考价值，不具有强制性约束力。同时，人民政协开展立法协商是选择性的，不能要求人大或政府所有的立法项目都必须经过人民政协协商，因为这样的要求既不合理，也不现实。说其不合理是因为这样的做法等于将政协协商变成了一种强制性的规定，从而违背了人民政协自身的规定性；说其不现实是因为人大，尤其是政府的工作千头万绪，人民政协不可能对所有的这些立法工作都开展协商，而应将有限的协商资源用在刀刃上。只有当所立之法是针对重大问题、人民群众普遍关心的问题和存在较大争议的问题时，才有必要动用人民政协有限而宝贵的协商资源，对其开展立法协商。

第三，人民政协参与立法协商，可以更加积极有为，全过程参与。人民政协的一个重要职能就是参政议政，其所“议”之“政”在很多时候与人大立法协商的“议题”是重合的，因此，政协在开展立法协商时可以将其与政协常委会的专题议政性协商、专题协商会、双周协商座谈会、对口协商、提案办理协商、专题视察调研和社情民意等常规性工作结合起来。首先，人民政协可以在调研和常规性协商活动的基础上，向人大或政府提出立法立项建议，推动一些人民群众普遍关心的问题进入人大或政府的立法规划。例如，2000年3月，民革中央在全国政协九届三次会议上提出了《关于尽早制订“反分裂国家行为法”》的提案，这一立法建议最终为全国人大采纳①。其次，人民政协可以将调研和常规性协商活动与决策前协商结合起来，使人民政协参与立法协商更加高效。在这方面，福州市建立市政协社法委同市人大法工委对口联系制度和立法调研参与制度就是一种很好的尝试，它以制度化的方式将参与立法协商与自身的专题视察调研等工作结合起来。最后，人民政协可以将立法协商活动延伸到决策实施过程之中，充分发挥人民政协民主监督的职能，推动相关政策、法律、法规的落实。例如，2014年12月，在第21次双周协商座谈会的直接推动下，人社部、住建部、安监总局和全国总工会等四个部委联合出台了《关于进一步做好建筑业工伤保险工作的意见》。为促进文件落实，2015年到2017年，全国政协连续3年将其作为民主监督的议题进行跟踪，会同四部委多次开展联合督察工作，推动意见的落实。到2017年底，住房建设、水利、交通运输等行业的农民工都纳入了工伤保险范围，实现了4000万建筑业农民工工伤保险全覆盖。②

---

① 杨傲多：《人民政协60年社会和法制建设之路：促进依法治国方略实施》，《法制日报》2009年9月24日。

② 《双周协商座谈会大家谈》，《政协机关通讯》2015年第4期；谢靓：《让政协委员“说了不白说”》，《人民政协报》2018年3月4日。

第四，人民政协参与立法协商，要建立规范化、制度化的协商程序，提高协商的实效性。人民政协参与立法协商一直在做，但问题是，人民政协的协商活动与人大、政府的立法工作之间衔接不够，大多数需要政协参与的立法项目草案仅提前3—5天送交政协，等到再给委员，只有2—3天时间。但是，要对一个法规条例提出高质量的意见，事前必须做大量的调研和思考。2—3天时间显然无法提出高质量的建设性意见建议①，以这种方式参与立法协商只会使协商流于形式。因此，必须进一步规范人民政协参与立法协商的程序，提高协商的实效。

在这方面，各级各地政协已经进行了丰富多彩的探索，要对各地的经验进行认真总结。例如，南京市政协为了提高立法协商的质量和水平进行了两项制度创新：一是进一步规范协商程序。在收到市人大和市政府年度立法计划后，市政协根据协商议题，按专业对口的原则，先组织立法协商小组征求意见，再由相关专委会在相应的单位和界别委员中征求意见。二是专门成立了由政协委员律师、法律工作者、政府部门的负责同志以及有关专家学者组成的"市政协立法协商咨询小组"，具体组织指导开展立法协商工作。② 这两项制度创新有助于缓解立法协商过程中"民主与科学"的矛盾，值

---

① 李宏、孙奕：《杭州市政协确保立法协商制度到位》，《人民政协报》2010年1月19日。

② 黄福寿《推进人民政协立法协商制度化发展》，《团结》2014年第5期。四川省政协、成都市政协、长沙市政协和新疆维吾尔自治区政协也先后建立了"立法协商专家组"。见韩冬梅：《各地政协开展立法协商实践探索》，《团结》2014年第5期，第25－28页。

得总结。同时，本着积极稳妥的原则，可以先选择一些地方进行试点，不断完善，及时将成功的经验和成熟的做法上升为制度规范。要逐步推动建立党委统一部署、人大和政府主动沟通、人民政协积极参与、相关部门密切配合的立法协商机制。

第五，人民政协参与立法协商，需要更加准确地理解其性质和特征。首先，人民政协参与立法协商不仅不会导致两院制，而且能助力人大的立法协商，推动社会主义协商民主体系建设。其次，人民政协开展立法是社会主义协商民主制度优势的体现。社会主义协商民主的制度优势之一就是，它可以有效解决令西方学者头疼的协商与决策的断裂问题。正如有学者所言，在西方协商与决策之间往往是断裂的。① 在英国只有1/3的地方政府认为公众参与对决策产生了影响。在美国，有些协商活动完全没有引起媒体、公众和政府部门的注意，更不用说对决策产生影响了。② 中共中央《关于加强社会主义协商民主建设的意见》强调，要“注重协商成果运用反馈”。如果协商与决策没有关系，协商就没有意义。人民政协参与立法协商是实现协商与决策相互衔接的重要手段，它将

① 朱迪斯·斯夸尔斯：《协商与决策：双轨模式中的非连续性》，载毛里西奥·登特里维斯《作为公共协商的民主：新的视角》，北京：中央编译出版社，2006年，第79－99页。

② Alarcón Pau and Joan Font, Where Are the Boundaries of Deliberation and Participation? A Transatlantic Debate. *Journal of Public Deliberation*, Vol. 10 [2014], Iss. 2, Art. 11; Robert E. Goodin, *Innovating Democracy: Democratic Theory and Practice after the Deliberative Turn*. Oxford: Oxford University Press, 2008, p. 36.

人民政协的协商纳入到人大立法的总体布局之中，使人民政协立法协商成为立法的有机组成部分，将专门协商机构的协商与最高权力机构的决策有效衔接起来，从而彰显了社会主义协商民主的制度优势。

第七章　基层协商的典范：温岭民主恳谈会

中国基层的协商民主发育最为充分的案例可能非浙江温岭的民主恳谈会莫属。从 1999 年诞生以来，它不仅创造性地解决了基层治理中的各种问题，而且创造了学术界的一个奇迹。最近十年间，在国内学术期刊上公开发表的以温岭“民主恳谈”为研究对象的论文达 100 多篇，国际学术期刊上公开发表的论文十数篇。除此而外，还有 20 余篇以此为主题的硕博士论文，有的已经公开出版。[①] 在这一章里，我们将对温岭民主恳谈会的制度创新机制、代表机制和协商成果的合法

① 比较有代表性的文章和专著包括，何包钢、王春光：《中国乡村协商民主：个案研究》，《社会学研究》2007 年第 3 期，第 56－73 页；何俊志：《权力、观念与治理技术的接合：温岭“民主恳谈会”模式的生长机制》，《南京社会科学》2010 年第 9 期，第 49－56 页；郎友兴：《中国式的公民会议：浙江温岭民主恳谈会的过程和功能》，《公共行政评论》2009 年第 4 期，第 48－70 页；陈朋：《国家与社会合力互动下的乡村协商民主实践》，上海人民出版社，2012 年。

化过程做一个初步的分析。

（一）民主恳谈的产生和发展

从温岭民主恳谈的发展历程来看，大体经历了四个阶段：初创阶段（1999—2000 年）、探索阶段（2001—2004 年）、发展阶段（2005—2012 年）和深化阶段（2013 年至今）。

1. 初创阶段的政治思想工作新形式（1999—2000 年）

民主恳谈会，最初是一种思想政治工作形式，它诞生于 1999 年。当时，松门镇借鉴电视中看到的记者招待会，采取“与群众双向对话”的方式来举办“农业农村现代化教育论坛”试点，没想到效果奇佳，老百姓感慨“都 20 年没有这样说话的机会了！”①。这就是“民主恳谈”的初始形态。

2000 年 8 月 21 日，中共温岭市委在《关于在我市非公有制企业开展“民主恳谈”活动的意见》中指出：“企业‘民主恳谈’活动，是企业主与企业职工之间交流沟通的一种重要方式，是加强和改进我市思想政治工作的一个重要载体，是非公有制企业思想政治工作的有益探索。”②

① 陈奕敏：《温岭民主恳谈会：为民主政治寻找生长空间》，《决策》2005 年第 11 期，第 32 - 33 页。

② 中共温岭市委《关于在我市非公有制企业开展“民主恳谈”活动的意见》（2000 年 8 月 21 日）。

2. 自我探索阶段的基层民主（2001—2004 年）

2001 年是民主恳谈正式冠名的一年。从这一年开始，民主恳谈由思想政治工作的创新载体转向基层民主形式。2001 年 6 月 12 日，中共温岭市委出台《关于进一步深化“民主恳谈”活动加强思想政治工作推进基层民主政治建设的意见》，“将‘民主恳谈’活动推向基层和各个领域，做到纵横延伸。要积极创造条件，使民主恳谈从现在的乡镇（街道）、村、企业三个层面，进一步延伸到城镇居民社区、基层事业单位、党政机关、群团组织。”①

松门镇的成功经验很快被推广到全市的各个乡镇，并从对话型恳谈发展到决策型恳谈。到 2002 年初，温岭市参加民主恳谈实践的群众达到 30 万人次，占全市人口的 1/4 以上，提出的意见建议有 1.5 万条之多，当场答复的近万条，解决落实的占 1/3。②

2002 年 10 月 9 日，中共温岭市委在《关于进一步深化“民主恳谈”推进基层民主政治建设的意见》中进一步指出：“民主恳谈是新时期市场经济条件下扩大基层民主的一种新型的民主形式，是符合当今中国国情和我市实际的一种治理型的民主方式。深入推进以民主恳谈为主要载体的基层民主政治建设，真正把民主选举、民主决策、民主管理和民主监督落到实处，不断提高基层民主水平，对于建设有中国特色的

① 中共温岭市委《关于进一步深化“民主恳谈”活动加强思想政治工作推进基层民主政治建设的意见》（2001 年 6 月 12 日）。

② 陈朋：《国家与社会合力互动下的乡村协商民主实践》，上海人民出版社，2012 年，第 83 页。

政治文明有着重要的意义。”[1] 今后，全市各地各部门都要把民主恳谈作为重大决策的必经程序。镇（街道）一级的民主恳谈，要建立重要事项决策听证制度，引导群众广泛参与全镇公共事务的决策、管理和监督。村一级的民主恳谈要建立重大村务村民公议公决制度，让广大村民充分行使自己的民主权利，当家作主，真正体现村民自治。

2003 年发生在新河的羊毛衫行业工资集体协商，2004 年针对党代表在党代会年会上提出的建议意见，中共温岭市委以民主恳谈的形式加以答复所形成的党内民主恳谈，都是从民主恳谈中脱胎而来的。

2004 年 9 月 29 日，中共温岭市委出台《关于“民主恳谈”的若干规定（试行）》，对民主恳谈的基本原则、议题范围、参加对象、基本程序和实施监督作了明确规定。并赋予了群众的“异议权”，“主持人应对领导班子会议做出的决定以及未被采纳的建议、意见、要求做出解释、说明。镇‘民主恳谈’会，群众对宣布的决定持有异议，可向镇人大主席团或人大代表反映，若获得五分之一以上人大代表支持联名提出，镇人大主席团应召开人民代表大会表决做出决定。”[2]

但到此为止，民主恳谈会只是作为基层民主的一种实现形式，还没有和协商民主挂起钩来。2005 年，一位外国学者的介入改变了这种状况。

---

① 中共温岭市委《关于进一步深化“民主恳谈”推进基层民主政治建设的意见》（2002 年 10 月 9 日）。

② 中共温岭市委《关于“民主恳谈”的若干规定（试行）》（2004 年 9 月 29 日）。

3. 转型升级阶段的协商民主（2005—2012 年）

2004 年的 8 月，在杭州召开了一场以“协商民主”为主题的学术研讨会。在这次会议上，温岭负责民主恳谈工作的官员认识了美国斯坦福大学政治学系的詹姆斯·菲什金教授，并了解到他所倡导的“协商式民意调查”方法。负责推进民主恳谈的官员们当时就觉得，这一套方案对于推进民主恳谈很有帮助。时任泽国镇党委书记的蒋招华便邀请菲什金教授来泽国镇，用协商民主的方法就建设资金的使用安排开展民主恳谈，菲什金欣然应允。2005 年，他与澳大利亚迪肯大学的何包钢教授一起，两赴温岭，并亲自主持问卷设计。协商民主的方法正式被引进到中国基层的民主实践中来，“民主恳谈会”也因为被注入了“协商民主”的成分而成为协商民主的实践形式。

2005 年，乡镇一级参与式预算从泽国、新河破题，2008 年进一步向上拓展到市级部门预算。2009 年 1 月 10 日，温岭市人大常委会专门下发了《关于开展预算初审民主恳谈，加强镇级预算审查监督的指导意见》，对乡镇参与式预算的基本程序作出了明确的规定，基本程序由会前初审、大会审查和会后监督三个环节组成。2010 年 6 月 25 日，温岭市人大常委会对这一指导意见作了进一步的修订。在初审中，增加了选民代表的产生方式（如自愿报名、推选、随机抽取）和增加初审次数（如分村、分片或分专题召开恳谈会）等内容；在会后监督中，增加了设立镇人大财经小组和公开预算等内容。2011 年 12 月 30 日，温岭市人大常委会专门通过了《温岭市市级预算审查监督办法》。其中的第 3 条规定：“市人大常委会初审预算草案前，应当组织开展部门预算民主恳谈、组织召开预算征询恳谈会，引导公民参与预算方案编制讨论，实行参与式预算；年中审议预算执行情况前，可以组织开展民主恳谈，全面了解预算执行情况。”①

2008 年 1 月 12 日，中共温岭市委通过了《关于党内民主恳谈的若干规定（试行）》，明确下列需提交党委讨论决定的事项，应在党委决策前开展党内民主恳谈：“1. 提交党代会、全委会审议的工作报告；2. 党代会代表（以下简称代表）提出的全局性或涉及面较广的提案；3. 拟出台的重要规范性文件；4. 党的建设的重大问题；5. 涉及经济社会发展的重大事项；6. 党员群众反映强烈的热点难点问题。”② 2011 年 8 月 8 日，中共温岭市委印发《中国共产党温岭市代表大会“代表直通车”制度（试行）》，规定：“党代表大会闭会期间，代表可以个人或者以联名的方式，也可以‘党代表工作室’的名义，采用书面形式向市委提出属于党代表大会和市委职权范围内的提议。”③

2008 年 3 月 8 日，温岭市对原有《关于开展非公企业行业工资集体协商工作的实施意见》（2004 年 6 月）、《关于大力推广行业工资集体协商制度的实施意见》（2005 年 5 月）加以重新完善修订，出台了《关于进一步完善和推进行业工资

① 《温岭市市级预算审查监督办法》（2011 年 12 月 30 日温岭市第十四届人民代表大会第四十一次会议上通过，2012 年 1 月 18 日起施行）。

② 中共温岭市委《关于党内民主恳谈的若干规定（试行）》（2008 年 1 月 12 日）。

③ 中共温岭市委《中国共产党温岭市代表大会“代表直通车”制度（试行）》（2011 年 8 月 8 日）。

集体协商工作的意见》。从行业工资集体协商的组织领导、协商主体、主要内容、协商程序、监督落实等方面加以规范和引导。其中特别强调要遵循“依法协商”的原则，行业工资集体协商必须依照国家法律法规的规定，在科学严密测算的基础上确定合理的工资（工价）标准、工资支付方式，签订工资协商协议不得违背国家相关法律法规。

4. 全面深化阶段的扩散（2013 年至今）

党的十八大之后，中共温岭市委于2013 年4 月28 日，又及时出台了《关于全面深化民主恳谈推进协商民主制度化发展的意见》，强调要在巩固已有成果基础上全面深化和发展民主恳谈制度，拓展民主恳谈新的发展领域，在政权机关、政协组织、党派团体、社会组织以及其他组织开展多渠道、多层次、多领域的广泛协商，使温岭民主恳谈成为中国基层协商民主的典型范式。这份意见充分体现了时代性的要求，对网上民主恳谈作出了明确的规定：“合理利用互联网的开放性、互动性、多样性、即时性和空间灵活性，将互联网技术运用到公众参与中，鼓励社会公众网上参与，进行民主恳谈会场内和场外对话、协商的互动，使政府决策更多地集聚和体现公众参与者的智慧和理性的意愿。”①

2013 年12 月19 日，温岭市人大常委会专门通过了《温岭市街道预算监督办法》（以下简称《办法》），以解决街道没有本级人民代表大会而产生的财政预算监督“断层”问题。

---

① 中共温岭市委《关于全面深化民主恳谈推进协商民主制度化发展的意见》（2013 年4 月28 日）。

《办法》共7章26条，内容主要包括街道预算编制、审查和批准，街道预算的执行和监督，街道预算调整的审查和批准，街道决算的审查和批准，街道预算决算的公开和监督等内容。《办法》规定："人大街道工委在市人民代表大会会议举行的二十日前，应当组织召开预算收入和支出民主恳谈会，广泛听取本辖区选民对预算草案的意见。街道办事处主要负责人及其他相关部门负责人应到会听取意见，说明情况并回答询问。"①

（二）"嵌入"：民主恳谈的制度创新机制

从前面的简单梳理中，我们可以发现，温岭民主恳谈成功地从最初的思想政治工作的新形式，一变而为基层民主形式，再变而为基层协商民主的典范。一个让人好奇的问题是，为什么它能够成功地华丽转身？现有的文献似乎还没有给出一个令人满意的答案。何俊志曾提出，权力、观念和治理技术的接合，是温岭"民主恳谈会"得以形成的根本原因；权力、观念与治理技术的出场顺序和结合方式，是决定温岭何时、以何种方式进行"民主恳谈"的结构性原因。② 这一解释是很有启发性的，但是，它仍然没有清楚地说明它们到底是如何结合在一起的。而何包钢和王春光则对结合方式提出了

① 《温岭市街道预算监督办法》（2013年12月19日温岭市第十五届人民代表大会第十三次会议上通过并施行）。

② 何俊志：《权力、观念和治理技术的结合：温岭"民主恳谈会"模式的生长机制》，《南京社会科学》2010年第9期，第49－56页。

自己的看法，他们认为应该将协商民主嵌入到中国的社会现实中去。[①] 遗憾的是，他们对此只是一笔带过，并未做进一步的阐释。我们沿着他们的思路，提出“嵌入式发展”（embedded development）的概念，来解释协商民主的理论和技术是如何与温岭的“民主恳谈”实践结合起来。

所谓的“嵌入式发展”指的是，将某种新的异质性成分嵌入到原有的社会政治结构中，通过它激活或改造原有社会政治结构的某些功能，并通过不断的完善、改进和扩展，从而逐步实现整个结构的更新。具体言之，“嵌入式发展”强调的是以“嵌入”的方式来谋求发展空间，这意味着我们不能削足适履地强求实践来适应理论，而是要让理论适应实践，在现有的社会政治结构不变的情况下，让新的要素以化整为零的方式渗入现有的社会政治结构之中。与此同时，“嵌入式发展”要求新的异质性成分能够“嵌入”，这意味着它必须在原有的社会政治结构中找到某种对应物，以便存活；换句话说，它必须找到与原有体制和意识形态相衔接的结合点。只有这一步实现之后，它才有可能激活原有的某些沉睡的功能，并通过不断完善的方式来实现自身的扩展。而且，其扩展也是在体制内循着现有的权力路径扩散。在这一过程中，以新的方式来理解原有的体制，重新设定原有体制的功能。这种“嵌入式发展”的路径很容易和人们通常所说的“路径依赖”相混淆。在笔者看来，“嵌入式发展”和路径依赖最重要的差别在于，路径依赖是一种被动的适应，而嵌入式发展则可以

① 何包钢、王春光：《中国乡村协商民主：个案研究》，《社会学研究》2007 年第 3 期，第 56 – 73 页。

是主动的选择，通过嵌入的方式，获得发展的空间，获得发展所需的各种资源（体制资源、合法性资源）。

下面，我们就来看看温岭的协商民主实践，乃至整个民主恳谈实践在多大程度上符合笔者所提出的这种解释模式。

1. 嵌入既有的权力结构和意识形态

众所周知，温岭的“民主恳谈”在创建之初并不是作为一种新型的民主形式，而是作为农村基层思想政治工作的一个创新载体。后来逐渐从“思想政治工作的创新载体”变为“原创性的基层民主形式”[①]，又通过注入了“协商民主”的成分而成为“协商民主”的实践形式，并跃居了当代民主理论的实践前沿。[②] 这每一步都是通过将新的治理技术“嵌入”原有的结构之中来实现的，在既有的框架内实现改进与创新。[③] 在此，既有的框架主要指既有的权力结构和既有的意识形态话语。

从权力结构的角度来观察，当“民主恳谈”这种新的思想政治工作形式在1999年诞生之时，它在省委的统一部署下，在台州和温岭市委宣传部门的领导下进行的。当时，市委宣传部门选定松门镇作为“农业农村现代化教育论坛”的试点，并与镇党委和镇政府共同商定了具体操作办法。正是此次借

① 陈奕敏：《温岭民主恳谈会：为民主政治寻找生长空间》，《决策》2005年第11期，第32—33页。

② 何俊志：《权力、观念和治理技术的结合：温岭“民主恳谈会”模式的生长机制》，《南京社会科学》2010年第9期，第49-56页。

③ 张小劲：《民主建设发展的重要尝试：温岭“民主恳谈会”所引发的思考》，《浙江社会科学》2003年第1期，第5页。

鉴记者招待会而发展出来的“与群众双向对话”的方式成为了“民主恳谈”的初始形态。整个过程都是在既有的权力框架内运行的。当“民主恳谈”在现有的制度框架中获得合法地位之后，它就成为了后来“协商民主”和“预算民主”实践的培养基。实际上，温岭的协商民主实践其实是将“协商式民意调查”（deliberative polling）的技术植入原有的民主恳谈之中来实现的。在这一过程中，同样是在泽国镇党委和镇政府的领导下进行的。整个过程就像有学者所指出的，充分体现了中国基层协商式参与的中国特色：政府的主导性。① 关于这一点，我们只要看看其操作程序即可一目了然。例如，镇级民主恳谈会的程序是这样的：镇党委、镇人大、镇政府、市镇人大代表或政协委员、各种团体、群众观点→政府民主恳谈信息来源→镇党政人大联席会确定恳谈主题→办公室制订恳谈会实施方案→公布时间、地点、对象、主题、会场布置、人员分工及材料准备→民主恳谈会程序→报告恳谈目的、意义、主题及注意事项，报告主题内容，围绕主题开展平等对话（记录材料和整理建档）→领导班子研究落实意见建议→公布→政府组织实施→党委人大监督并征求反馈意见。②

可以说，“嵌入式”的发展策略之所以能取得成功，就是因为它是由政府主导的，是可控的。“由于不直接冲击既有的权力结构，改革阻力和政治风险大大降低；从技术角度看，温岭模式具有很强的可操作性。对于负责领导工作的干部来

① 郎友兴：《商议式民主与中国的地方经验：浙江省温岭市的“民主恳谈会”》，《浙江社会科学》2005 年第 1 期，第 33 – 38 页。

② 郎友兴：《中国式的公民会议：浙江温岭民主恳谈会的过程和功能》，《公共行政评论》2009 年第 4 期，第 48 – 70 页。

说，其可控程度也较大，至少不用担心‘翻船’的问题。”①

从意识形态话语的角度来观察，其每一步演变也都是在既有的意识形态框架内展开的。在民主恳谈建立之初，它就很顺利地与主流意识形态接轨，被纳入思想政治工作的话语系统中，被解读为“密切联系群众”的优良传统在新时期的体现。后来，当它从思想政治工作的新方法变为基层民主的新形式后，它又被纳入中共十五大对民主的解释体系之中，按照十五大的解释，民主包括“民主选举、民主决策、民主管理和民主监督”四大环节，“民主恳谈”不但涵盖了其中三个方面的内容，而且还谨慎地避开了民主选举这一地方难以轻易开启的环节。这就既能充分体现落实党的十五大报告的要求，又做到了在政治上比较保险。② 而且，按照专家的解读，“民主恳谈”不仅体现了党的领导、人民当家作主和依法治国这三者的统一，而且它还包含着这样一个命题：中国共产党作为一个执政党，执政方式如何改变、执政能力如何提高的问题。③ 后来，当协商民主的方法被嵌入到民主恳谈中以后，尽管在理论上可以用西方理论来加以阐释，但是，在实践中仍是沿用原有的术语，在“民主恳谈”的帽子下进行。这一点是非常重要的，它为协商民主这样一种完全是源于西方的理论披上了一层合法的外衣。当然，这也与协商民主的

① 景跃进：《行政民主：意义与局限——温岭“民主恳谈会”的启示》，《浙江社会科学》2003 年第 1 期，第 25—28 页。

② 何俊志：《权力、观念和治理技术的结合：温岭“民主恳谈会”模式的生长机制》，《南京社会科学》2010 年第 9 期，第 49－56 页。

③ 陈奕敏：《温岭民主恳谈会：为民主政治寻找生长空间》，《决策》2005 年第 11 期，第 32—33 页。

进入方式有关，它是以一种技术化的方式（新型的民意调查技术）嵌入进来的。尽管进入之后，它必然会将其蕴含的平等、自由、理性等价值引入其中，但在进入之初，在某种意义上，它是中性的，是没有什么意识形态色彩的。进一步地讲，这种新型的民意调查技术还可以被解读为群众路线的制度化和程序化，它一方面可以使群众了解并实践以商议的方式而不必以极端的方式表达自己的政治意愿或对政府的要求，另一方面有可以让政府官员体验到民主行政的具体意蕴。因此，协商民主可以说是群众路线在新时期的创新体现。[①]

可以说，民主恳谈从一种政治思想工作的新方法到协商民主，每一步都在原有的意识形态话语中找到了自身的对应物，并通过新的阐释为自身找到意识形态上的合法性依据。这是其能够获得持续发展的一个重要前提。如果说民主恳谈本身是被“嵌入”思想政治工作的框架中获得其成长空间的话，那么，协商民主和预算民主则是被“嵌入”民主恳谈的框架中获得其成长空间的。民主恳谈在思想政治工作的框架中存活下来以后，又蜕变为“原创性的基层民主形式”，那么，协商民主和预算民主在民主恳谈的框架中存活下来以后，是否能如有些学者所期待的那样，最终走向一种“商议—合作型治理”模式[②]，从而实现中国基层治理的转型呢？这就有

① 郎友兴：《商议式民主与中国的地方经验：浙江省温岭市的“民主恳谈会”》，《浙江社会科学》2005 年第 1 期，第 33 – 38 页；王进芬：《群众路线的创新与协商民主》，《马克思主义与现实》2005 年第 5 期，第 144 – 146 页。

② 郎友兴：《中国式的公民会议：浙江温岭民主恳谈会的过程和功能》，《公共行政评论》2009 年第 4 期，第 48 – 70 页。

待进一步的工作——激活、制度化与扩散。

2. 功能激活与制度化

激活指的是异质性成分被嵌入原有的社会政治结构之后，可能唤醒原有结构中的某些处于沉睡状态的功能。例如，我们前面提到的群众路线，密切联系群众的优良传统等。这就要求异质性成分不是以异质的面目出现，而是以旧貌换新颜的方式出现，如将协商民主的协商式民意调查技术解读为群众路线的制度化和程序化。这是一种创造性的工作，它一方面需对原有的功能进行重新阐释，另一方面则需对异质的成分进行本土化的改造。这样，异质性成分才能逐渐成为原有肌体的一个有机组成部分，逐渐达到“去腐生肌”的效果。这种创造性的工作需要专家学者的参与，需要权力、观念和治理技术的结合。① 事实上，我们看到，在民主恳谈的整个发展过程中，专家学者的参与和及时的提升是一个关键性要素。民主恳谈从思想政治工作新方法转变为基层民主的新形式，就是专家学者提升的结果。据中共温岭市委宣传部理论科科长陈奕敏回忆，正是在2000年经验总结大会上，专家学者的意见使他们茅塞顿开：“我们当时还以为仍然是一种思想政治工作的形式，但中央党校和省里的专家则提出，论坛已经超出了思想政治工作的范畴，是一种新的民主形式”，正是在这次会议之后，中共温岭市委宣传部也就正式把这项工作当作

① 何俊志：《权力、观念和治理技术的结合：温岭“民主恳谈会”模式的生长机制》，《南京社会科学》2010年第9期，第49－56页。

是一项新的民主形式来进行定位了。[①]

协商民主作为一种新的治理技术嵌入民主恳谈之后，不仅对群众路线具有一定的激活作用，而且对原有政治结构中的核心机制——人大制度的激活作用更为明显。泽国镇的协商民主实验中有两个环节与镇人民代表大会相关。第一个环节是，邀请镇人大代表旁听整个讨论过程。第二个环节是：将由抽样产生的代表形成的决议再提交到镇人民代表大会表决。在这个过程中邀请村民代表旁听。这两个环节的设计产生了两个问题，其一，相互旁听的做法极大地强化人大代表的自我意识。笔者2009年2月在泽国镇观摩时曾与前来旁听的人大代表交谈，不止一位人大代表告诉笔者，他们之所以前来旁听，而且还十分认真，主要原因是感到了很大的压力，"过几天村民代表要旁听我们的讨论，如果到时候我们的讨论还不如一般的村民，怎么还好意思当这个代表?"其二，基层人大长期以来处于沉睡的功能得到了激发。按照制度设计，人大具有对政府预算进行审议和监督执行的权力。但是，这项权力长期以来一直处于蛰伏状态，虽然在形式上人大每年也会对政府进行审议，但基本上是走过场。由于协商民主实验的开展，镇人大在村民代表对镇财政预算进行审议的倒逼之下，开始真正地履行起自己的权力。同时，村民代表的协商民主实验也为镇人大的审议提供了模板，使他们知道真正的审议究竟该如何操作。

如果说激活迈出了制度更新的关键一步，那么，制度化

① 何俊志：《权力、观念和治理技术的结合：温岭"民主恳谈会"模式的生长机制》，《南京社会科学》2010年第9期，第49－56页。

和扩散则是这种更新可持续发展的重要条件。

在温岭的民主恳谈实践中，制度化是推动其发展的重要动力。从2000年到2004年，温岭出台了一系列关于开展民主恳谈的《意见》，并制定了相关制度，使得每一阶段所取得的成果都能及时地被制度化，而制度化本身又反过来推动其进一步深化。在这个过程中，有两个关键的制度设计：其一，将民主恳谈工作的开展纳入了市委对乡镇进行综合目标考核之中，考核效果好的乡镇班子，将可以在最终的考核中加分。这推动了各乡镇之间相互竞赛、民主恳谈形式百花齐放的局面。其二，建立了自上而下的领导机构，从市委到各乡镇(街道)，都建立了“民主恳谈”活动领导小组。市委的领导小组下设的办公室，挂靠宣传部。这种机构性的力量后来成为推动民主恳谈活动持续发展的强大动力，因为一旦建立了专门的机构，它存在的意义就在于为“民主恳谈会”的深入和持续发展而奋斗。① 机构自身的扩张需求会推动它不断寻求新的形式和突破口，事实上，正是在这种力量的推动之下，一旦遇到适当的机缘，各种创新性的做法就会破土而出，泽国和新河等地的实践就是这样如雨后春笋般涌现出来。

扩散有两种形式，一种情况是某种创新性做法在不同层级、不同机构和不同领域之间的扩散。例如，泽国镇人大功能的激活不仅将其效应扩散到市人大，而且，市人大常委会开始成为了一股新的推动力量，在横向上将“新河模式”推广到了箬横、泽国、大溪和滨海等其他4个乡镇，在纵向上将

① 何俊志：《权力、观念和治理技术的结合：温岭“民主恳谈会”模式的生长机制》，《南京社会科学》2010年第9期，第49-56页。

"新河模式"提升进了市人民代表大会的议程之中。另一种情况则是，某种创新性做法引发了其他的创新性做法。例如，各乡镇在具体的操作过程中均对原来的模板进行了某种程度的改进。这种相互激发、互相补充的创新活动正推动包括协商民主在内的民主恳谈活动持续向前发展。

值得注意的是，所有的这些扩散均是沿着现有的权力结构延展开来，无论是由市委宣传部门推动，还是由市人大来推动，力量均是来自体制内，而且，具体的开展也在各部门的党委和政府的领导下进行，创新也是由他们做出。这就引发了一个问题：包括协商民主在内的"民主恳谈"到底是商议还是政府支配的另一种形式?[①] 我们到底该如何看待这种中国特色的协商民主形式？与其他国家不一样的地方在于，在其他民主国家，它更多地是由民间组织推动的，而中国则是在政府的主导下进行的。但是，这种政府主导型的协商民主本身并不一定像郎友兴所认为的那样负面，相反，笔者认为，政府主导不但是协商民主在中国发展的一个必要条件（这也是所谓"嵌入式发展"的内在要求），而且，可能就如何包钢和华伦所言，它本身就是一种特殊的类型，我们没有必要按照西方协商民主的理想来苛责它。我们更需要思考的问题是，假如政府主导是中国形态的协商民主的一个重要特征，那么，这种"嵌入式"的发展路径如何才能在此前提下，以新的方式来理解原有的体制，并重新设定原有体制的功能，通过蜕变的方式，逐步从"权威型治理"模式转变为"商议—合作

① 郎友兴：《商议式民主与中国的地方经验：浙江省温岭市的"民主恳谈会"》，《浙江社会科学》2005 年第 1 期，第 33－38 页。

型治理”模式。

（三）“混合”：民主恳谈的代表机制

代表性是现代民主的本质特征，即便是协商民主也无法回避代表的问题。但是，在很长一段时间内，协商民主理论几乎完全忽视了代表问题，因为协商民主论者认为协商民主可以为普通民众直接参与决策创造条件；有人甚至认为，代表制限制了民众对于协商的参与，从而与协商民主的理想要求背道而驰。协商民主的代表人物之一约翰·德雷泽克就从讨论式民主（discursive democracy）的观念出发，直接拒绝和抵制各种代表性的机构。[①] 本杰明·巴伯（Benjamin R. Barber）也认为代表不符合自由的要求，与平等、社会正义等价值也不相容，代表会侵夺选民的公民功能、歪曲他们的公民能力；公民作为自治者、共治者和自己命运的主宰者，应当亲自参加公共事务。[②] 但是，在实践中，无论是协商式民意调查还是共识会议，并非所有的公民或受到决策影响的人都真实地参与到协商的过程之中，真正参与的人是相当有限的。这些参与者其实是作为“代表”参与协商的，只不过这些代表不是通过传统的选举方式产生，而是通过、指定等方式产生。因此，在第二代、第三代协商民主理论家那里，代表的

① John S. Dryzek, *Discursive Democracy: Politics, Policy, and Political Science*. Cambridge: Cambridge University Press, 1990, p. 41.

② 本杰明·巴伯：《强势民主》，彭斌、吴润洲译，长春：吉林人民出版社，2006 年，第 7 – 8、175 页。

必要性和重要性逐渐得到了重新认识。大多数协商民主学者都承认，代表其实是协商民主的一种构成性成分。基于客观条件的限制，大规模民主国家中的普通公民不可能都定期参与协商活动，依靠代表来参与协商是必要的。[①] 而且，通过代表来协商，能够减少参与协商的人数从而有助于提升协商质量，培养具有协商、反思品质的公民。对代表制的合理运用能够修正协商民主所可能带来的以理性为名义的独断。[②]

协商民主的代表性问题包括两个方面的内容：一是代表如何选择？其代表性如何保证？二是协商民主的代表机制如何与既有的代表机制相互衔接？对于这些问题，国际学术界争议很大。其中，第二个方面的内容我们将留到下一节讨论“协商与决策的衔接”时再予以讨论。此处我们主要讨论前面一个问题。在西方的协商民主实践中，已经探索出公民陪审团、共识会议、协商式民意调查等代表机制。詹姆斯·菲什金认为，公民陪审团代表人数太少，不可能确保协商团体在统计学意义上的代表性；而共识会议的代表局限于因特别自身利益挺身而出的人，不具有普遍性。[③] 他提出了通过抽样来

---

① Michael K. MacKenzie and Mark E. Warren, Two Trust - based Uses of Minipublics in Democratic Systems. in John Parkinson and Jane Mansbridge, eds. *Deliberative Systems: Deliberative Democracy at the Large Scale*. Cambridge: Cambridge University Press, 2012, pp. 95 - 124.

② Stefan Rummens, Staging Deliberation: The Role of Representative Institutions in the Deliberative Democratic Process. *The Journal of Political Philosophy*, Vol. 20, No. 1, 2012, pp. 23 - 44. 段德敏：《重新认识代表制在协商民主中的地位和作用》，《国外理论动态》2014 年第 9 期，第 54 - 60 页。

③ 詹姆士·费什金：《倾听民意：协商民主与公众咨询》，孙涛、何建宇译，北京：中国社会科学出版社，2015 年，第 59 - 63 页。

产生代表的机制，此举被认为是协商民主在代表问题上的一个重大制度创新，它将代表和协商有机结合，受到该领域很多重量级学者的推崇。例如，格龙伦德（Kimmo Grönlund）等认为协商式民意调查通过随机抽样创造民众的缩影，这种民主创新形式在一定程度上是对达尔微缩民众（mini-demos）理想的反映，是在微型公共领域中形成有代表性的人民样本的有益尝试。[①] 曾任美国政治学会主席的简·曼斯布里奇（Jane Mansbridge）更是将其当做公民参与的“黄金标准”——样本代表性最佳、结果测量水平高、协商材料均衡、政策相关性高、预留的思考空间大。[②]

但是，协商式民意调查就没有解决抽样产生的代表和既有代表机制之间的关系问题。罗伯特·古丁（Robert Goodin）和约翰·德雷泽克认为，在微型公共领域中产生的协商代表具有随机性，这意味着代表必须由普通公民和无党派人士组成，协商过程要排斥专家和精英等专业人士对参与者的偏好控制。[③] 作为协商式民意调查方法发明者的詹姆斯·菲什金同样主张协商代表的纯洁性，排斥通过其他机制产生的代表进入协商过程。尽管他对浙江温岭的民主恳谈会赞赏有加，但是，面对温岭在实践中探索出的混合式代表机制，他不免有

① Kimmo Grönlund, André Bachtiger and Maija Setala eds. *Deliberative Mini-publics: Involving Citizens in the Democratic Process*. Colchester: ECPR Press, 2014. p. 2

② Jane Mansbridge, Deliberative Polling as the Gold Standard. *The Good Society*, Vol. 19, No. 1, 2010, pp. 55 –62.

③ Robert Goodin and John S. Dryzek, Deliberative Impacts: The Macro Political Uptake of Mini-publics. *Politics Society*, 2006(6), pp. 219 –244.

些失望。[1] 笔者认为，菲什金没有看到中国的实践探索所具有的重要意义，中国在基层协商中发展出的混合代表机制对于协商民主的代表理论具有十分重要的意义，它不仅在一定程度上解决了协商代表的广泛性和专业性之间的潜在冲突，而且将协商民主的代表机制和既有的代表机制有机地结合起来，丰富了我们对于协商与代表二者关系的认知。

按照皮特金的经典研究，从实质性的角度来讲，现代民主政治中的代表问题有两个重要的维度：描述性（descriptive）维度和行动（acting for）维度。描述性维度是指代表是否反映了社会的结构性特征；而行动维度则是指代表如何行动才能更好地代表人民。[2] 本书认为，皮特金关于代表问题的经典论述同样也适用于协商民主的代表机制问题，因此，我们此处的讨论也从这两个方面展开。

1. 代表的描述性维度：镜像与特殊群体代表权

代表的描述性维度要求代表应该像镜子一样准确地反映社会的结构，如性别比例、受教育程度、职业分布等。这可能是最常见的一种关于代表的理解，如果所挑选的代表不能满足这一要求，人们通常会认为其代表性不够。尽管有学者质疑，黑人一定要黑人当其代表、女性一定要女

---

① 何包钢先生持有不同的看法。见 Baogang He, Reconciling Deliberation and Representation: Chinese Challenges to Deliberative Democracy. *Representation*, Vol. 51, No. 1, 2015, pp. 35 – 50.

② 汉娜·皮特金：《代表的概念》，唐海华译，长春：吉林出版集团有限责任公司，2014 年。

性当其代表吗?[①] 但在操作过程中，这种镜像式代表的观念仍占据主导地位。从温岭的实践来看，对协商代表的象征维度的探索经历了多次调整，逐步形成一套有中国特色的制度安排。

1. 简单随机抽样。在2005年之前，参加民主恳谈的人主要是由领导指定，或者自愿报名参加，但是，这两种确定民意代表的方式都存在缺陷。如果由政府指定，将损害代表的真实性、广泛性与公正性；如果由公民自愿参加，来的可能都是利益相关者，所反映的意见可能只代表了该群体的利益诉求，却难以反映其他群体的诉求。2005年，在专家学者的帮助下，泽国镇党委、政府决定尝试随机抽样的方式，按照人口在1000人以上每村（或居委会）4人，1000人以下每村（或居委会）2人的原则，确定代表分配比例。当时全镇每户人家都分到一个号码，如果被抽中，那么这户人家将派出1名年满18周岁的代表参加会议。通过采用乒乓球摇号的随机抽样方式，泽国镇从全镇12万人口中抽选了275名代表。[②]

2005年泽国镇抽样代表的基本结构

内容	参加民主恳谈会的代表	全体抽样代表
1. 性别		
男	66.8%	67.4%

① Jane Mansbridge, Should Blacks Represent Blacks and Women Represent Women?A Contingent "Yes". *Journal of Politics*, Vol. 61, No. 3, August 1999, pp. 628 – 657.

② 朱圣明：《民生决策中的公民参与—— 一个地方乡村治理的新技能与新策略》，《公共管理学报》第四卷第3期，2007年7月，第110 – 116、128页。

（续表）

内容	参加民主恳谈会的代表	全体抽样代表
女	33.2%	32.6%
2. 平均年龄	47.5 岁	46.7 岁
3. 婚姻状况		
已婚	94.4%	92.2%
未婚	5.6%	7.8%
4. 文化程度		
文盲	11.2%	7.7%
小学	32.3%	32.5%
初中	35.4%	36.8%
高中	9.5%	11.1%
中专	4.9%	3.8%
大专	6.3%	6.8%
大学	0.4%	1.3%
其他	0.0%	0.0%
5. 职业		
农民	63.6%	52.3%
工人	3.7%	4.8%
企业主	18.2%	21.1%
商人	7.5%	11.0%
教师	1.6%	2.4%
公务员	1.6%	0.5%
其他	3.8%	8.1%

（资料来源：中共温岭市泽国镇委员会、温岭市泽国镇人民政府编：《民主恳谈：参与式公共财政预算安排决策机制——泽国镇公众参与 2005 年城镇建设预算安排决策过程资料汇编》，2005 年 4 月，未刊稿。）

2. 分层抽样。简单随机抽样的代表产生机制比过去的领导指定和自愿参加有很大进步，代表性有了提高。但是，这种方法也存在缺陷，有些特定的人群可能抽不到。例如，2004年，加拿大不列颠哥伦比亚省举办的关于选举制度改革的公民会议，抽签的方式产生了158名正式的会议代表。但是，正式的会议代表产生后，工作委员会发现了一个问题：原住民没有一个人被抽中。于是，执行委员会主席布兰尼不得不运用其权力挑选了两名原住民，以增强代表性。① 尽管这种情况在温岭的实践中没有出现，但是，简单随机抽样的方法可能出现的问题是存在的。所以，2006年，泽国镇就对代表的产生办法进行了改进，由简单随机抽样改为分层抽样，并与其他的机制相结合。

2006年浙江温岭泽国镇城镇建设预选项目协商民主恳谈会在抽样时，主要按照本地人口和外来人口两个范畴进行抽样。代表的产生分三个层次：一是民意代表的产生。用随机抽样的方法产生，按全镇人口总数的千分之二分配到全镇97个村居，从12万人口中，抽选出237名代表。其中最少的村有1名代表，最多的村有5名代表，这样保证了每村都有代表的参与。二是参议代表的产生，组织者随机从规模企业中的外来员工中抽取代表12名。三是人大监督员。由镇人大主席团推荐产生5名代表。

2010年，温岭人又在思考，如何将参与范围的扩大和协商质量的提高有机地结合起来。从参与范围扩大的要求出发，

① 谈火生、霍伟岸、何包钢：《协商民主的技术》，北京：社会科学文献出版社，2014年，第175－176页。

需要建立一种能够将所有受政策影响的成员都包容在内；从协商质量提高的要求出发，又需要专业知识的介入，对政策选项进行可行性论证。前者可以将不同的社会视角和信息带入讨论过程中；后者则可以利用专业知识来提炼相关信息。2010 年9 月，温岭市人大常委会通过组织推荐与公民自愿报名相结合的办法，组建了预算审查监督参与库和人才库。参与库由人大代表、村民代表、离退休老干部等 10 个方面的地方精英组成；人才库主要吸纳比较熟悉财政预算知识的一些专业人员组成，共计 336 人。在以后召开预算民主恳谈会时，都可以从参与库和人才库中随机抽选代表参会。“两库”的建立，体现了参与主体的多元。[①] 2011 年温岭市级部门预算民主恳谈，就是通过在参与库和人才库中随机抽选公民代表和专家来组成协商的参与人员。

2012 年，泽国镇尝试将选民代表、精英代表和人大代表结合起来。选民代表面向全镇 18 周岁以上的全部选民，用乒乓球摇号以简单随机抽样的方式产生；精英代表从事先建立的参与库中通过乒乓球摇号以分层抽样的方式产生。人大代表则由镇人大主席团推荐。

2013 年，泽国镇又对代表产生方式进行了进一步的改进，主要体现在选民代表的产生上再一分为二：其中 70 名按户籍随机抽样产生，30 名从上一年恳谈代表中随机抽取。选民协商恳谈的样本对象为户籍在泽国镇的选民，先将符合样本条件的全镇选民按村（居）划为子样本，按照千分之一的比例，

① 朱圣明：《参与库与人才库——温岭预算民主恳谈的新元素》，《人大研究》2011 年第 8 期，第 18－26 页。

产生第一部分恳谈代表；为确保参与式预算工作的连贯性，从上一年恳谈代表中抽取30%人员，产生第二部分恳谈代表；再从泽国镇预算审查监督参与库中分线抽取100名各界代表，产生第三部分恳谈代表。抽取方式为十进位编号乒乓球摇号随机抽选。

代表产生方式的不断改进，既保证了参与范围的扩大，又保证了参与质量的提高；既保证了新老交替，又保证了代表的连续性。可以说，泽国镇参与式预算民主恳谈的实践，就是一个日臻完善的过程。参与面的扩大对应于“选民代表”，在“选民代表”中既有新代表，又有老代表；政策质量的提高对应于“精英代表”和智库专家。①

3. 特殊群体代表权的实现。抽样方法保证了参与范围的扩大和代表产生的科学性，但简单地运用抽样方法，并不能保证一些特殊群体一定能进入协商过程。因此，如何在运用抽样方法时兼顾特殊群体的群体代表权是一个需要考虑的问题。可贵的是，温岭人在这一方面也进行了有益的探索。具体言之，有两个方面的问题，一是女性的群体代表权；二是外来人口的群体代表权。

女性的代表权。2005年，泽国镇在制定随机抽样方案时，考虑到抽样的基本单位是“户”，被抽到的“户”要派一个人参加协商，为了体现男女平等，抽样方案同时还规定，如果摇号结果是奇数，由男性代表参加；如果是偶数，则由女性

① 徐枫：《公民参与公共预算的新技能与新策略——来自温岭市泽国镇参与式预算民主恳谈的案例研究》，《观察与思考》2015年第7期，第56－59页。

代表参加。尽管进行了控制，但是，实际产生的代表却是男性明显多于女性（67.4%：32.6%），与人口结构中的性别比例差距较大。2006 年，泽国镇将抽样的基本单位落实到“人”，在全镇所有 18 周岁的选民中“随机抽样”，基本解决了民意代表的性别比例失衡问题。

外来人口的代表权。作为沿海发达地区，温岭有大量的外来人口，有些乡镇，外来人口比本地人口还要多。以泽国镇为例，本地人口 12 万，外来人口 17 万，这些外来人口常年生活于此，为当地的社会经济发展做出了巨大贡献。从理论上讲，他们的生活工作也会受到当地政策的影响，也应该有机会参与到协商之中。事实上，泽国镇在设计民主恳谈时确实将外来人口的要素考虑进去了。2006 年浙江温岭泽国镇城镇建设预选项目协商民主恳谈会在抽样时，随机从规模企业中的外来员工中抽取代表 12 名，作为参议代表。在后来的民主恳谈中，这一做法被坚持了下来。但是，据笔者的观察，这一做法还有进一步完善的空间。例如，在 2009 年的预算恳谈中，这 12 名代表是单独组成一个小组来开展讨论。这种操作方式其实限制了外来代表的作用，更合适的做法是，将这 12 名外来代表分配到其他的小组，15 个小组中，12 个小组每组一个，另外 3 个组作为对照组。一方面，可以增进本地居民和外来人口之间的相互沟通，使各小组的讨论都能在本地居民和外来人口的相互交流中形成更加平衡的意见；另一方面，也可以通过对照组的比较，观察外来人口的加入是否会对讨论产生实质性的影响。

总体而言，温岭在代表机制方面的探索还是取得了很大的成绩。原泽国镇党委书记、现中共温岭市委常委蒋招华就认为，在代表的产生机制上，菲什金随机抽样的方法好，文盲、老人、妇女都被抽到了，真正联系了群众。当时在抽样这个问题上曾经有过争论，有人提出，应该对代表的条件作一些限制，譬如文化程度的下限（小学以上），或是年龄的上限（60 周岁以下）。蒋招华认为不应该限制，如果限制了，这部分群众就联系不上了，就没有话语权了。而这部分人可能恰恰就是“弱势群体”，或是政策需要照顾的人。[①]

2. 代表的行动维度：如何做？

代表的行动维度是指代表产生之后，他们要如何做才能真正地代表公共利益。就此，有三个问题需要考虑：第一，如何解决代表的参与意愿问题？第二，如何解决代表的协商能力问题？第三，如何保证代表以公共利益为宗旨，而不是以局部甚至私人利益为宗旨来展开思考和讨论？

第一，如何解决代表的参与意愿问题？参与意愿是民主面临的一个非常重要的问题，在西方发达国家，早在 20 世纪 70 年代开始就为公民的政治冷漠症发愁，别说参与费时费力的协商了，就是最简单的投票，大家都不愿意参与。在协商民主中，这种情况尤为突出。例如，2004 年，加拿大的不列颠哥伦比亚省举办关于选举制度改革的公民会议，在选择协商代表时，他们也是通过严格的分层抽样来产生，目标是选出 158 名普通公民，保证在 79 个选区中每个选区有男女代表各一名。工作委员会首先花了一个月的时间来更新选民登记

---

① 2015 年 6 月 7 日，采访原泽国镇党委书记，现任中共温岭市委常委蒋招华，朱圣明访谈。

表，然后，通过随机抽样的方式选出了26500人，给他们每个人都寄送了一份邀请函。其中，有1441人回信表示有兴趣参加这个活动（占被抽到样本的5.4%），最后到会的只有964人（占被抽到样本的3.6%）。这964人参加了选拔会，并通过抽签的方式从中产生了158名正式的会议代表。[①] 1996年由美国德州大学等单位举办的全国协商式民调，参与者虽然采用分层抽样产生，但真正参与协商的比例却只有原来样本的36%，因此，他们的代表性便遭受质疑。[②]

为了解决这一问题，很多地区的协商民主实践都采用自愿报名的方式来形成抽样框，以保证被抽到的人有明确的参与意愿。这种事前控制的方法，一般先通过各种渠道进行宣传，如：召开记者会、随机样本电话访问、在报纸电视上刊登广告，招募志愿者，然后再从这些志愿者中进行随机抽样。但是，这种方法仍面临着一个很大的风险：报名者的结构性特征可能和整个社会的结构性特征存在较大偏差，这就需要在抽样时通过某种方式来加以矫正。例如，2004年，台湾地区的全民健保公民会议就出现了这种情况。在425位报名者之中，高中职教育程度者仅有119人，占28%；其余306人的学历均为大专以上。但是，台湾地区整个人口的教育程度，高中职以下占约70%，大专以上教育程度占约30%。如果简单地以整个人口的教育程度为指标来设定抽样比例的话，预定抽选的总人数为20人，大专以上教育程度在这个人口中所占

① 谈火生、霍伟岸、何包钢：《协商民主的技术》，北京：社会科学文献出版社，2014年，第175－176页。

② 谈火生、霍伟岸、何包钢：《协商民主的技术》，北京：社会科学文献出版社，2014年，第60页。

的比例为30%，因此，应该抽取大专以上教育程度者6人，但是，大专以上教育程度的报名人数是306人，这意味着他们被抽中的几率仅为2%；同理，高中职及以下的报名者被抽中的几率则为12%，这意味着报名者因教育程度的差距而有几率悬殊的参与机会。因此，在决定每一分层的抽选人数时，同时考虑该分层“占整个人口的比例”和“占报名者人口的比例”两项因素，以各占50%的比重来计算。[①]

但是，我们在温岭观察的情况似乎比较乐观，并没有出现加拿大或台湾地区所发生的情况。例如，2005年，泽国镇最初抽选了275名民意代表，其中269名回答了第一次问卷。257名参与了2005年4月9日的民主恳谈，其中235名完整地回答民主恳谈前和民主恳谈后的两次问卷。代表的出席率和参与率都是非常高的；同时，当代表们被问及对民主恳谈的看法时，代表们普遍给出积极地评价。按照0到10的打分制，0表示“真是浪费时间”，10表示“极其有价值”。代表们对小组讨论评价的平均值为8.46，对大会讨论评价的平均值为8.66。[②]

这种情况和国外的一些协商民主实践的经验形成鲜明对比。造成这种差别原因可能有三个：一是以往普通村民参与公共事务的机会少，民主恳谈为他们参与公共事务提供了机会，激发了他们的参与热情；二是中国政治的结构和传统使

① 谈火生、霍伟岸、何包钢：《协商民主的技术》，北京：社会科学文献出版社，2014年，第61－62页。

② 中共温岭市泽国镇委员会、温岭市泽国镇人民政府编：《民主恳谈：参与式公共财政预算安排决策机制——泽国镇公众参与2005年城镇建设预算安排决策过程资料汇编》，2005年4月，未刊稿。

得党委和政府在基层有较强的社会动员能力；三是镇党委和镇政府为民主恳谈做了大量的宣传。

第二，如何解决代表的协商能力问题？协商式代表和选举产生的代表有一个很大的区别，选举产生的代表基本都是社会精英，选举的过程就是一个精英遴选的过程。但是，协商式代表的主体是通过抽样产生的，因此，代表都是普通的公民，其中甚至有文盲。在泽国镇的历次协商中，文盲在抽样代表中的比例为7%—9%，2005年的协商中，实际参与协商的人员中，文盲的比例高达11.2%。[①] 那么，这就产生了一个问题：这些普通村民是否具备协商的能力？具体言之，他们是否掌握协商所要求的相关信息？是否具备协商所要求的专业知识？是否了解协商民主的相关知识，具备协商所要求的理性讨论的能力？

在这一问题上，温岭采取了两个措施来弥补普通村民协商能力不足的问题。

其一，盘活存量。温岭从2010年开始，考虑将参与范围扩大和参与质量的提高结合起来，一个重要的举措是将现有村民中的“地方精英”进行识别，组建了预算审查监督参与库和人才库。参与库由全体市人大代表、镇人大代表、村民代表、民情联络员、担任过副处实职以上离退休老干部、妇女代表、科技界代表、税收50—100万元企业法人代表、大专以上学历外来人口等10个方面人员组成，共计32478人，其中村民代表就有2万多人，占三分之二以上；人才库主要吸纳

---

① 何包钢：《协商民主：理论、方法和实践》，北京：中国社会科学出版社，2008年，第169页。

比较熟悉财政预算知识的一些专业人员参与，由部分市人大代表、机关人员、人大财经工委议事委员会成员、镇（街道）人大领导干部、镇（街道）政府负责人、人大代表工作站负责人、村民代表、居民代表、企业界代表、中介机构代表、新温岭人、老干部代表等 12 个方面人员组成，共计 336 人。在以后召开预算民主恳谈会时，都可以从参与库和人才库中进行随机抽样。[①] 这是对代表产生机制的一种创新，解决了协商能力存量盘活的问题。

其二，对协商代表进行培训。由于大多数协商代表还是普通村民，他们并不具备相关的信息和专业知识，因此，温岭通过制作议题手册和邀请专家培训等方式来提高代表们的协商能力。

议题手册对于协商民主的开展非常重要，因为即使受过高等教育，也不能保证他对各种协商议题都具备专业知识，因此，协商民主活动中一般都会针对所讨论的议题编写议题手册，介绍该议题所涉及的相关信息，各种政策选项的利弊得失，供参与协商的代表们参考。例如，温岭在 2005 年的民主恳谈中，就提前 10 天将要选择的 30 个项目的相关资料发送到民意代表的手中，每个项目都附有经专家论证的详细说明书。必要时，还可以到现场观摩。2006 年泽国镇还专门安排了代表到拟建设项目的现场实地考察。[②]

为了让代表们了解协商民主的基本要求和操作规则，专

---

① 朱圣明：《参与库与人才库——温岭预算民主恳谈的新元素》，《人大研究》2011 年第 8 期，第 18－26 页。

② 2015 年 6 月 7 日，采访原泽国镇党委书记，现任中共温岭市委常委蒋招华，朱圣明访谈。

家们还在民主恳谈开始之前对代表们进行培训，并通过角色扮演的方式让代表们很快掌握民主恳谈的基本规则。更重要的是，为了提高代表们的协商能力，镇党委和镇政府还专门要求专家为代表们讲解相关的专业知识。例如，2006 年关于预算的民主恳谈中，就邀请了中山大学政治与公共事务管理学院的马骏和牛美丽、清华大学公共管理学院的贾西津，就预算的相关知识和人大代表的权利和义务等相关问题，对人大代表和自愿参加的村民进行了专门的培训，现场到会人数有 80 余人。

与此同时，在民主恳谈开始之前，还请专家对需要协商的项目进行可行性论证分析，提出公正、翔实的项目说明书；在大会讨论环节，专家以非利益相关者身份出现，站在公正中立的立场上解答分析相关问题，专家的解答是技术标准而非价值判断，譬如对道路、桥梁，会涉及里程数、地理位置、建设周期、受益范围、质量标准以及机会成本等等，这是一种知识性的分工。通过专家的答疑解惑求得了技术理性与公共理性，专家决策与大众决策的统一，充分发挥了专家的独特作用。

由于代表接受了专门培训，代表们掌握了与议题相关的信息、知识和民主恳谈的程序、规则，从而提高了他们的协商能力，保证了协商的质量。

第三，如何保证代表以公共利益为宗旨，而不是以局部甚至私人利益为宗旨来展开思考和讨论？协商式代表和通过选举产生的代表有一个很大的不同，选举式代表是由各选区的选民通过投票方式产生，而协商式代表有不同的产生方式，投票产生的代表只占其中的一小部分，绝大部分不是通过投票产生的。因此，代议制民主中关于代表的一个核心争论——委托与代理之争在协商民主的代表理论中并不占有重要的地位。在非选举产生的代表中又有两种情况，一种情况是针对特定事务开展的协商，这种情况下，参加者主要是利益相关者，因此，他们非常明确地就是代表自己的利益，因此，如何行动的问题也不突出。另外一种情况是针对公共事务和公共政策开展的协商活动，这种类型协商中的代表主要是通过抽样的方式产生，由于他们是通过抽样产生而不是选民投票产生的，因此，从理论上讲，他们没有义务代表某个特定选区的选民利益，而应该是整体利益。

在温岭，民主恳谈往往采用混合式代表机制，我们此处的讨论不涉及针对特定事务的协商，主要针对通过混合代表机制针对公共事务的协商，尤其是通过抽样产生的代表的行动维度问题：他们要如何做才能真正地代表公共利益。在温岭的实践中，有两个做法是值得肯定的。

一是建立主持人制度。2005 年 4 月 9 日，泽国镇 2005 年城镇建设预算安排决策民主恳谈会正式召开，共有 259 名代表到会参加。随后 259 名代表再随机抽样分成了 16 个小组开展讨论，小组讨论由事先经过培训的中立主持人主持。

中立主持人制度是指在民主协商恳谈会中，由与协商无相关利益者、有较强责任心、能公正并有一定能力的人担任主持人的制度。它的完善和发展对于民主协商的公平、公正、理性进行具有重要意义。因为如果由地方官员来主持恳谈会，就有可能出现一方在发号施令，而另一方则唯命是从。更有可能使代表采取策略性立场，专拣领导喜欢听的话来讲，或者根本就不去发表意见。

为此，泽国镇在中小学教师中挑选符合上述要求的主持人[①]，由中小学教师来主持恳谈会非常中立，有利于参与者各抒己见、畅所欲言。为了提高主持的质量，事先还对主持人进行专门的有针对性的培训，并有目的地进行了现场模拟。“由于主持人不是政府官员，也非政府指定，这样一方面能使主持人保持独立性，另一方面也能使民众毫无顾忌地说出自己的想法。所以，主持人制度能够保证协商民主恳谈会的公正性、公平性。”[②]

二是制定相关规则。为了进一步提高民主恳谈的质量，温岭制定了小组讨论发言时应遵循的基本规则：（1）主持人抽签抽到谁，由谁发言；（2）发言者只能发表与议题有关的意见，一次发言，只能发表一个意见；（3）抽到签的代表讲完后，其他代表举手发言，持反对意见的代表优先发言；（4）一个问题讲完后再讲另外的问题，在讲的时候不要重复此前发表过的意见；（5）尊重别人的发言；（6）每次发言不超过3分钟。规则的设置使得大会交流议题集中，不同的观点得到了充分的交锋。此外，还得取得了“定向”的效果——不跑题，不脱轨。

为了保证协商质量，温岭在实践中还创造了很多小的技巧。例如，通过乒乓球摸号分组，防止熟人扎堆所产生的意

---

① 在国内其他一些地方的协商民主实践中，主持人往往请高校的研究生来担任，这种做法有利有弊，其中一个重要的问题是，研究生不具备地方性知识，常常不能很好地引导讨论。而请当地的中学老师来担任主持人则可以在很大程度上克服这一问题。

② 何包钢：《协商民主：理论、方法和实践》，北京：中国社会科学出版社，2008年，第118页。

见同化；通过编号制度（小组发言按照随机产生的编号来进行，发言记录也只有编号而没有姓名）保证参与者畅所欲言；不允许乡镇和村的领导干部进入小组讨论的现场，解除普通村民发言时的后顾之忧，防止干部干扰讨论的进程。

应该说，这些措施取得了良好的效果。2005 年的 30 个建设项目在提交给民意代表协商讨论之前，镇党委、政府班子也多次开会讨论过，原先估计老百姓会优先选择道路、桥梁、旧城改造等项目，因为这些都是看得见、摸得着，能够近期见效的项目。但选择的结果出乎意料，民意代表将环境保护、城乡规划设计、绿化园林等项目列为前几位。譬如说城乡规划设计，老百姓说：城乡建设以前是规划是跟着镇长在变，每一位新镇长上任都会有一套新的思路，让人摸不着头脑。先将城乡规划设计搞好，以后不管谁任镇长都得按这样办，省得改来改去造成资源的破坏和浪费。这说明老百姓不是只顾眼前利益的“近视者”，他们更加关心区域发展的长远利益。[①] 在 2009 年的参与式预算民主恳谈中，一位村民代表在大会上提议，增加小学建设，以解决外来人口的后顾之忧。这也充分显示了普通的村民能超越狭隘的小农意识，从整体利益出发来思考问题。

（四）合法化：协商与决策的衔接

民主协商既不是谈话秀，也不是学术讨论，其目标非常

① 2015 年 6 月 7 日，采访原泽国镇党委书记，现任温岭市委常委蒋招华，朱圣明访谈。

明确，就是为了影响政府即将出台的公共政策。[①] 但公共政策并不是由参与协商的公民代表们来制定的，而是由政府部门的官员们制定的，因为法律没有赋予公民代表这样的权力。[②] 因此，如何将公民代表的协商与正式的制度安排衔接起来，是一个需要思考的问题。但是，这个问题必须根据不同的政治系统的实际情况灵活地加以处理，我们很难给出一个普适性的答案。在各国的协商民主实验中，我们看到了各种不同的尝试，其中，主要有四种方式：（1）协商民主与立法机构的结合。这是最常见的一种形式，在很多国家都有类似的做法。其中，丹麦最为典型，丹麦协商民主的主要实践者——丹麦科技委员会基金会及其前身——丹麦科技委员会（Board of Technology）就是由丹麦议会成立的一个独立机构，其协商成果会提交给议会，供其决策时参考。[③]（2）协商民主与行政机构的结合。很多协商民主的实验都是在政府相关部门的领导下进行，其中，英国、德国的公民陪审团表现尤为明显，其制度化程度也最高。在英国，公民陪审团的执行机构和相关政府部门（同时也是赞助单位）之间是有契约的，契约规定这些部门必须公开响应陪审团的建议。德国的规划小组一开始就和政府签订响应契约，这个契约规定，政府必须考虑并正式响应规划小组的提议，即便是负面的响应，也必须说明理由。因此，规划小组比美国公民陪审团更好的一点就在

---

① 谈火生主编：《审议民主》，南京：江苏人民出版社，2007 年，第 6 页。

② 尽管一些协商民主理论的倡导者认为公民代表有权做出最后的决定，但这种观点并没有得到多数学者的认同。

③ 参见 Consensus Conference, http://participedia.net/en/methods/consensus-conference.

于，规划小组本身就是政府决策过程的一个环节，这就确保了它对政府决策的影响力。[①]（3）协商民主与政党制度相结合。将协商的结果递交给政党组织，通过政党影响相关决策。这种方式在中国的政协中表现最为明显，人民政协的双周协商座谈会的成果会以《信息专报》的形式直接报送中共中央政治局常委和政治局委员，而政治局及其常委会是中国的决策核心。[②]（4）协商民主与公民投票制度的结合。加拿大的不列颠哥伦比亚省举办的“选举制度”公民会议有一个创新之举：将民主协商的结果交给公民投票来决定。[③]

我们在温岭看到，除了第四种方式之外，温岭的协商民主组合运用了前面的三种方式来实现协商与决策的相互衔接。可以说，整个协商过程都与正式的制度安排紧密结合在一起：协商在镇党委的领导下进行，预选项目由政府提出，可行性方案由专家制定。

1. 协商民主与立法机构的结合。在具体操作中，有两种做法：一是在空间维度上采取混合代表制，使协商民主与立法机构融为一体；二是在时间维度上将二者贯穿起来。

（1）混合代表制。混合代表制最初是由新河镇创造出来的，它将抽样产生的村民代表和人大代表混合在一起开展协商。这种做法的好处是防止可能出现的尴尬情况：抽样产生的村民代表的意见和人大代表的意见可能不一致。后来，泽

---

① 谈火生、霍伟岸、何包钢：《协商民主的技术》，北京：社会科学文献出版社，2014 年，第 109 – 110 页。

② 参考本书第三章的相关论述。

③ 谈火生、霍伟岸、何包钢：《协商民主的技术》，北京：社会科学文献出版社，2014 年，第 186 – 188 页。

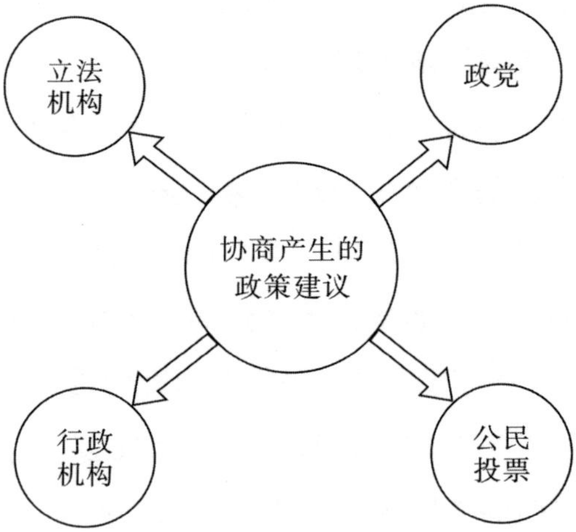

协商产生的政策建议与决策衔接的方式

国镇也借鉴新河镇的做法，采取混合代表制的制度设计，并在具体的制度安排上进行了创新。

（2）在时间维度上将二者衔接起来。自 2005 年以来，泽国镇的协商民主实验中有两个环节与镇人民代表大会相关。第一个环节是，邀请镇人大代表旁听整个讨论过程。第二个环节是：将协商形成的决议提交到镇人民代表大会表决，并邀请村民代表旁听镇人大的会议。以 2012 年为例，2012 年 2 月 3 日召开镇人大代表财政预算初审民主恳谈会，将政府 2012 年财政预算的修改意见交由人大代表初审。初审是基于年度财政预算民主恳谈会和政府修改意见基础上的再一次恳谈，这次恳谈在人大代表中进行，其目的有三个方面：其一，之前恳谈会上公众的意见和政府所作的修改，人大代表作为体制内的正式代表对此怎么看？可以加深理解、进一步表达，进行“合理性”与“合法性”的论证；其二，“过滤”和

"筛选"，找出利益的"交集"，寻求最大的"公约数"；其三，有利于分歧自我消解，达成共识，为年度预算报告的正式表决通过打下基础。2012 年 2 月 8 日，最后改定的年度预算报告正式提交给镇人民代表大会表决通过。

这两个环节的设计不仅将协商民主和正式制度中最重要的制度——人民代表大会制度有效地连接起来，而且产生了两个积极的作用，其一，相互旁听的做法极大地强化了人大代表的自我意识。前来旁听民主协商的人大代表表示，他们之所以前来旁听，而且还十分认真，主要原因是感到了很大的压力，"过几天村民代表要旁听我们的讨论，如果到时候我们的讨论还不如一般的村民，怎么还好意思当这个代表?"其二，基层人大长期以来处于沉睡的功能得到了激发。按照制度设计，人大具有对政府预算进行审议和监督执行的权力。但是，这项权力长期以来一直处于蛰伏状态，虽然在形式上人大每年也会对政府进行审议，但基本上是走过场。由于协商民主实验的开展，镇人大在村民代表对镇财政预算进行审议的倒逼之下，开始真正地履行起自己的权力。同时，村民代表的协商民主实验也为镇人大的审议提供了模板，使他们知道真正的审议究竟该如何操作。在温岭的新河镇，人大在票决预算修正议案之前增加了辩论环节，分歧的各方据理力争，不仅使分歧各方有机会充分表达自己的观点，明白分歧的性质和原因，而且真正实现了人大作为代议机构最本质的功能——"议"。这一做法在 2008 年以后得到推广。

2. 协商民主与政党和行政机构的结合。温岭的协商民主实践从议题的设置、议程的安排、协商流程的控制和协商成果的转化等各个环节，都是在党和政府的领导下进行的，强调以“民主恳谈”为载体推进基层民主政治建设，在各级党组织的精心组织和领导下，分步骤、有领导、有秩序地进行，充分发挥党对协商民主的领导核心作用。

以2012年泽国镇举办的关于镇财政预算的民主恳谈为例，在恳谈结束后，镇党委和镇政府采取了一系列措施来保证协商成果对决策的影响。（1）当天，领导预算编制工作组整理好会议的记录，将各种意见加以归类，本次恳谈会提出的意见和建议涉及36项内容，作前后两次“问卷调查”的对比分析。（2）2012年1月16日，镇政府根据恳谈会的意见和“问卷调查”的结果，对2012年公共财政预算暨重点项目安排提出初步的修改意见。（3）2012年2月3日，召开镇人大代表财政预算初审民主恳谈会，将政府2012年财政预算的修改意见交由人大代表初审。（4）2012年2月6日，召开镇党委、人大主席团和镇政府联席会议，再就人大代表财政预算初审民主恳谈提出的相关意见和建议对2012年财政预算报告作出最后的修改。因为预算民主恳谈是不是真的起作用，就看它能不能对决策产生实质性的影响。所以需要“条分缕析”，对意见合理的加以吸收，对一时难以解决的做好答疑反馈工作。在联席会议上，镇政府经统筹兼顾、全盘考虑，对本次恳谈会提出的意见和建议其中合理的部分（共16项）进行了重新调整，共增减金额1535万元。（5）2012年2月8日，最后改定的年度预算报告正式提交给镇人民代表大会表决通过。

全程参与组织的菲什金教授感叹道“这比美国的实践还好”，他以泽国镇为例，鼓励美国公民做更多的协商民主实践。他甚至说，中国协商民主实践能直接影响决策，这比加拿大的公民大会更有实效。[①]

相对而言，国外的协商民主实践多由立法机构和行政机构之外的团体发起，对政策的影响力比较弱。比如，研究机构（加拿大）、公立博物馆（英国）、基金会（美国）、国际发展组织（韩国）和倡议团体（澳洲），这些非国家行为者所召集的会议，其政策咨询能力相对薄弱，其政治或公共影响较小。[②] 就其对政策影响力而言，温岭的民主恳谈是非常成功的。而且，其成功的经验已经通过制度化的方式被固定下来，为其他地方的基层协商民主提供了模板。

在过去的20年中，温岭人通过不懈的努力，实现了民主恳谈的华丽转身，从政治思想工作的新形式一变而为中国基层协商的典范。其中起码有三个经验是值得我们认真思考的。一是嵌入式的发展路径。这是一个非常成功的经验，通过嵌入的方式，使得异质性的政治经验能在既有的政治体系中迅

① 何包钢：《协商民主：理论、方法和实践》，北京：中国社会科学出版社，2008年，第268页。2004年，在加拿大的第三大省份不列颠哥伦比亚省进行了一次协商民主试验，通过随机抽样的方式选出了160位公民，组成公民大会，对不列颠哥伦比亚省的选举制度进行评估和重新设计。经过长达一年的运作，公民大会认为，应该将选举制度改为单记名可让渡投票制（STV）。2005年5月17日，不列颠哥伦比亚省就公民大会的建议举行公民投票，但投票结果否决了公民大会的建议。相关情况请参考，Mark E. Warren and Hilary Pearse, *Designing Deliberative Democracy: The British Columbia Citizens' Assembly*. Cambridge: Cambridge University Press, 2008.

② 约翰·盖斯提尔、彼得·列文著：《审议民主指南——21世纪公民参与的有效策略》，刘介修、陈逸玲译，台北：群学出版有限公司，2012年，第156页。

速找到存活的空间，并不断获得新的资源和成长的机遇。二是持续的制度创新。我们此处以代表制为例对此进行了讨论，我们看到，温岭的混合代表制既吸纳了西方协商民主的成功经验，又结合中国实际，找到了一条符合中国国情的协商民主代表机制。三是在党和政府的领导下，实现了协商与决策的有效衔接。这一点是非常重要的，协商的目标是为了决策，如果协商不能和决策相衔接，协商就只有公民教育的意义了，其形式内涵就大于实质内涵了，因此，在中国的协商民主发展中，如何优化党和政府对协商民主的领导，提升协商民主的质量，实现协商与决策的衔接，这是一个重要的课题。

第八章　社区协商：广东增城下围村治理困局的破解

进入21世纪以来，学界关于基层民主的研究经历了一个“治理转向”，即从20世纪90年代的以选举为重心到2000年以后的以治理为重心的研究重心的转换，深刻反思民主选举驱动村庄治理这一命题的有效性，转而将四个民主——民主选举、民主决策、民主管理和民主监督作为一个整体来进行研究，强调协商以及宗族、亲属、社会网络等非正式制度对城乡社区治理有效性的影响。[①] 然而，在基层民主研究中，如

① 付建军：《从民主选举到有效治理：海外中国村民自治研究的重心转向》，《国外理论动态》2015年第5期，第82-89页。

何平衡民主选举与选举后的治理这两种不同的研究路径[①]，从而真正地将“四个民主”作为一个整体来加以研究，这仍是一个有待解决的问题。笔者认为，我们可以借用社会学“结构—行为者”的认知框架来重新理解二者之间的关系。从行为者的角度来讲，我们需要关注村庄的社区精英，他们不仅在选举中扮演着重要角色，更是村庄治理的关键主体，通过观察社区精英的产生、结构及其行为，可以透视村庄选举中可能存在的问题，以及村庄治理中面临的各种挑战。事实上，既有的研究也表明，宗族、亲属、社会网络等非正式制度的节点均凝结在社区精英身上，通过研究社区精英的行为，可

① 事实上，即使在2000年后，仍有很多研究在探索如何通过改进选举制度来走出村庄治理困境，如辛秋水：《“组合竞选制”的发展过程和历史价值》，《福建论坛》（人文社会科学版）2009年第10期，第151－155页；李秋高：《团队竞选制：基层民主实践中新的选举模式》，《北京理工大学学报》（社会科学版）2012年第4期，第130－134页；Qingshan Tan, Building Institutional Rules and Procedures: Village Election in China. *Policy Science*, Vol. 37, No. 1, 2004, pp. 1－22。当然，更多的研究则着眼于通过有效的制度化参与来改善治理绩效，如董江爱：《参与、制度与治理绩效的关系研究——村级治理机制及运作效果的比较分析》，《华中师范大学学报》（人文社会科学版）2009年第6期，第28－33页；赵秀玲：《微自治与中国基层民主治理》，《政治学研究》2014年第5期，第51－60页；邓大才：《分权式治理何以形成：对粤、川、鄂、鲁、湘六类村庄的观察和研究》，《中州学刊》2015年第5期，第74－80页；邓大才：《中国农村村民自治基本单元的选择：历史经验与理论建构》，《学习与探索》2016年第4期，第47－59页；Baogang He, Reconciling Deliberation and Representation: Chinese Challenges to Deliberative Democracy. *Representation*, Vol. 51, No. 1, 2015, pp. 35－50。

以有效观察各种非正式制度是如何在村庄治理中发挥作用的。[1] 从结构的角度来讲，我们需要关注村庄治理过程中的制度供给，它是社区精英活动的舞台，也是村庄治理的关键。选举制度的完善与否决定了能否通过选举将正直而有能力的基层精英选拔到领导岗位上，也决定了选举后基层政治的基本结构；民主决策、民主管理和民主监督制度的完善与否则决定了选举后基层治理的质量。从二者的关系上讲，一方面，社区精英在村庄的制度供给中发挥着主导性作用；另一方面，有效的制度安排又可以防止村庄治理过程中的精英主政现象，引导村庄治理从精英主政向协商治理转型。可以说，社区精英和制度供给这两个视角缺一不可，只有从这两个方面及其关系入手，我们才能获得村庄治理的完整画面，理解村庄治理所面临的问题及其出路。

本章以实地调查为基础，试图通过广东增城市下围村“突围”的故事来展示社区协商是如何帮助一个曾经远近闻名的“问题村”走出基层治理困局的。本章分为四个部分：第一部分分析“问题村”形成的原因；第二部分从社区精英的视角，分析基层组织的再造如何为社区协商的发展创造有利条件；第三、四部分则从制度供给的角度，分析村庄公共空间的构建和规则的重塑如何成为社区协商的突破口，并带来村庄治理面貌的彻底改观。在第四部分的最后，笔者会简要

① Lily L. Tsia, Solidary Groups, Informal Accountability, and Local Public Goods Provision in Rural China. *The American Political Science Review,* Vol. 101, No. 2, 2007, pp. 355 –372; Xueguang Zhou, The Road to Collective Debt in Rural China: Bureaucracies, Social Instituions and Public Goods Provision. *Modern China,* Vol. 38, No. 3, 2012, pp. 271 –307.

介绍下围村的制度创新在广东省的扩散情况，并以此来说明制度创新的普适性。

（一）“问题村”的问题何在？

下围村地处广东省广州市增城区石滩镇东南部，与东莞市的石龙镇和石碣镇隔江相望。村域面积约4 平方公里，常住人口约600 户，2169 人；外来人口约1000 人。[①] 由于区位条件优越，下围村成为原增城市改革开放的前沿之一，是经济技术开发区的所在地。20 世纪90 年代初，在大开发、大建设热潮的带动下，下围村占据了天时和地利。但是，就是这样一个在外人看来“想不发展都难”的村庄，在过去的20 多年里竟然一直是一个令上级领导头疼不已、本村村民扼腕叹息的“问题村”。之所以说它令上级领导头疼不已，是因为该村在长达20 年的时间里发生了一系列集体越级上访和群体性事件，上至北京，下到乡镇，远近闻名。2000 年，为了解决上访问题，时任增城市委书记入村蹲点，被愤怒的村民扣住三天不放[②]；之所以说它令本村村民扼腕叹息，是因为在村民眼中，下围村占据具有天时地利，但经济发展无望、村民内斗不已、环境卫生更是脏乱差。饱经其苦的村民曾向记者罗列：2 万多平方米的集体经济项目长期闲置；违章建筑、小五金、

---

① 杜若原、贺林平、罗艾桦：《下围村“突围”》，《人民日报》2015 年5 月8 日。

② 2015 年1 月30 日，郭水满访谈，访谈人：谈火生。

小化工遍地开花；生猪围城、猪场围村、水塘水涌变臭沟……[1]

那么，在过去的20多年里，下围村为什么会变成一个“问题村”呢？笔者认为，主要有以下四个方面的原因：

1. 利益分配不均是矛盾的集中爆发点。下围村98%的村民都姓郭，同宗同族，相煎何急？下围村第三届村民委员会委员郭炽深一语道破天机：说白了，就是“利益”两字。[2] 1992年，原增城市为了满足经济开发区发展建设的需要，征用了下围村1277亩（1亩≈666.67平方米，下同）土地，征地补款带来了巨大的利益，也打开了派系争斗的“潘多拉魔盒”。和全国很多地方一样，由于征地款项分发的不公开、不公正，征地款大多数被村两委非法瓜分，村“两委”和其亲属快速富裕，这为后来的村“两委”矛盾、干群冲突和派系斗争埋下了伏笔。1994年，宅基地分配将矛盾彻底激化，村中形成了以村支书和村委会主任郭水满、郭汝灶为首的既得利益派和以来自村里大家族的郭炽深为首的利益受损派。从此，“两派”之间的斗争成为下围村公共生活的常态。

2. 宗族势力是矛盾激化的社会基础。尽管下围村98%的村民都姓郭，但是，同一宗族之下还有房头的不同，和很多中国南方的村庄一样，宗族势力成为村庄内部社会分歧的基线，也成为村庄政治动员最为方便的工具。基于深层的血缘、亲缘、宗缘等村落社会关系网络，在村落权力配置中发挥着

---

① 宋超、李书龙、谢苗枫：《从“上访村”到村民自治示范村——增城“问题村”蝶变记》，《南方日报》2015年4月2日。

② 杜若原、贺林平、罗艾桦：《下围村“突围”》，《人民日报》2015年5月8日。

重要作用。[①] 郭炽深之所以被推举为利益受损派的带头大哥，就是因为他来自村里的大家族，在房头中有威望，他这个房头占了村中差不多一半的人口。这样，村里 2000 人，正好一半对一半，形成了势均力敌的“两派”。

3. 选举是矛盾激化的催化剂。有研究表明，选举虽然具有赋权效应，但是，它也会催生村庄的派系斗争，从而增加了村庄治理的难度。[②] 在下围村，这一点表现得尤为明显。1999 年，按照广东省的统一部署，下围村举行第一届村委会选举。此举改变了下围村的政治机会结构，选举就像催化剂一样，使得沿着宗族形成的两派矛盾进一步激化。当时由于选举场面的混乱，石滩镇政府不得不请求市里出动约 400 名警察维护选举现场秩序，就连入村指导下围村选举的增城市委书记也被围困在村中几天出不来。从此，村民手中的选票成了派系斗争的工具，两派轮流“坐庄”。但不论谁当选，另一派都群起而攻之；不论决策正确与否，另一派会加以抵制，村里什么事情都办不成。[③]

---

① 李培林：《村落的终结——羊城村的故事》，北京：商务印书馆，2004 年，第 111 – 116 页。有大量研究都表明，宗族在村庄选举和治理中有着举足轻重的影响。赵麟斌、洪建设：《宗族关联视阈中的村级选举》，《福建论坛》（人文社会科学版）2005 年第 8 期，第 124 – 128 页；贺雪峰：《派性、选举与民主规则和民间化》，载李连江、郭正林、肖唐镖：《村委会选举观察》，天津人民出版社，2001 年。

② Yusheng Yao, Village Election and Their Impact: An Investigation Report on Northern Chinese Village. *Modern China*, Vol. 39, No. 1, 2013, pp. 37 – 68.

③ 肖滨、方木欢：《以扩充民主实现乡村“善治”——基于广东省下围村实施村民代表议事制度的研究》，《中共浙江省委党校学报》2016 年第 5 期，第 5 – 10 页。

4. 制度缺失是"问题村"产生的制度根源。无论是从矛盾的起源还是从矛盾的发展来看，最根本的问题还是制度的缺失或制度的失效，制度在下围村形同虚设。从源头上讲，征地款的分配过程不透明、村"两委"违规操作是下围村派系斗争产生的根源。从矛盾的发展来讲，宗族势力主导了村庄的选举和治理，非正式制度架空了正式制度，这是下围村派系斗争愈演愈烈的重要原因。由于制度缺失，群众诉求得不到解决，干部难以受到有效监督，从而引发了一系列群体性事件；同样是由于制度缺失，村民之间、干群之间没有基本信任，面对村庄的公共事务，无论是干部还是村民，遇事先想派系，从而导致下围村长期"有会难开、有事难议、议而难决、决而难行"。

但是，就是这样一个"问题村"，在 2014 年至 2015 年的一年里发生了翻天覆地的变化，从"问题村"摇身一变，成为全省的先进典型，获得了"广州市文明示范村"的称号。这一切是如何发生的？笔者拟从组织再造、公共空间的构建和规则的重塑三个方面来进行分析。

（二）社区精英：社区协商制度的供给者

下围村的"突围"首先得益于村庄组织的再造，而这种组织的再造不仅有赖于村庄内部以两委为中心的权力结构的重新配置，更有赖于上级领导在这一过程中所发挥的重要作用。因此，下围村的组织再造是市、镇、村三级共同努力的结果。

1. 上级对下围村组织再造的领导作用

无论是增城市的领导还是石滩镇的领导，对于下围村的问题一直都十分关注。尤其是石滩镇，历任的书记和镇长都将下围村作为重点关注的对象。在 2014 年下围村的组织再造过程中，石滩镇党委书记潘小航发挥了重要作用。

2013 年 12 月，第六届下围村村级换届选举的前夜，下围村的几个年轻人联名给潘小航写了一封信，信中表达了三层涵义：一是表达了对家乡的热爱；二是对下围村现状的不满；三是希望上级领导能够支持他们参选。潘小航意识到，下围村的村民们对 20 多年来的内斗已经无比厌倦，人心思变。他马上找他们谈话，在沟通过程中，潘小航发现，他们很多的想法和自己“不谋而合”。在这几个年轻人当中，有一个叫郭庆东的年轻人很不错，人正派，有见识，而且人缘好，能为村里不同派系所接受。于是，潘小航动员郭庆东回来参选村委会主任一职。与此同时，由潘小航亲自带队，镇委、镇政府专门去下围村做“两派”的思想工作，他自己有时一天要跑两次下围村①，从而为下围村组织再造创造了非常有利的条件。

2. 村庄内部组织机制的再造

但是，仅有上级的支持还是不够的。从 1992 年到 2013 年，县乡两级的领导一直非常关注、也非常支持下围村的工作，但是，效果不彰，关键还是村庄内部的组织机制和治理

① 2015 年 1 月 30 日，潘小航访谈，访谈人：谈火生。

结构有问题。因此，解决问题的办法还是得从村庄内部入手。

2014年，又是一个选举年，这一年，下围村迎来了转机。一股新鲜的血液注入了下围村领导集体的肌体之中，这股新鲜的血液就是以郭庆东为主体的一批年轻人。2014年1月，在新一届村委会选举中，“黑马”郭庆东以80%的得票率高票当选新一届村委会主任。

郭庆东1978年出生于村里的小家族，这一点很重要，这意味着他所属的房头处于村庄权力结构的边缘。与此同时，他18岁即外出经商，在相邻的东莞市石龙镇做生意，而且生意做得不错，这意味着他基本没有卷入村里的利益斗争。而过去20多年的派系斗争均是以房头来站队，1992年派系形成之时，郭庆东尚未成年；1999年派系斗争激化之时，他在外经商没有参与。他所属的房头居于村庄权力结构的边缘，没有机会从派系斗争中分得一杯羹；他生意做得风生水起，也无意从派系斗争中火中取栗。正是这些因素，一方面使得他得以超脱于村庄的派系斗争之外，另一方面也使得“两派”都能接受他。这是他在选举中能以80%的得票率高票当选的重要原因。正如郭庆东自己所言，他属于中间派，在村中利益牵涉不多，大家都希望选出一个不属于任何一派的“新人”。①

更重要的是，郭庆东为人正派，而且视野开阔。他在外经常差不多20年，看着一河之隔的东莞，那些比下围村开发得晚的村庄发展迅速，而自己的家乡却因为内斗而贫穷、散

① 付伟：《一场治理“魔术”点开多个关键“穴道”》，《农民日报》2017年6月16日。

乱、矛盾频发，心里很不是滋味。作为下围村人，他很想通过自己的努力改变村庄的面貌。为此，当潘小航动员他回来竞选村委会主任时，他毫不犹豫地将东莞的生意交给媳妇打理，自己一心一意地准备回来建设家乡①；他当选后，当潘小航郑重地问他是否愿意放弃个人的利益和权力时，他也毫不犹豫地表示愿意，并以实际行动来证明。在选举后的第一次村民代表大会上，郭庆东就放出头炮——将村里财务公开，这是下围村 20 年来头一次。② 下围村过去的主要矛盾就是利益之争，而其中关键在于村干部权力太大，村委会在民主决策和民主管理方面制度落实不够，办事不透明，因此无法赢得村民的信任，派系斗争由此而起。郭庆东当村主任第一件事就是要放权，把权力还给村民代表大会，按照四个民主的要求办事，将村民自治落到实处。

当然，村庄的权力结构其实是一个双螺旋结构，一方是村委会，一方是村支部。村庄治理结构的优化不仅仅是村委会的事，更重要的是这个双螺旋结构本身的优化。很多村庄的问题其实出在“两委关系”上。③ 在全国很多地方，都是通过“一肩挑”、“两票制”或“两选联动”的方式来化解“两委”之间的矛盾。④ 但是，下围村一直没有采取这种方式，而

① 2015 年 1 月 30 日，郭庆东访谈，访谈人：谈火生。

② 杜若原、贺林平、罗艾桦：《下围村“突围”》，《人民日报》2015 年 5 月 8 日。

③ 景跃进：《当代中国农村“两委关系”的微观解析与宏观透视》，北京：中央文献出版社，2004 年。

④ 郭正林：《中国农村权力结构的制度化调整》，《开放时代》2001 年第 7 期，第 34 – 40 页。

是在宗族这一基本社会条件的制约下，通过不同派系分掌两委的方式来平衡两派的利益。但是，这一做法没有取得预期的效果。

幸运的是，郭庆东当选后和老支书郭水满在突破利益格局、消除派系斗争的问题上高度一致。在讨论村庄议事规则是，有村民代表提出，村“两委”议事时可以提出议案，但不应参与投票表决，因为村干部一举手同意，可能会对与会代表构成压力，造成跟风举手的现象。郭庆东拿不准，去跟郭水满商量，一开始还担心他会不同意，没想到老支书“人老脑筋不老”，当即表示支持：“过去的内斗，就是我们村干部总把自己的利益想在前头，要想扭转，首先我们村干部要突破自己的小集团利益，超越狭隘的权力观。”[①] 这样，一老一少，构成了下围村“突围”的领导核心。老支书郭水满自2002年开始担任下围村党支部书记，人称“村中一宝”，对村子的历史沿革、大小事务了如指掌；新主任郭庆东年轻有为，在外闯荡多年，见多识广。两人在大局观上高度一致，在知识、经验上优势互补。

（三）公共空间的构建：社区协商的基础工程

有学者根据人们在公共空间中所从事的活动性质，将村庄公共空间划分为三种基本类型：神异性公共空间、日常性

① 杜若原、贺林平、罗艾桦：《下围村“突围”》，《人民日报》2015年5月8日。

公共空间和政治性公共空间。在神异性公共空间中人们主要从事祭祖坟和赶庙会等仪式化的活动；而在日常性公共空间中人们主要从事生产和生活等日常的交往和交换活动；政治性公共空间则主要用于处理村庄公共事务。[①] 笔者所说的公共空间主要在狭义的意义上使用，即专指政治性公共空间。它首先是一个有形的物理空间；其次，它指在这个物理空间中所构建出来的政治空间。公共空间的构建为村庄公共生活提供有形的场所。在这个公共空间中，通过制度化的活动，村民在参与村庄公共事务的过程中培养了民主协商的精神，从而为民主决策、民主管理和民主监督奠定了良好的基础。

下围村在过去20多年的历史上，村庄治理之所以混乱，一个重要的原因就是村庄公共空间的缺失：选举需要数百名警察了维持秩序；村民代表大会在村里开不下去，要租用大巴车将村民代表拖到外地开会。在派系斗争的影响下，政治和社会意义上的公共空间被打碎了，整个村子不再是一个共同体，村民们被撕裂，没有办法“共同”处理“公”的事务。新班子搭建起来后第一件事就是重新构建村庄公共空间——建设了一个300多平方米的村民议事大厅。对此，镇里特别支持，专门拨款40万元，用于议事大厅的建设。潘小航算了一笔账，这笔钱远远低于地方政府每年在一些村维稳和化解矛盾所花费的成本，就等于把维稳经费转化成了基层法治建设、民主建设的投入。[②] 当然，这只是经济上的投入，笔者更关注

① 王玲：《村庄公共空间：秩序建构与社区整合——以川北呈村为例》，华中师范大学2008年硕士学位论文，第8页。

② 2015年1月30日，潘小航访谈，访谈人：谈火生。

的是这笔投入在政治上的产出。从村庄公共空间的角度来观察，下围村的村民议事厅有几个方面的特点值得关注。

1. 空间布局上的象征意义

下围村村民议事厅的空间布局上很有特点。首先，功能分区。300 平方米的村民议事厅分为六个功能区：主持席、代表席、列席席、旁听席、监督席、发言席。主持席位于会场的前方中央，是村两委成员的坐席；代表席位于会场的后方，是全村 69 名村民代表的坐席；列席席、旁听席和监督席位于会场前方两侧的位置，是村务监督委员会成员和前来旁听的普通村民的坐席；发言席位于会场最前方大屏幕的位置。整个布局功能清晰、结构完整。

其次，空间层次。整个会场分为前后两个部分，前低后高，与国外议会的布局相似。这样的空间布局从根本上改变了过去领导在上群众在下的会场形式，一变而为领导在下群众在上。这样的空间布局从视觉效果上将人民当家作主和人民公仆的理念形象地表达出来。同时，两旁的监督席和旁听席也将干部的一言一行置于群众的监督之下。与这一空间布局相匹配的是，在会场后面的墙上张贴着习近平总书记的语录："要坚持用制度管权管事管人，抓紧形成不想腐、不能腐、不敢腐的有效机制，让人民监督权力，让权力在阳光下运行，把权力关进制度的笼子里"。这样的搭配不仅具有很强的象征意义，而且具有现实的效果，当两委成员坐在较低的位置，需要抬头仰望村民代表时，其心理上的压力会时时提醒他，要为人民服务，而不能像以往那样"总把自己的利益想在前头"。

2. 会场布置的仪式感

下围村村民议事厅的会场布置也很有特点。在议事厅的前方，摆着两台用来演示幻灯片的大屏幕电视，正对面的后方墙上张贴着《石滩镇下围村村民代表议事制度》，整个会场布置营造出一种庄严、肃穆的氛围。不仅如此，按照议事制度的规定，与会人员需佩戴牌证对号入座。这个小小的规则非常重要，与会人员佩戴牌证的动作就类似于人类学中的“过渡仪式”（The Rites of Passage）①，佩戴上牌证就意味着一种社会身份的转换，牌证明确地告知村民：你已经从一个日常生活的空间进入了一个神圣的政治空间，你必须调整你和其他人之间的互动模式，重新界定你们之间的权利义务关系。在会场之外，你们可能是亲戚、好友，但是，在会场之内，你们是村民代表、村务监督委员会委员或“两委”成员。你必须重新调整身心状况，以便肩负起新身份的责任；必须表现出适当的行为，以符合这种政治身份的要求。一个看似平常的动作不仅让村民代表们体会到人大代表走进人民大会堂时的庄严感和自豪感，而且能有效预防过去村民代表大会时常见的弊端：人们按照宗族关系、亲疏远近扎推坐，上面开大会下面开小会。对号入座将自然的人际网络挡在门外，避免它们干扰民主政治的运行，这与温岭等地摸乒乓球随机分组有异曲同工之妙。

为了保证议事会议的正常进行，下围村还建立了会议纪

① 阿诺尔德·范热内普：《过渡礼仪》，张举文译，北京：商务印书馆，2010 年。

律处罚制度，对参会人员违反会议纪律情形实行红黄牌警告制度。根据议事制度的相关规定，经会议主持人和村“两委”提议，并且超过参会村民代表总数的三分之二以上投票决策通过，红黄牌警告给予才会有效。只要累计2次黄牌警告或者收到1次红牌警告的村民代表，停止1次表决权和议事权；列席人员停止1次议事权。给予警告的主要情形有：在村民代表会议现场恶意谩骂参会人员、抢夺村民代表会议麦克风阻挠参会人员发言、阻碍村民代表会议参会人员进入会议现场等。[①] 会议纪律处罚制度增强了会议的仪式感，让村民们体会到议事是一件非常神圣的事情，非同儿戏。

3. 公共空间的透明度和公共性

下围村的议事大厅是非常现代化的，专门配置了电脑、电视、视频监控、电子表决器等设施，会议全过程录音、录像。村民代表会议的整个过程，都通过村庄闭路电视和微信平台同步公开播放，下围村全体村民，包括在外打工的村民都可以通过各种电子设备观看会议进程情况。这将村庄公共事务的决策过程不仅置于村民监督小组和现场旁听的群众的眼皮子底下，还置于全村村民的眼皮子底下，充分体现了基层治理的公共性，增加了透明度。这不仅对村干部的行为是一种强有力的约束，它对于与会的村民代表和旁听的普通村民也是一种强有力的约束，因为在一个熟人社会中，“面子”

① 《石滩镇下围村村民代表议事制度》。

所构成的舆论压力是非常强大的。[1] 透明度与佩戴牌证一道有效地转化了普通村民的行为方式，使之自觉地注意自己的形象、遵守会议规则。

尤其值得一提的是，下围村建立了村务微信问政平台，这是一个无形的公共空间。凡是经过村民代表会议通过的决策结果，要使用村务微信问政平台、村务公开栏或者村广播站等形式给予公示和公告，全村村民，无论是仍然住在村里，还是外出务工，均可通过微信问政平台来了解，并进行监督。以微信问政平台等为载体的村务公开制度不仅有利于增强村民代表会议的权威性，同时也有利于调动村民参与村庄公共事务的积极性，提高村民对村民代表大会的认同感，成为村庄公共空间的重要组成部分。

通过村庄公共空间的构建，村干部和村民们的行为方式也慢慢发生了变化。过去两委闭门决策、自己说了算的情况没有了，所有的公共事务都是大家说了算；过去一开会老少妇孺在会议现场吵闹、甚至躺在地上撒泼、将议事会变成演武堂的现象没有了，无论是村民还是村民代表都按照议事规则行事，守规矩、讲文明；过去那种干部、群众形同路人的尴尬没有了，大家齐心协力，为村里的公共事务忙前忙后。2015 年 11 月 15 日，下围村召开村民代表大会讨论生态墓地建设的问题，宽敞的议事大厅坐得满满的。十多名在外地务

① 笔者在吉林安图的群众诉求服务中心的运作中也看到类似的效果，由于评理过程电视直播，参加评理的人的行为举止发生明显变化，语言更加文明，诉求也更加理性、温和。

工的村里人，也特意从广州市区、东莞、梅州等地赶回来旁听。[①]

（四）规则重塑：社区协商的突破口

早就有学者指出，即使有高质量的民主选举，也不一定能提高村庄治理的民主性，因为民主管理的制度规则在村庄治理中无法有效发挥作用。[②] 规则在基层治理中的重要性是不言而喻的，下围村“突围”最引人注目的也是其规则的重塑。如果说公共空间的构建为“突围”奠定了基础的话，那么，规则的重塑则成为“突围”的突破口，因为正是靠规则才让社区协商真正成为可能，并让基层治理取得成效。

1. 社区协商规则的制定

规则之治首先得有规则，而且是好的规则。这就不得不提石滩镇党委书记潘小航了。潘小航毕业于中南财经政法大学，学法律出身，对规则有天然的敏感。2014 年春夏时节，他带着一班人，在研究村民委员会组织法等法律法规的基础上，制定出一套全新的民主议事制度草案。[③]

---

① 谭秋明、印锐：《“下围村模式”：村民议事新范本》，《广州日报》2015 年 11 月 16 日。

② Zongze Hu, Power to the People? Villages' Self-rule in a North China Village from the Locals' Point of View. *Journal of Contemporary China*, Vol. 17, Issue 57, 2008, pp. 611 – 631.

③ 2015 年 1 月 30 日，潘小航访谈，访谈人：谈火生。

草案拿回村里，村两委成员和村民代表们一条条讨论，同意一条就通过一条，不同意的就当场划掉。经过多次讨论，这套新的民主议事制度最终顺利通过。在此过程中，增城区委书记欧阳卫民一直非常关心这项工作。在来增城之前，他就通过群众的信访信件深深体会到："基层的这些矛盾，跟村务不公开、不透明直接相关，跟少数干部不善于民主商议、没有民主决策分不开。"因此，他全力支持下围村的社区协商民主探索，先后7次到村里，和村干部、村民代表一起对制度的细节反复讨论，提出多条建议，细到村民代表开会时的着装、会场的布置等。[①]

可以说，下围村的村民议事规则凝聚着市、乡、村三级领导和村民代表的心血，其中，有很多规定是非常有创新性的。例如，"村两委议事时可以提出议案，但不应参与投票表决"，这条由农民自己提出的议事规则就很有意思，它暗合了现代政治学中的"分蛋糕"原理。切蛋糕者不能先拿，这样保证他能将蛋糕切得均匀；要消除权力所具有的无形的压力对投票的干扰，保证参与者平等参与的权利。事实证明，这套在实践中摸索出来的办法是非常有效的。

2. 社区协商规则

和几年前参照罗伯特议事规则制定出来的"南塘十三条"相比，它带有更多的乡土气息。下围村的村民议事规则并不复杂，但却包括了从协商议题产生到协商成果运用的完整链

① 杜若原、贺林平、罗艾桦：《下围村"突围"》，《人民日报》2015年5月8日。

条。下面我们对其中几个比较有特色的规定略加分析：

（1）协商议题的产生。村民代表会议的协商议题一般由村“两委”在充分搜集村民利益诉求的基础上提出，也可以由村民代表向村“两委”进行反映，经村“两委”联席会议充分协商后形成，但无论哪种方式产生的初步议题方案都需提交村民代表会议审核。协商议题和相关的方案要提前3天，通过村务微信问政平台、村广播站或者村务公开栏等形式向村民公示。这样的协商议题产生机制一方面保证了党对基层社区协商的领导，一方面又充分保证了村民的知情权，使协商建立在充分了解相关信息并深思熟虑的基础之上。与此同时，在公示期间，“两委”成员和村民代表要主动征集村民对协商议题的意见建议，这就将会上的协商和会下的沟通紧密结合起来，保证协商建立在广泛的民意基础之上，为后期协商成果的落实奠定了基础。

（2）协商密度的增加。下围村平均一个月召开一次村民代表大会，此举打破了村民委员会组织法规定的平均三个月左右召开一次村民代表会议的规定。而且，如果遇到特殊情况，经村“两委”提议，村民代表会议可以随时召开。[①] 事实上，下围村的村民代表大会的频率远远超过每月一次，仅2014年5—12月，就召开了18次。

（3）绝对多数规则的运用。下围村村民代表会议的有效门槛较高，参会人数必须超过全体村民代表总数的三分之二以上才算有效；决定村务事项也必须有超过参加会议的村民代表总数的三分之二以上同意才有效；村民代表会议给予红

① 《石滩镇下围村村民代表议事制度》。

黄牌警告，也必须有超过参加会议的村民代表总数的三分之二以上同意才有效。[1] 我们发现，下围村在做出重大决定时不是采用通常的简单多数规则，而是采用的绝对多数规则，这一方面体现了协商民主所要求的审慎精神，另一方面也能使决策的民意基础更加坚实，有利于协商成果的有效落实。

（4）发言制度的细化。村民代表和列席人员都可以申请5分钟的发言时间和3分钟的补充发言时间。如果有不同的意见，可以公开进行讨论。而且，所有的发言人必须走到发言席上发言。这既让与会人员充分的表达自己的观点，又提高了会议的效率，保证了协商有序而高效的运行。

3. 协商成果的落实

协商成果的落实对于基层社区协商来说是非常重要的。和政协协商、人民团体协商和社会组织协商等咨询型协商不同，社区协商属于决策型协商，协商的成果本身就是决策，而不是建议。是决策就要执行，如果协商形成的决策得不到有效执行，协商不仅浪费资源，而且会极大地挫伤村民的积极性，它会比没有协商还坏。

可喜的是，我们在下围村看到的是，协商的成果均得到了有效的落实，有两个例子很能说明问题。

一个例子是提前中止不合法的租赁合同。下围村里有个海龙商贸城，底商当时由以前的村干部以权谋私租给自己的亲信，再由他们转租拿差价，村民们对这一历史遗留问题意见很大。2014年，村民代表大会将这个问题列为正式议题，

① 《石滩镇下围村村民代表议事制度》。

70%的村民代表赞成将其收回，实施改造后再整体出租，为村集体增加收入。可承租铺面的村民不干了，说郭庆东忘恩负义，刚当选就拿他们开刀。外地租户以合同没有到期为由，围攻郭庆东，扬言要告到法院。郭庆东不为所动，他死咬“租赁合同未经村民代表大会通过，不合法”这一条不放，耐心地做承租村民和外地租户的工作。最终，民意难违、众怒难犯，在强大的舆论压力下，承租村民和外地租户都主动放弃了。[①]

另一个拆除违章建筑的例子则涉及面更广。2014年，村民代表大会决定修建沙庄公园。尽管沙庄公园的选址是村里的公用地，但是，在过去的20年中，沙庄公园的选址被村民们一点点地蚕食了，而且在上面盖满了违章建筑。以前村里多次想收回来，但“两派”斗来斗去，根本干不成。这次要建公园就必须拆除这些违章建筑，拆除违章建筑必然触动村民们的利益。但是，让下围村“两委”欣慰的是，200多户村民自觉完成了青苗清理和违建自拆，还有十几户为了集体利益，甚至忍痛迁出了祖坟，腾出了近200亩土地。而且，整个拆迁只用了一个月，村里没有花一分钱。老支书郭水满不禁感慨：“这简直是一个奇迹，在过去花2000万都搞不定”。用郭庆东的话来说，“这就是民意的力量！”[②]

从这两个案例中我们看到，社区协商逐步培育了村民平等协商、尊重规则的精神和落实协商成果的习惯。

---

① 贺林平：《下围村的基层治理实验》，《人民日报》2016年10月18日。

② 谭秋明、印锐：《“下围村模式”：村民议事新范本》，《广州日报》2015年11月16日。

在协商成果的落实方面，下围村还有一个值得一提的优点，那就是法治意识。下围村还聘请了3名法律顾问，确保村民代表大会做出的每一项决策都符合党的路线方针政策和国家的法律法规。村里有块300亩大小的地块，种水田不赚钱，村民提议，先拿出十几亩来盖房子出租。但律师向村委会提出，这300亩地属于国家基本农田保护区范围，私自变更为建设用地是违法的。因此，尽管这一提议获得了较多赞成票，但这条议题最终被否决了。[①]

仅2014年一年，下围村就召开了村民代表大会18次，商议议题38个，表决通过事项37项，否决事项1项。表决通过的议题无一受到村民恶意阻挠。[②] 这不能不说是一个很大的进步。下围村的实践也验证了协商民主可以有效提高决策合法性、降低决策执行成本的观点。正如古语所言：磨刀不误砍柴工，非民主的决策看起来很快，但在执行过程中往往遭遇阻力，甚至执行不下去；而民主决策尽管前期要花大量的精力，但一旦做出决定，决策能赢得村民的理解和支持，从而大大提高决策执行的效率。

通过推行“民主商议、一事一议”新模式，下围村实现了华丽转身：经济发展了，环境改善了，历史遗留问题也一一得到了清理，最重要的是，干群关系改善了，下围村村民对第六届村“两委”成员的满意度极高，村里不管是年轻人

① 杜若原、贺林平、罗艾桦：《下围村“突围”》，《人民日报》2015年5月8日。

② 肖滨、方木欢：《以扩充民主实现乡村“善治”——基于广东省下围村实施村民代表议事制度的研究》，《中共浙江省委党校学报》2016年第5期，第5－10页。

还是老人，说到村“两委”成员时，都是赞不绝口。在2017年的换届选举中，再次参选的郭庆东的得票率从三年前的80%上升到了96%。[①] 这一超高的得票率是很能说明问题的。而且，和谐的干群关系向社会生活延伸，以前对立的“两派”村民现在也能坐在一起下棋、打牌、闲聊，笑声不断，关系非常融洽。[②]

更可贵的是，下围村的经验是可复制、易推广的。2015年4月，增城区印发《关于进一步加强村民议事厅建设的指导意见》，在全区推广下围村的“民主商议、一事一议”新模式，截至2017年上半年，全区已建成村（居）民议事厅341个。2015年12月，下围村的社区协商经验写进了广州市“十三五”规划，在全市推广。广州市以下围村为模板，指导各村（居）制定、完善村民代表会议制度、社区议事会制度。截至2017年上半年，全市成立实体议事厅789个，其中村民议事厅403个，累计开展协商议事8891次，议事事项12547个，形成决议11460个，已落实的决议10751个，办结率达93.8%。[③]

在下围村的案例中，我们看到，在社区协商的健康过程发展中，社区精英和制度供给缺一不可。没有社区精英，制度供给是无源之水。下围村过去20多年的内斗问题就处在领

---

① 付伟：《一场治理“魔术”点开多个关键“穴道”》，《农民日报》2017年6月16日。

② 2015年1月30日，郭水满访谈，访谈人：谈火生。

③ 罗宗毅、李作钦、郭鲁江：《农村基层群众自治模式的优化和发展——基于广州市增城区石滩镇下围村民主议事制度改革创新的分析》，《学习时报》2017年9月15日。

导班子身上；下围村2014年开始的“突围”靠的也是一个好的领导班子。没有郭水满和郭庆东的黄金组合，村民议事规则的产生及其有效运行都是不可能的。因此，在下围村模式的推广过程，还要注重基层组织建设，加强对基层组织的培训，否则，就算拷贝了下围村的制度，它也不一定能有效运行起来。与此同时，制度供给也是非常重要的，没有好的制度，仅靠社区精英个人的力量也是有限的。在没有制度支撑的情况下，老支书郭水满也独木难支。因此，在下围村模式的推广过程中，要鼓励不同的社区根据自身情况，大胆创新，进一步加大制度供给的力度，为社区协商的深化提供更强有力的动能。在这方面，云南盐津的做法非常有参考价值。当云南省将盐津作为参与式预算改革的试点时，盐津从一开始就有意在各乡镇尝试不同的制度规则，在代表产生方式、投票规则、项目入选标准、村民参与等方面，进行多元化的试验，以观察和摸索更好的制度效果。① 这种有意识的多元化试验对于累积改革经验、深化扩展模式是非常有意义的。广东省在推广下围村模式时，也可以采取类似的策略，通过有意识的多元化试验来积累经验，进一步完善下围村模式，而不是“一刀切”。

① 贾西津：《参与式预算的模式：云南盐津案例》，《公共行政评论》2014年第5期，第47－65页。

第九章　社会组织协商：多案例的比较研究

“社会组织协商”是2015年2月中共中央印发的《关于加强社会主义协商民主建设的意见》中的一个新提法，《意见》指出，“探索开展社会组织协商。坚持党的领导和政府依法管理，健全与相关社会组织联系的工作机制和沟通渠道，引导社会组织有序开展协商，更好为社会服务”。[①] 目前，学界对这一新提法还缺乏足够的研究积累，在调研中，实务部门也对这一新的提法存在诸多的困惑。因此，对社会组织协商的内涵、特点、类型等基本问题进行学理上的探讨，并在此基础上对中国社会组织协商的现状和问题进行剖析，不仅在学术上非常必要，而且在实践中具有紧迫性。

① 《中共中央关于加强社会主义协商民主建设的意见》，《人民日报》2015年2月10日。

（一）社会组织的内涵、特点和类型

社会组织协商是一个新概念、新提法，《意见》本身对社会组织协商是什么、有什么特点、包括哪些类型等问题均没有详细的表述，学术界对此也缺乏深入的研究。在此，我们尝试对社会组织的内涵、特点和类型做一个初步的分析。

1. 社会组织协商的内涵

我们认为，社会组织协商是社会组织在党的领导和政府依法管理的前提下发起、组织或参与的协商民主活动。这个简明的定义既兼顾了协商民主各渠道的共性，又突出了社会组织协商的特性。作为协商民主的有机组成部分，社会组织协商必须满足协商民主的一般性要求：（1）前提：坚持中国共产党的领导；（2）协商内容：改革发展稳定重大问题等公共议题，以及涉及群众切身利益、尤其是社会组织成员的切身利益等实际问题；（3）协商程序：在决策之前和决策实施之中开展广泛协商；（4）协商原则：平等、理性、包容、公开；（5）协商目标：努力达成共识。与此同时，社会组织协商有其自身的特殊性：（1）社会组织协商必须在政府依法管理的前提下有序开展，这是社会组织协商区别于政党协商、人大协商、政府协商、政协协商的特点，也是民政部门必须在社会组织协商建设中发挥重要作用的依据。（2）由社会组织发起、组织或参与。其中，由社会组织发起和组织，这是社会组织协商最重要的特征，是社会组织协商区别于其他协商渠道的根本所在。社会组织参与的协商民主活动则是社会组织协商与其他渠道协商相互衔接的部分。从这个意义上讲，社会组织协商有狭义和广义之分，狭义的社会组织协商专指由社会组织发起和组织实施的协商民主活动；广义的社会组织协商还包括社会组织参与其他渠道的协商民主活动。

笔者采用的是广义的社会组织协商概念，这主要是出于两个方面的考虑：一是为了更好地贯彻《意见》的精神，广义的社会组织协商概念更充分地体现了《意见》关于“发挥各协商渠道自身优势，做好衔接配合”的要求；二是广义的社会组织协商概念更好地体现了社会组织协商的阶段性特点。在调研中，社会组织反映最强烈的问题就是参与协商的渠道不畅，因此，取广义的社会组织协商概念更易在实践中找到促进社会组织协商的着力点，有效推进社会组织协商的发展。

2. 社会组织协商的特点

与其他渠道的协商相比，社会组织协商有五个突出的特点：

第一，协商范围的广泛性。社会组织协商纵向贯通、横向弥散。在纵向上，社会组织协商贯通上下，可以在超国家层次、国家层次和次国家层次上开展协商活动。相比较而言，政党协商、政协协商主要局限于国家层次；人大协商可以延伸至基层，但一般也不会进入超国家层次；基层协商则局限于基层，不可能进入国家层次和超国家层次；只有政府协商可以贯通三个层次，但与社会组织协商的作用机制不同。在横向上，社会组织协商遍布于社会的每个角落，沿着不同的组织脉络，社会组织协商可以将不同的人群组织起来，有序开展协商活动。

第二，协商内容的丰富性。几乎所有的议题都可能成为社会组织协商的内容。相比较而言，政党协商和政协协商的内容主要是政治性议题，人大协商的内容主要是与立法相关的议题，政府协商的内容主要是与公共政策的制定与执行相关的议题，基层协商的内容主要是与老百姓日常生活息息相关的议题，但由于社会组织本身的多样性，所有这些议题都可能成为社会组织协商的内容。与此同时，社会组织协商还有一些独特的内容，如社会组织的内部事务。

第三，协商议题的前瞻性。社会组织扎根社会，往往比位居权力中心的政府部门更能敏锐地察觉并识别各种新的问题，并在此基础上提出具有前瞻性的协商议题。从世界范围来看，过去几十年中一些重大议题的提出几乎都是由相关的社会组织首先提出的，例如：日益加剧的核军备竞赛；和平利用核能、基因研究的风险；森林毁灭、水质污染、物种灭绝等生态危险；日益凸显的移民问题，以及与之相关的多元文化冲突等，都是由倡议型社会组织提出，通过媒体的推动，最后才进入政府的议事日程。在中国，全国工商联和各地工商联提交的政协团体提案，大部分是由各类商会首先提出的。[①]

第四，协商活动的自发性。社会组织属于志愿性组织，它们或者是对特定的公共问题感兴趣（如公益型社会组织），或者由于业缘、地缘等原因具有共同的利益（如行业协会商会、社区社会组织），因此，社会组织对协商活动具有强烈的

① 杨卫敏：《关于社会组织协商的探索研究》，《重庆社会主义学院学报》2015 年第 4 期，第 77 – 86 页。

兴趣，它们会主动发起和组织针对相关议题的协商。对于其他渠道的相关协商活动，社会组织也会主动要求参与。这与其他渠道形成强烈对比，其他渠道开展协商活动时，常常会出现参与意愿不足的问题，民众不愿花时间、精力来参与协商。尤其是通过抽样产生的代表，有时出席率非常低。

第五，协商成果的专业性。绝大多数公益类社会组织、行业协会商会类社会组织、学会和智库类社会组织都是专业性的，这些社会组织本身就是某一行业或领域的专业化组织，社会组织成员中的很多人就是某行业或某领域的顶级专家，对该行业或领域的发展状况及其存在的问题十分了解。因此，社会组织协商的一个重要特点就是，其协商的专业化程度很高，其协商成果对于相关行业或领域的发展规划、行业标准的制定具有很高的参考价值。

3. 社会组织协商的类型

我们可以按照两个维度来对社会组织协商进行分类，第一个维度是协商议题，是公共议题还是社会组织内部事务；第二个维度是社会组织在协商中的地位和作用，协商活动是由社会组织主动发起和组织的，还是由其他主体发起和组织、社会组织参与的。按照这两个维度，我们可以将社会组织协商分为三种类型：

社会组织协商的类型

	主动发起	被动参与
公共议题	Ⅰ 公共议题协商	Ⅲ参与其他渠道协商
内部事务	Ⅱ组织内部公共事务协商	

社会组织协商的第一种类型是由社会组织发起和组织的关于公共议题的协商。这种类型的社会组织协商有两个特征。

第一个特征：协商由社会组织发起和组织。尽管协商活动的参与者可能不限于社会组织及其成员，也可能包括政府官员、企业代表、专家学者和普通公民，但是，协商活动是由社会组织主导的。

作为发起者和组织者的社会组织既可能是专门从事协商民主活动的专业协商组织，也可能是普通的社会组织。前者如美国的协商民主研究中心、杰斐逊中心、学习圈资源中心、国家议题论坛，以及丹麦的科技委员会基金会等，它们建立的目的就是组织各种协商活动，探索协商民主的实现形式。这些专业协商组织对协商民主的发展起到了很重要的示范和推动作用，尤其是在协商民主的技术和制度化方面进行了有益的探索。后者如自然之友、中国台湾的促进和平文教基金会、欧洲社会论坛等公益类社会组织、智库类社会组织，它们的成立不是为了组织各种协商活动，而是各自有着明确的奋斗目标，有些是关心环保、贫困、教育普及、转基因、青少年暴力等现实问题，有些则追求和平、正义、性别平等、族群平等、可持续发展等抽象的价值目标，也有一些社会组织的目标可能是综合性的。这些社会组织在实现自身目标的过程中，它们会运用协商民主的方法就各自关心的公共议题开展协商活动，并将协商结果提交立法、行政等相关部门，供其决策时参考。

第二个特征：协商议题是公共议题。协商活动尽管是由社会组织发起和组织，但协商议题不是局限于社会组织内部事务，而是公共议题。而且，这些公共议题既可能是国家层次的，也可能是超国家层次或次国家层次的；既可能是现实议题，也可能是价值议题。关于价值议题的协商在国外的协商活动中比较常见，在中国则相对较少。例如，美国的学习圈资源中心（Study Circles Resource Center）就致力于在不同层级开展关于价值议题的协商活动。1993 年，中心在俄亥俄州的莱马市发起了第一个社区型学习圈计划，数百人参与到关于种族歧视和族群关系的协商对话中。[①] 2011 年又举办了“一个国家，多元信仰：宗教多元化民主”的协商活动。[②]

社会组织协商的第二种类型是由社会组织发起和组织的关于组织内部公共事务的协商。这种类型的社会组织协商有两个特征。第一个特征：协商由社会组织发起和组织。但是，与第一种不同的是，在第二种类型的社会组织协商中，作为发起者和组织者的社会组织没有专业协商组织，都是一般的社会组织。需要注意的是，尽管协商的是社会组织的内部公共事务，但是，协商过程不排除外部力量的参与。例如，2007 年 5 月由中国物流学会和中国国际货代协会联合主办的“促进快递物流业发展座谈会”，国家邮政局相关司局的负责人也来参加。[③] 同时，社会组织内部公共事务的协商不局限在社会组织内部，它可能跨出社会组织之外，与政府相关部门进行

---

① 约翰·盖斯提尔、彼得·列文著：《审议民主指南——21 世纪公民参与的有效策略》，刘介修、陈逸玲译，台北：群学出版有限公司，2012 年，第 283 页。

② http://www.studycircles.org/resources/one - nation - many - beliefs - talking - about - religion - diverse - democracy.

③ 《“促进快递物流业发展”座谈会在京召开》，《中国行政管理》2007 年第 7 期。

协商，如深圳福街商家联谊会。[①]

第二个特征：协商议题是社会组织内部公共事务。这些内部事务既可能是单一社会组织的内部公共事务，也可能是社会组织之间的公共事务；既可能是协调性事务，也可能是政策性事务。

需要指出的是，社会组织内部公共事务不包括一般性的日常管理事务。社会组织在日常管理过程中尽管也可能会出现管理部门与成员之间的沟通，或成员与成员之间的沟通，但是，这些沟通行为不是社会组织协商所指的“协商”活动。社会组织协商所指的内部公共事务协商是指当社会组织及其所处的环境出现了异常的变动，社会组织在因应变化、寻求解决方案时所开展的协商民主活动。如果将社会组织日常管理过程中的协商都当做社会组织协商，就会将协商民主泛化，从而使其失去意义。

社会组织协商的第三种类型是社会组织参与其他渠道的协商。按照十八届三中全会和《意见》的要求，要构建“程序合理、环节完整的协商民主体系”，社会组织积极参与其他渠道的协商是这一战略布局的重要组成部分。可以说，其他六个渠道的协商，社会组织均可参与其中，也应该参与其中。这种类型的社会组织协商与前面两种类型之间的最大差别在于，前面两种类型都是由社会组织发起并组织的，社会组织在其中发挥着主导性作用；而第三种类型协商的发起方和组织方都不是社会组织，社会组织只是参与而已。与此同时，

① 陶庆：《协商民主中相互赋权的和谐社会——以深圳市福街商家草根组织为例》，《济南大学学报》2006 年第 1 期，第 1－9 页。

第三种类型的协商议题一定是公共议题，而不可能是各渠道的内部事务，更不可能是社会组织的内部事务。

社会组织参与其他渠道的协商有不同的形式，程度有深有浅。它可能是浅层次地参与，仅仅作为参与者反映组织成员的利益诉求，或提出建设性的意见建议；也可能是深度介入，承担部分组织功能，与其他渠道合作开展协商活动。在绝大多数时候，社会组织参与其他渠道的协商都属于浅层次参与。

社会组织深度参与其他渠道的协商有以下几种情况：一是在政党协商或政府协商中，政党或政府通过购买服务的方式，委托社会组织来组织协商活动。例如，德国的规划小组，其协商活动就是由政府资助，政府与规划小组签订契约，政府出资，规划小组负责组织，同时，政府必须考虑并正式回应规划小组的协商结果。在这种情况下，尽管协商活动是由政党或政府部门发起，但是，却是由社会组织来具体组织实施①；山东省潍坊市教育局就教育督导政策调整、有偿家教管理等多项政策，委托潍坊创新教育政策研究院来组织协商和听证。② 二是在政府协商中，由政府与社会组织联合组成执行团队，共同开展协商活动。中国台湾地区 2002 年举办的全民健保公民会议由“行政院卫生署”发起并组织，但是，其执行委员会除了行政人员外，还有来自社会各界的代表，其中有 3 人是社会组织成员，他们分别来自残联、医师公会和公益

① 谈火生、霍伟岸、何包钢著：《协商民主的技术》，北京：社会科学文献出版社，2014 年，第 33 页。

② 王清林、唐伟：《第三方参与让教育行政“更接地气”》，《中国教育报》2014 年 3 月 18 日。

基金会。通过执行委员会，社会组织直接介入政府协商的组织过程[①]；三是在基层，社会组织协商在有些情况下可能与基层协商融为一体。例如，吉林省长春市宽城区长山社区是一个老、旧、散、弃小区，小区居民对物业的管理不满，经过协商，相继于 2002 年、2004 年、2009 年三次解聘物业公司。最后由社区和居民协商成立“长山社区自治管理委员会”来自主负责小区物业管理和小区的治理，通过召开多方协商工作会议来协调小区事务，居民非常满意。[②] 在这种情况下，社会组织协商和基层协商合二为一。

那么，这三种类型的社会组织协商之间是什么关系呢？第一种类型和第二种类型是社会组织协商的核心内容，正是由于这两种类型，社会组织协商才得以成为一个独立的协商渠道，而不是附属于其他渠道；第三种类型是社会组织协商的合理延伸，正是由于第三种类型，社会组织协商才得以与其他协商渠道相互衔接，成为协商民主体系的有机组成部分。与此同时，前面两种类型为第三种类型提供了坚实的基础。如果没有社会组织自己开展的关于公共议题的协商和组织内部政策性事务的协商，社会组织参与其他渠道的协商意义不大，因为它无法拿出有说服力的建设性意见建议，前面两种类型协商的成果是社会组织有效参与其他渠道协商的底气和前提。例如，北京致诚农民工法律援助与研究中心，不仅提供公益性法律服务，而且建立了负责理论研究的专门团队，

① 林国明、陈东升：《公民会议与审议民主：全民健保的公民参与经验》，《台湾社会学》2003 年第 6 期，第 61 - 118 页。

② 柳霞：《破解“好社区”的幸福密码》，《光明日报》2015 年 3 月 23 日。

对个案凸显的问题进行深入的思考与研究，在深入调研的基础上，先后出版和发布了《谁动了他们的权利——中国农民工权益保护研究报告》和《群体性案件报告》等近30种图书和研究报告。正是由于其在该领域所取得的成绩，中心才被邀请参与《劳动争议调解仲裁法》《社会保险法》等多部法律的立法协商。①

尽管从理论上讲，第一种类型和第二种类型是社会组织协商的核心内容，第三种类型是社会组织协商的合理延伸，但是，从实践的发展来看，由于社会组织协商刚刚起步，探索开展社会组织协商可能首先需要从外围着手，由外及内，逐步深化。因此，与历史悠久的政党协商、政协协商和近年来发展较快的基层协商相比，探索开展社会组织协商目前最紧迫的任务是加强体制机制建设，为社会组织参与各渠道协商创造条件。在此基础上，一方面，积极培育社会组织，加强社会组织协商能力建设；另一方面，加强对社会组织协商的指导，提高社会组织的协商成效，并鼓励和推动社会组织就公共议题开展协商，将其作为社会组织协商未来发展的重要方向。

（二）社会组织协商的发展现状

尽管社会组织协商是刚提出的一个新概念，但这并不意

① 王方等：《农民工法援领域的民间力量——以致诚模式为例分析法援类NGO组织的发展》，《法制与社会》2012年第10期，第53－56页。

味着社会组织协商的实践才刚刚开始。事实上，就像政治协商的实践早于协商民主的概念一样，在实践层面，社会组织协商早就以各种方式在不同层次和不同领域展开，并取得了明显而积极的治理绩效。

1. 探索开展公共议题协商

社会组织充分发挥自身优势，针对公共议题开展协商活动，在议题的发掘、理念的创新、公共话语权的建构、社会动员与公民教育、增进社会共识和全球治理等方面都发挥了积极的作用。

议题的发掘。社会组织开展协商的优势之一就是对于公共议题的发掘。社会组织扎根社会，往往比位居权力中心的政府部门更能敏锐地察觉并识别各种新的问题，并在此基础上提出具有前瞻性的协商议题。从世界范围来看，过去几十年中一些重大议题几乎都是由相关的社会组织首先提出的，例如：和平利用核能、基因研究的风险、物种灭绝等生态危险、日益凸显的移民问题等，都是由倡议型社会组织提出，通过媒体的推动，最后才进入政府的议事日程。[①] 在这方面，中国社会组织已经进行了一些有益的尝试。例如，国务院颁行的《民用建筑节能条例》规定，室内空调温度设置夏季不得低于26摄氏度、冬季不得高于20摄氏度，这一条款就得益于以自然之友为代表的环保NGO组织（ENGOs，环保非政府

① 哈贝马斯：《在事实与规范之间》，童世骏译，北京：三联书店，2003年，第470页。

组织）发起的倡议行动。[1]

理念的创新。特定的社会组织都会有其独特的视角与知识结构，因此，它们在思考与讨论公共事务的过程中就有可能突破常规，提出迥异于政府惯常思路的理念与方案。很多时候，这些新的思想与理念就能够成为突破治理困局、实现社会善治的关键。台北宝藏岩聚落拆迁冲突的成功解决，就是社会组织创新思路的范例。在协商过程中，专业者都市改革组织所提出的新规划方案逐渐得到台北市政府认同，并成为最终方案，后来的事实也证明，新方案是一种比较理想的规划建设方式。[2]

公共话语权的建构。社会组织具有广泛的代表性，其公共话语权的落实与扩大，能够在一定程度上推动边缘群体或弱势群体的声音进入相关公共议题的讨论，从而推动决策的科学化民主化。例如，在怒江建坝的争论中，环保社会组织的努力就使得这一重大公共决策中不仅有地方政府与电力集团的声音，也有社会组织的声音；与此同时，环保社会组织将在讨论中被忽视的村民一方组织起来，为他们寻找表达渠道与平台，帮助弱势群体获得表达自身意见与诉求的能力与机会，使之成为一支重要的话语力量，发挥了积极作用。[3]

---

① 杨维东：《中国环境保护 NGO 与政府关系研究——以自然之友为例》，中国政法大学 2008 年硕士论文，第 33 页。

② 赵伯艳、常健：《论吸纳民间团体参与决策对公共冲突化解的积极作用——以台北宝藏岩聚落拆迁冲突的化解过程为例》，《天津商业大学学报》2011 年第 3 期，第 43 – 47，61 页。

③ 晋军、何江穗：《碎片化中的底层表达——云南水电开发争论中的民间环保组织》，《学海》2008 年第 4 期，第 39 – 51 页。

社会动员与公民教育。社会组织开展公共事务协商，往往能够更为有效地发动群众，调动普通民众参与公共事务的积极性，并在参与的过程中帮助民众熟悉和养成参与公共事务的规则与习惯。[①] 南京的“翠竹园社区互助会”就是一个典型的案例，互助会通过有效挖掘和激发社区居民的需求，指导社区社会组织开展活动，极大地激发了居民的参与热情，使居民在参与中实现自我管理、自我教育、自我服务。[②] 在台湾地区，2004 年由宜兰社区大学等民间团体发起新竹科学园区宜兰基地公民会议，既提高民众参与公共政策的能力和意愿，又使民众亲身体验规范的协商民主流程，增强了民众对协商民主的信心。[③]

增进社会共识。协商民主可以通过对相关公共议题的对话，增进不同社会群体之间的相互理解，消除偏见，增进共识，从而有助于化解一些深层次的社会矛盾与冲突。[④] 2004 年，台湾地区举行的“省级—族群”关系公民和解会议就在一定程度上达到了这样的效果。此次公民和解会议由台湾“时报文教基金会”“台湾促进和平文教基金”等社会组织发起，参与者就族群冲突的有关议题，以自己的亲身经历，共

---

① 廖俊松：《审议民主的实践：台湾与大陆经验分析》，载 2008 年 10 月 14 日在澳门举办的“21 世纪的公共管理：机遇与挑战——第三届国际学术研讨会”论文集，第 151－167 页。

② 孟谦、梁曦：《营造社区参与互助，构建新时代的邻里关系》，《社区》2015 年 6 月（上旬刊），第 8－9 页。

③ 杜文苓：《审议民主与社会运动：民间团体筹办新竹科学园区宜兰基地公民会议的启发》，《公共行政学报》2007 年第 6 期，第 67－93 页。

④ 詹姆斯·博曼：《公共协商：多元主义、复杂性与民主》，黄相怀译，北京：中央编译出版社，2006 年版。

同进行了两天一夜的座谈活动，并以此制作成纪录片在电视台播出，在台湾收到了良好的反响，在一定程度上舒缓了本省籍与外省籍不同族群之间的偏见与分歧。[①]

2. 加强社会组织内部公共事务协商

社会组织内部公共事务分为四种类型：单一社会组织内部协调性事务、社会组织之间协调性事务、单一社会组织内部政策性事务、不同社会组织之间政策性事务，因此，社会组织内部公共事务协商也相应分为四种类型。近年来，中国社会组织对四种类型的协商形式都进行了探索。

单一社会组织内部协调性事务协商。单一社会组织就内部协调性事务开展协商，有助于提高组织的治理绩效，实现组织的自我维系与发展，甚至为组织的发展提供新的契机。[②]例如，1998 年，深圳福街商业街改造工程启动，打破了既有的利益生态平衡，由此促成了福街联谊会的成立。联谊会的重要功能之一就是将商业街各个商家联合起来，协调商家之间的意见、想法，统一表达商街的诉求，以便更好地与政府就相关问题展开协商。为此，联谊会先后组织了关于福街工程改造、商家户外促销展示活动、福街交通、停车场等问题的讨论会，这些讨论会有 40% 左右的商家参与，这不仅协调了商家之间的立场、降低了政府的行政成本，而且也为联谊

---

① 王茹：《台湾民间的“省籍—族群”和解运动——以〈面对族群与未来——来自民间的对话〉为例》，《台湾研究集刊》2005 年第 3 期，第 48 – 54 页。

② 夏添：《协商民主：农民组织过程中的困境与反思——以南农实验欧村合作社为个案》，《科学社会主义》2013 年第 1 期，第 72 – 75 页。

会自身的合法性奠定了坚实的基础，使它在运作了8年之后终于获得了合法的身份。[①]

不同社会组织之间协调性事务协商。不同社会组织之间就协调性事务开展协商，不仅是社会组织自身发育的内在需要，也是社会组织有效参与社会治理的重要手段。上海浦东公益服务园公益促进会就体现了不同社会组织之间就协调性事务开展协商对于促进社会组织发展的重要作用。[②] 浦东公益服务园试运营开始后、正式开园前，十家入驻的社会组织发现园区公共服务需求无法得到满足，而它们彼此之间公益项目运作方式的不同，也不利于深入了解和开展合作，为此，公益服务园决定成立一个专门的机构来加强这些社会组织之间的协调。2009 年 5 月 6 日，上海市浦东新区公益组织项目合作促进会获批成立，独立注册登记为社会团体，负责协调园区日常事务开展和促进社会组织间的沟通合作。以 2012 年全年为例，公益促进会在园区内召开了7 次联席会议，讨论议题涉及园区内公共空间管理、园区内网络运营商管理以及办公用电脑和多媒体维护等方面，并在联席会议上通过了公益青年清明扫墓活动方案、制定了吾同公益书吧使用规则、票选了公益人体验合作单位、汇报了公益活动月的成果等。70%的机构出席率体现了园区内社会组织对园区公共问题的高度参与，各项方案的民主制定过程也凸显了园区内社会组织间的平等，实现了公共事务的集中商议和民主决策，为这

① 陶庆：《协商民主中相互赋权的和谐社会——以深圳市福街商家草根组织为例》，《济南大学学报》2006 年第 1 期，第 1 - 9、91 页。

② 孙晔璐：《社会组织园区多中心治理结构与运行机制研究：以浦东公益服务园为例》，上海交通大学 2013 年硕士论文。

些社会组织自身的发展创造了良好的氛围。

NGO（非政府组织）四川地区救灾联合办公室和5·12民间救助服务中心的协调工作则帮助进入四川的社会组织在汶川地震后的救援工作和灾后重建工作中发挥了积极作用。① NGO四川地区救灾联合办公室是在一种非常态的情况下成立的，共由100多家NGO组成。从结构上讲，它包括三个层次：最核心的是四川攀枝花东区志愿者协会、根与芽、心露基金会、石敢当社会发展研究中心；中间层是成立时加盟的30家NGO；最外层是后来加入的100家NGO。联合办公室专门设立了信息搜集、对外宣传、机构联络、医疗服务、志愿者管理等多个功能小组统一协调和指挥。利用电话和网络，相互联系，在不到半个月的时间里总共筹集了上千万的物资，并组织志愿者和车辆，将这些物资运往灾区，在紧急救援阶段，联合办公室发挥了巨大的作用。

5·12民间救助服务中心（以下简称“5·12中心”）是由四川省内外的公益组织和志愿者团队发起成立的协调平台，参加联合行动的机构和志愿者组织达到34家，其中驻四川的机构17家，外地机构14家，互联网公益组织3个。在短暂的时间内，“5·12中心”就理顺了三个方面的关系：第一个方面是确定行动的方向，其重点放在了为在灾区开展工作的民间公益组织提供信息、志愿者以及其他方面的支持。第二个

---

① 萧延中、谈火生、唐海华、杨占国：《多难兴邦：汶川地震见证中国公民社会的成长》，北京大学出版社，2009年；赵荣：《公民社会的联合行动——四川“5·12”民间救助服务中心》，载王名主编：《汶川地震公民行动报告——紧急救援中的NGO》，北京：社会科学文献出版社，2009年，第139－143页。

方面理顺参与联合行动的组织之间应该如何相互协调，如何进行配合的问题。从这个角度来说，“5·12中心”既是服务方（为其他组织服务）又是协调者（协调各组织之间的连接）。第三个方面是“5·12中心”理顺了自己的内部运作机制。作为协调平台，中心搜集发布来自灾区灾民的各种需求和社会各界支援灾区灾民的资源信息，通过信息交流会、网站、博客等，给在灾区参与紧急救灾和灾后重建的民间组织、公益团体和志愿者，提供了一个信息分享和交流的平台，并推动各地来川援助的民间公益组织和社会团体之间进行资源分享和行动合作，无论是在抗震救灾还是在灾后重建过程中，中心都发挥了不可替代的作用。

单一社会组织内部政策性事务协商。社会组织作为特定群体利益的代表者，也往往能够与公共政策发生关联。许多议题在进入政策议程之前，或在制定相关公共政策的过程之中，往往是由相关社会组织自己先组织专家学者和该群体的代表，围绕议题开展协商，从而推动议题进入政府的政策议程，并为公共政策的制定提供专业性的意见建议。在这方面，最为典型的就是行业政策协商，尤其是新兴行业的相关政策协商。例如，2014年1月，《国家职业分类大典》修订行业专业委员会提出了拟将“轮胎翻修工”由一门职业变更为一个工种。如果照此修改，“轮胎翻修工”这一特殊职业将降为其他职业项下的一个普通工种。为此，中国轮胎循环利用协会立即邀请行业专家及骨干企业代表，召开协商座谈会，征求他们的意见。会后，及时将相关意见建议整理出来，递交给大典修订工作办公室，并按照要求组织行业专家进行答辩、论证，赢得了主管部门的理解与支持。2015年7月，新修订的2015版《中华人民共和国职业分类大典》增加了127个绿色职业，“轮胎翻修工”作为一个独立职业位列其中。在这个案例中，单一社会组织内部政策性事务协商和社会组织参与其他渠道协商有机结合起来。①

不同社会组织之间政策性事务协商。同样的，在不同的社会组织之间，也可能围绕其相互间所涉及的政策性事务进行沟通与协商。目前国内社会组织在这方面的探索尚不多见，但却是未来值得开拓的方向，它有利于社会组织体系协同效力的发挥。在为数不多的案例中，浙江温岭的工资集体协商是一个典范。2003年温岭市首先从新河镇羊毛衫行业开始，走出了一条依托行业工会与行业协会开展工资集体协商的新路子，使劳资冲突的核心——工资问题得到了较好的解决，避免了企业之间在用工问题上存在的严重无序竞争，职工的合法权益得到保障，维护了市场秩序。随后，这一模式在水泵、注塑、鞋帽、船舶修造、轴承等行业全面展开。在这个案例中，在政府相关部门的领导下，行业协会和行业工会两个社会组织共同就行业工资问题展开协商，取得良好效果，为当地经济发展创造了良好的外部环境。②

3. 积极参与各渠道协商

社会组织协商是社会主义协商民主体系的重要组成部分，社会组织参与其他渠道的协商是构建程序合理、环节完整的

---

① 吴志红：《中国轮胎循环利用协会：为了行业的明天更美好》，《人民政协报》2015年10月30日。

② 朱圣明：《浙江温岭行业工资集体协商调查》，《广东行政学院学报》2008年第6期，第82－90页。

协商民主体系的内在要求。在过去的30多年中，随着社会组织自身的不断壮大，社会组织积极参与人大、政府、政协、基层等渠道的协商，有力地推动了国家治理体系和治理能力的现代化。

参与人大协商。社会组织作为特定利益或公共利益的代表者，他们可以在立法过程中直接表达其所代表团体的意见与建议，从而提高立法的科学化、民主化水平。例如，在《劳动合同法》的修订过程中，各种商会组织、专业律师协会都积极参与、表达专业性的意见和诉求；国内首家民间环保组织“自然之友”曾多次参与全国人大专业委员会所组织的环境相关法案的座谈会。① 一些具有专业法律背景的社会组织，依靠其专业知识，成为人大相关立法的重要参与者。这方面北京致诚律师事务所最为典型。它通过成立北京青少年法律援助与研究中心、北京致诚农民工法律援助与研究中心两个社会组织，在具体的法律援助事务中积累了相当专业的一手调研资料，也因此受邀参与北京市人大和全国人大的相关立法协商，并提供专业严谨的立法建议。②

参与政府协商。面对改革开放后高度分化的中国社会及其所带来的治理压力，各级政府在公共政策的制定与执行过程中也在逐渐寻求通过协商民主的方式与社会组织实现合作与共治。例如，上海市规定，党委、政府在制定公共政策、

---

① 杨维东：《中国环境保护NGO与政府关系研究——以自然之友为例》，中国政法大学2008年硕士论文，第32－33页。

② 张文娟：《社会组织参与立法工作的独特作用》，载李林主编：《立法过程中的公共参与》，北京：中国社会科学出版社，2009年，第178－182页。

编制发展规划、进行重大决策过程中，要采取调研、咨询、听证等形式，听取和采纳社会组织的意见建议；市政府重要工作会议均须邀请15家5A级的行业协会秘书长列席。广东省则规定要建立各级政府与社会组织的信息交流制度，颁布公共政策前应广泛征求社会组织意见，并应将此作为必经程序加以规范。①

在政策的执行过程中，社会组织的参与与合作，也往往是破解政策执行困境的妙方。比如台北宝藏岩聚落拆迁冲突的解决，成都市金牛区曹家巷自治改造，都是通过引入社会组织，使之参与到政府政策的协商过程中，从而化解了民众的疑虑与不满，推动了政策的顺利执行。②

参与政协协商。人民政协是社会主义协商民主的重要渠道和专门协商机构，在协商民主体系中占有重要地位。行业协会商会一直通过工商联的渠道参与到各级政协的提案和讨论过程中，这在全国各地都是一个普遍的做法。③ 在广东的一些县市甚至开始尝试调整政协界别设置，专门设置“社会组

① 崔忠付：《社会组织协商民主建设存在的问题及建议》，《中国社会组织》2014年第16期，第16－18页。

② 赵伯艳、常健：《论吸纳民间团体参与决策对公共冲突化解的积极作用——以台北宝藏岩聚落拆迁冲突的化解过程为例》，《天津商业大学学报》2011年第3期，第43－47，61页；奚源：《简析拆迁政策执行中的基层治理创新——以成都市金牛区曹家巷为例》，《人民论坛》2014年第2期，第163－165页。

③ 杨卫敏：《关于社会组织协商的探索研究》，《重庆社会主义学院学报》2015年第4期，第77－86页。

织界”，鼓励社会组织参与到中国的政协工作中来。[①] 这一做法也很有可能在全国其他地区逐步推广。2015 年 7 月，中共中央办公厅印发的《关于加强人民政协协商民主建设的实施意见》中，明确提出“深入开展调查研究，在条件成熟时对政协界别适当进行调整”，相信政协界别调整将为社会组织协商创造更多的空间，提供更大的舞台。

参与基层协商。近年来，包括社区社会组织在内的社会组织参与社区治理已成为常态，以议事协商实践为枢纽，激活居民参与社区治理的积极性，逐步提升居民的自治能力，实现社区的善治。浙江省杭州市“湖滨晴雨”工作室、“和事佬”协会、上海市静安区静安寺街道居民议事会等都是通过成立社区社会组织参与基层协商的例子，这些社会组织的功能多元，广泛参与所在社区的各种事务。[②]

社区外社会组织的介入也是社会组织参与基层协商治理的一种重要形式。比如，北京地球村在四川彭州市大坪村开展的乐和家园项目，就是由北京地球村、当地村庄本土的社会组织大坪山生态协会和村委会形成三方协商机制，共同推

---

① 广东省社会工作委员会编：《广东省社会建设蓝皮书（2011 年度）》，北京：中国社会科学出版社，2012 年，第 70 页。

② 陈娟：《协商视域下的社区治理：杭州“湖滨晴雨”工作室的机制创新与经验启示》，《中共浙江省委党校学报》2012 年第 1 期，第 19－26 页；郭道久：《社会组织与深化基层政府职能转变——以杭州“和事佬”协会为例》，《中国机构改革与管理》2015 年第 10 期，第 6－10 页；刘晔：《公共参与、社区自治与协商民主——对一个城市社区公共交往行为的分析》，《复旦学报》（社会科学版）2003 年第 5 期，第 39－48 页。

进当地的绿色社区建设。[1] 北京地球村带去的不仅是资金，更有它的组织经验、社会网络，提升了当地社会组织参与基层协商的能力和水平。

总之，在党的领导之下，社会组织积极配合党和政府的中心工作，努力探索协商共治的实践形态，一方面致力于解决中国经济社会发展的重大问题和人民群众关心的实际问题，一方面携手应对全球化治理的挑战。社会组织协商已经成为中国社会主义协商民主实践的重要组成部分。

4. 参与跨国协商，配合国家战略

参与全球治理。在全球治理过程中，很多问题往往超出国界，既不是单个国家所能应对，也不是仅仅由各国政府就能解决好，需要相关社会组织的参与。在不同的情况下，社会组织在全球治理中发挥着不同的作用：有时，它们是作为政府的参谋和助手，直接参与治理过程；有时，社会组织甚至能够成为议题的发动者，它们对相关议题进行解读，通过媒体来引起政府关注，推动政府将其纳入政策议程，并着手解决相关问题；有时，社会组织是作为第三方力量，监督各国政府在谈判与决策时保持公正性。[2] 以气候问题为例，仅仅依靠政府间的谈判很难达到预期效果，因为官方主张与立场

---

① 刘能等著：《联手的力量 中国红十字基金会“5.12”灾后重建公开招标项目评估报告》，北京大学出版社，2012 年，第 395－398 页。

② 郑保卫、王彬彬、李玉洁：《在气候传播互动中实现合作共赢——论气候传播中中国政府、媒体、NGO 的角色及影响力》，《新闻学论集》（第 24 辑），2010 年 6 月 26 日。

往往受到诸多限制，而社会组织则更为灵活、主动，便于沟通，常常能发挥意想不到的作用。[①] 2002 年，约翰内斯堡世界可持续发展峰会，中国政府第一次邀请国内的 GONGOs（Government Organized NGO，指政府出资兴办的社团组织）和少量的草根 NGO 以大会代表的身份与会。[②] 2009 年，哥本哈根世界气候大会，来自中国的山水、地球村、青年应对气候变化行动网络等本土 NGO 参与了大会，初步发挥了积极作用。[③] 此外，在保护藏羚羊的运动中，"自然之友"会长梁从诫直接致信英国首相布莱尔，呼吁制止英国藏羚羊绒制品非法贸易。2002 年 8 月，中国 12 个绿色 NGO 组成代表团赴南非约翰内斯堡参加联合国可持续发展世界首脑会议。2004 年，在怒江反坝运动中，环保社会组织联名向联合国教科文组织和泰国总理他信写信，呼吁保护怒江。

参与国际标准的制定。在中国走向世界的过程中，要从中国制造迈向中国创造，参与国际标准的制定是比产品、技术创新更重要的一个环节。只有积极参与国际标准的制定，掌握国际标准的话语权，才能摆脱被动挨打的局面，而不至

① 崔大鹏：《中国梦、低碳经济与国际合作》，载张坤民、潘家华、崔大鹏主编：《低碳经济论》，北京：中国环境科学出版社，2008 年，第 209 页。

② 理查德·埃德蒙：《环境问题对中国政治与社会的塑造作用》，载海贝勒、格鲁诺、李惠斌主编：《中国与德国的环境治理：比较的视角》，北京：中央编译出版社，2012 年，第 5 页。

③ 郑保卫、王彬彬、李玉洁：《在气候传播互动中实现合作共赢——论气候传播中中国政府、媒体、NGO 的角色及影响力》，《新闻学论集》（第 24 辑），2010 年 6 月 26 日，第 134－135 页。

于成为国际产业链上的低端制造者。在这方面，闪联信息产业协会是一个突出的例子。闪联是立足于中关村、辐射全国乃至全球的标准组织和产业联盟，致力于 IGRS（信息设备资源共享协同服务）标准的制定、推广和产业化。闪联从成立之初就意识到，标准制定活动的特殊性决定了标准制定的过程需要行业内不同的利益相关者进行协商，若采用简单的投票方式，持反对意见的少数派可能会对标准的后期执行冷漠，甚至另起炉灶，标准就失去了标准化的意义。因此，在标准的制定过程中，闪联严格遵循“协商一致”的原则，以民主的方式进行讨论后决定。更重要的是，闪联积极参与国际标准的制定，从 2006 年起，闪联与国际上 10 多家知名标准制定的社会组织保持密切沟通，并作为协商活动的主要发起人积极组织跨国协商活动。在过去的十年中，闪联全部七项 1.0 标准体系成为 ISO/IEC 国际标准，为中国信息产业的快速发展、在国际竞争中实现弯道超车奠定了良好基础。[①]

协调贸易争端。在全球化时代，国际贸易频繁，相互之间的摩擦也层出不穷。涉及国际商务或贸易争端，相应的诉讼程序极为复杂，需要的相关工作也很多，有些时候政府应对起来非常吃力，有些时候政府还不方便出面，这时，由行业协会商会等社会组织出面更容易解决。例如，温州等地的商会组织，主动出击，伴随其地方企业的国际化，商会也走出去，与目的国的市场主体和政府进行沟通，协调各方力量，

① 2015 年 12 月 24 日，访谈闪联信息产业协会负责人，访谈人：苏鹏辉。

甚至组织谈判和诉讼，为企业保驾护航[①]，这在很大程度上成为国家鼓励中国企业“走出去”战略的有力支持力量。温州的打火机协会，在应对欧盟启动CR法规（儿童保护法规）的过程中，多次参与商务部的相关部门会商，并随同中国政府代表团到欧洲代表企业表明立场、表达诉求。此外，2004年，阿根廷对原产于中国的墨镜、眼镜框等产品采取反倾销立案，并要求征收350%—1800%的高额反倾销税。在所有涉案企业中，温州企业占到一半之多，涉案金额达107万美元，成为应诉的主力。在应诉过程中，温州市眼镜商会发挥了积极作用，商会通过协商选择了3家眼镜制造商应诉阿根廷启动的反倾销案。同时，在全行业筹集应诉资金，以缓解这些企业的资金压力，数目高达6亿美元左右，为反倾销案的完全胜诉提供了充足的资金支持和强大的组织支持。[②]

营造国家形象。在中国崛起的过程中，国家形象的塑造尤其重要。“中国梦”的提出，在一定程度上就是为了向国际社会传达一个公平正义而强大富强的中国国家形象。良好国家形象的落实需要非常具体的政治行动。除了中国政府需要在国际社会积极有为之外，社会组织参与跨国协商，参与到全球事务的治理之中，以国际通行惯例参与到国际贸易的调

---

① 裘海花：《地方政府如何应对国外技术壁垒——对“中国加入WTO第一案”：温州打火机抵制欧盟CR技术壁垒案个案分析》，《中国外资》2005年第7期，第44－46页；王尚银、戴海东、陈和：《社会中介组织的多视角透视——对温州的实证分析》，北京：中国社会科学出版社，2013年，第154－155页。

② 王尚银、戴海东、陈和：《社会中介组织的多视角透视——对温州的实证分析》，北京：中国社会科学出版社，2013年，第154－155页。

解之中，其成功的实践，在一定程度上有助于为国家营造良好的国际形象。事实上，社会组织能够出现在国际谈判与会议场合，也在一定程度上提升着中国政府的形象与公信力，消解其他国家由于不了解中国而产生的偏见与敌意。例如，中国“一带一路”倡议就引起了很多西方国家尤其是美国的担忧，认为中国要搞经济殖民。中国发展基金会与美国著名智库彼得森国际经济研究所合作，开展对“一带一路”倡议的研究，通过双方的沟通合作，加深了双方的相互理解，在一定程度上消除了美方对中国的误解。由于彼得森研究所在美国具有很强的影响力，因此，此次合作对消除美国民众和美国政府对中国“一带一路”倡议的误解是有一定帮助的。

（三）社会组织协商面临的问题和挑战

与此同时，我们也必须清醒地认识到，中国社会组织协商的发展还存在着比较明显的问题与缺陷。正如民政部民间组织管理局副局长廖鸿所言：社会组织协商“目前仍然处于起步阶段，其独特优势尚未充分发挥，存在思想认识不到位，渠道不畅通，形式与内容单一，缺乏制度化法制化保障等问题。同时社会组织作为协商民主主体之一地位尚未完全确立，其协商的能力与水平也有待提高。”[①]

① 张维：《建立健全社会组织参与协商民主机制》，《法制日报》2014年6月23日。

1. 社会组织自身发育不良

纵向来看，国内社会组织从无到有，已经经历了长足的进步与发展。但如果以横向的比较视野来看，中国的社会组织在自身的组织发展以及参与社会治理层面都仍旧处于一个初级阶段。在组织数量、地域与类型分布、组织发育程度等方面上都存在亟待提高的地方。首先，数量不足。据统计，截至2016年底，全国共有社会组织70.2万个，整体是以两位数字的速度在增长。① 但相较于中国的人口规模、城市治理与社会治理的现实需求而言，其数量远远不能满足现实需求。目前，世界发达国家（地区）、发展中国家（地区）每万人拥有社会组织数一般分别超过50个和10个以上，如德国120个、法国110个、日本97个，中国只有5个。其次，分布不均。就地域分布而言，在东部部分经济发达、改革风气浓厚的省市，诸如广东、浙江、上海等地，社会组织的发展速度与质量相对都比较高，其他地区则相当滞后。就类型分布而言，专业协商组织基本没有。

2. 社会组织的协商意识不足、协商能力不高

在调研过程中，我们发现社会组织普遍对协商民主缺乏足够的认识，很多社会组织都没有意识到，党的十八大提出的“健全社会主义协商民主制度”这一宏观战略为自身的发展带来了巨大的发展空间和发展机遇。不少社会组织缺乏专

① 《2016年社会服务发展统计公报》，中国政府网，http：//www. gov. cn/xinwen/2017 –08/03/content_ 5215805. htm。

业化的人才，组织或参与协商的能力不足，不熟悉协商的规范流程和方法。例如，自然之友在面临着转型时，就不能展开有效的内部事务协商，导致改革无法推进，最后以时任总干事薛野的辞职而告终。[①]

3. 社会组织协商的制度化程度不够

这主要表现在以下三个方面：（1）协商类型和内容较为单一。社会组织开展与自身事务相关的协商较多，而关于公共议题的协商则较少。这一点与国外形成鲜明对比，国外社会组织协商的一个重要特点就是更关心公共议题，协商的议题范围非常广泛，尤其是牵涉价值观、社会发展等关乎长远利益的问题，如环境、资源、种族歧视、医疗健康、转基因食品等。同时，跨国协商很少见。在全球化时代，跨越国界的全球问题使得治理也必须超越民族国家的视域，地方力量以及社会组织应该在更广泛而深入的层面参与全球事务。这在西方国家已经成为一种现实。但对于中国，仅仅有一些行业协会以及部分环保组织，能够有意识地参与到全球事务中。而且整体而言，其影响力也相当有限。[②] 中国政府若想发展出与国际 NGO 打交道的视野、观念、策略与技能，必须时常与

① 张传文：《一个“最受期待”环保组织的转型迷茫——自然之友发展现状研究报告》，载汪永晨、王爱军主编：《守望：中国环保 NGO 媒体调查》，北京：中国环境科学出版社，2012 年，第 33 页。

② 郑保卫、王彬彬、李玉洁：《在气候传播互动中实现合作共赢——论气候传播中中国政府、媒体、NGO 的角色及影响力》，《新闻学论集》（第 24 辑），2010 年 6 月 26 日，第 134 – 135 页。

国内 NGO 打交道。[①] 在这方面，中国的社会组织协商还有很长的路要走。（2）缺乏从事协商的专业化社会组织。在国外，有很多专门从事协商民主活动的专业化社会组织，如美国的协商民主研究中心、杰斐逊中心、国家议题论坛和丹麦的科技委员会基金会等，它们建立的目的就是组织各种协商活动，探索协商民主的实现形式。这些专业协商组织对协商民主的发展起到了很重要的示范和推动作用，尤其是在协商民主的技术和制度化方面进行了有益的探索。[②]（3）缺乏规范的操作流程。高质量的协商会议是通过规范的流程设计来实现的，而中国社会组织协商所采用的最为普遍的形式就是各种座谈会，往往缺乏规范有效的操作流程，由此导致协商流于形式，很难真正发挥实效。从会议的筹备到草案的发放以及发言与讨论时间的安排等都存在明显不合理的问题，由此导致许多此种类型的协商流于形式，很难真正发挥其审议效能，对于提升相应公共政策或法案的决策质量收效甚微。[③]

4. 社会组织参与其他渠道协商的机制不畅

相关政府部门对待社会组织存在矛盾心态，整体上仍然是管控思路，与社会组织合作共治的意愿不足，从而导致社会组织参与公共事务协商的渠道不畅。一些有政府背景的社

---

① 李庆四：《社会组织的外交功能：基于中西互动的考察》，《世界经济与政治》2009 年第 6 期，第 5、66 – 73 页。

② 相关情况，请参考谈火生、霍伟岸、何包钢：《协商民主的技术》，北京：社会科学文献出版社，2014 年，第二章。

③ 朱春奎等著：《政策网络与政策工具：理论基础与中国实践》，上海：复旦大学出版社，2011 年，第 57 页。

会组织可以直接与相关部委进行沟通，而自下而上成立的社会组织往往缺乏与相关政府部门进行联系的渠道，只能尝试参与人大、政协等渠道的协商。但各级人大、政协中社会组织代表比例偏低，即使有，往往也是以企业家或其他的身份，而不是以社会组织代表的身份参政议政。

即便是有机会参与其他渠道协商，其参与的深度也不够，多处于浅层次的参与，仅仅作为参与者反映组织成员的利益诉求，或提出建设性的意见建议，而缺乏深层次合作。根据国外的经验，社会组织深度参与其他渠道的协商主要有以下两种情况：一是在政党协商或政府协商中，通过购买服务的方式，委托社会组织来组织协商活动。[①] 二是在政府协商中，由政府与社会组织联合组成执行团队，共同开展协商活动。[②] 但这两种情况在中国都比较少见。

5．社会组织协商的成果转化渠道缺乏

中国的社会组织，尤其是草根社会组织，还处于体制之

---

① 例如，德国的规划小组，其协商活动就是由政府资助，政府与规划小组签订契约，政府出资，规划小组负责组织，同时，政府必须考虑并正式回应规划小组的协商结果。在这种情况下，尽管协商活动是由政党或政府部门发起，但是，却是由社会组织来具体组织实施。参见谈火生、霍伟岸、何包钢：《协商民主的技术》，北京：社会科学文献出版社，2014 年，第 33 页。

② 例如，中国台湾地区 2002 年举办全民健保公民会议，此次协商活动由“行政院卫生署”发起并组织，但是，其执行委员会除了行政人员外，还有来自社会各界的代表，其中有 3 人是社会组织成员，他们分别来自残联、医师公会和公益基金会。通过执行委员会，社会组织直接介入政府协商的组织过程。参见林国明、陈东升：《公民会议与审议民主：全民健保的公民参与经验》，《台湾社会学》2003 年第 6 期，第 61 – 118 页。

外，往往缺乏制度化的渠道与人大、政府等决策部门进行有效对接，因此，社会组织开展的公共议题协商和社会组织内部政策性事务的协商成果往往很难有渠道递交相关决策部门。即使社会组织有机会参加其他渠道协商，如座谈会、听证会等，都是咨询性质，相关意见是否能够得到采纳，其随意性比较大。如何建立制度化的机制，使社会组织协商的成果得到有效转化，还有待实践进一步探索。

（四）促进社会组织协商的途径和方法

结合《意见》精神和中国社会组织协商发展的现状与问题，我们认为，促进社会组织协商建设可以从如下几个方面着力：

1. 为社会组织参与各渠道协商创造条件

加强体制机制建设，为社会组织参与各渠道协商创造条件，这是当前探索开展社会组织协商的当务之急。社会组织参与其他渠道的协商，这是社会组织协商的重要组成部分，也是社会组织反映最强烈的部分。由于社会组织协商刚刚起步，探索开展社会组织协商首先需要从外围着手，由外及内，逐步深化。因此，与历史悠久的政党协商、政协协商和近年来发展较快的基层协商相比，探索开展社会组织协商目前最紧迫的任务是加强体制机制建设，为社会组织参与各渠道协商创造条件。为了落实《意见》精神，民政部门要积极探索“1+6”协商参与模式，1就是社会组织，6就是其他6个协商渠道，要努力推动人大、政协、政府和基层群众自治组织，建立健全与相关社会组织联系的工作机制和沟通渠道，为社会组织参与各渠道协商创造条件。

推动人大在立法协商中听取相关社会组织意见常态化。目前各级人大在立法过程中，积极探索拓宽公民有序参与立法途径，健全法律法规草案公开征求意见和公众意见采纳情况反馈机制，注意听取相关社会组织的意见建议。例如，北京致诚农民工法律援助与研究中心被邀请参与《劳动争议调解仲裁法》《社会保险法》等多部法律的立法协商。但是，这种情况还不普遍，制度化程度还不高。民政部门应该推动人大加快建立相关机制，使人大在立法协商中听取相关社会组织意见的做法常态化。

推动人民政协在条件成熟时设立社会组织界，为社会组织参与政协协商建立制度化通道。人民政协是专门协商机构和协商民主的重要渠道，在协商民主体系中占有重要地位。《意见》在“进一步完善政协协商”部分提出，“深入开展调查研究，在条件成熟时对政协界别适当进行调整”。在实践中，个别地方政协已经进行了有益的探索，例如，2012 年，广东省惠州市博罗县在全国率先在县政协界别中新设社会组织界别，分配 4 名委员名额，这一做法后来被推广到广东其他几个城市。相对于全国其他城市来说，北京市社会组织数量多、层次高，在社会经济发展中发挥着越来越重要的作用，民政部门可以对这一问题开展可行性调研，推动北京市政协尽快设置社会组织界，为社会组织参与政协协商建立制度化通道。

推动政府部门建立协商议题的社会动议机制，从源头上为社会组织参与政府协商创造条件。《意见》在“扎实推进政府协商”部分，首先强调的就是“探索制定并公布协商事项目录”，要求政府要“根据法律法规规定和工作实际，探索制定并公布协商事项目录。列入目录的事项，要进行沟通协商。未列入目录的事项，根据实际需要进行沟通协商”，这一方面要解决的是“不愿协商”的问题，另一方面要解决的是在协商议题的问题上，如何积极回应社会关切，形成政府与社会之间的良性互动。

但是，具体如何操作？目前的探索还很不够。从世界范围来看，比较成熟的经验是探索建立协商议题的社会动议机制，也就是通过一定的社会机制，使那些引起社会广泛关注的议题能进入政府的政策过程，成为政府协商的议题。其中，社会组织在其中发挥着重要作用，过去几十年中一些重大议题的提出几乎都是由相关的社会组织首先提出的。在中国，全国工商联和各地工商联提交的政协团体提案，大部分是由各类商会首先提出的。因此，民政部门要推动政府相关部门探索建立协商议题的社会动议机制，将社会关切输入政府过程，让民众的呼声变成政府公共政策的协商议题，建立健全信息通道，为社会组织的政策动议提供参与的平台和载体，从源头上为社会组织参与政府协商创造条件。

推动政府部门通过购买服务方式，委托社会组织开展协商活动。现在政府部门普遍存在“不会协商”的问题，解决的办法无非两条：一是加强学习，迅速提高自身的协商能力；二是借力打力，通过购买服务，委托专业协商组织或社会组织，有效开展协商活动。事实上，有些地方已经对第二种方式进行了有益的尝试。例如，山东省潍坊市教育局就委托第三方组织针对教育政策的协商。2012 年以来，潍坊市教育局先后就多项教育政策，包括：教育督导政策调整、师德建设、有偿家教治理、学生体质健康促进行动等，委托潍坊市教育政策研究院组织进行协商听证，取得良好效果。具体做法是：听证会由第三方主持，参与听证的代表根据议题，由校长、教师、家长以及社会相关专家组成，由各县市区教育部门和有关学校根据公开条件，集中推荐产生。每次听证会，由相关科室负责人向与会代表介绍政策的相关情况，代表无疑问后全程回避。代表的发言全程记录，提交给教育局党委，作为决策的重要依据。但是，类似的探索在全国还很少见，经验也不够丰富，民政部门可以就相关问题开展调查研究，将调研情况向市委市政府反映，推动政府相关部门在开展协商活动时，通过购买服务方式，委托相关社会组织开展协商活动。

推动基层群众自治组织与社会组织合作，共同开展基层协商，将社会组织协商和基层协商融为一体。大量的社会组织在基层，尤其是社区社会组织，它们扎根社区，对于居民需求感知灵敏，专业社工机构则具备专业素养。在北京市各区县，已经存在各种不同类型的基层协商民主创新实践，它们可以成为对接社会组织协商的平台。例如，北京市朝阳区近年来打造的党政群共商共治平台就取得了良好的效果，民政部门应该有效利用党政群共商共治平台，推动基层群众自治组织和社会组织合作，充分发挥社区社会组织和专业社工机构的作用，携手开展基层协商，将社会组织协商融入基层协商之中。除此之外，还可以探索建立社区基金会，打造新的协商机制，通过社会组织协商进一步激发基层协商的活力，规范基层协商程序，有效开展协商活动。

进一步完善枢纽型社会组织建设，实现社会组织协商和人民团体协商的无缝对接。枢纽型社会组织建设是北京市民政部门在促进社会组织发展工作中的一个创新和亮点，这些枢纽型社会组织同时也是《意见》所说的人民团体。《意见》强调，人民团体要“积极发挥对相关领域社会组织的联系服务引领作用，搭建相关社会组织与党委和政府沟通交流的平台”。民政部门要进一步完善枢纽型社会组织建设，推动社会组织协商和人民团体协商的无缝对接，充分利用人民团体畅通的渠道，让自身的协商成果借船出海。

2. 加强社会组织协商能力建设

提高社会组织的协商意识，加强社会组织协商能力建设，这是探索开展社会组织协商的前提和基础。社会组织自身的发育是社会组织协商的前提，没有社会组织的蓬勃发展，社会组织协商就是无本之木；没有社会组织协商能力的提升，社会组织协商就会沦为花拳绣腿。民政部门要积极培育社会组织，加强社会组织协商能力建设，为社会组织协商的发展奠定良好基础。

建立孵化器，推动社会组织茁壮成长。近年来，北京市所属各区政府积极采取措施加大对社会组织的扶持力度。西城区、朝阳区、东城区、顺义区等先后设立了社会组织服务（孵化）中心或发展促进中心，为本区域社会组织、特别是民生服务类的社区社会组织提供集约化服务和支持。各区在街道层面也进行了有益的探索。西城区月坛街道单独设立了1500余平方米的“社会组织楼”，为辖区内20多个有代表性的社区社会组织提供集中办公场地，并将会议室、报告厅等设施向辖区所有社区社会组织开放；原宣武区牛街街道结合该地区少数民族群众联谊、交友、娱乐的需要，建立了“社区社会组织公益发展园区”，围绕潜力挖掘、信息交流、互动体验、能力建设等方面为社区社会组织提供专业指导、骨干培训等支持。[①] 今后，要进一步加大力度，完善社会组织孵化机制，推动社会组织茁壮成长，为社会组织协商奠定坚实的基础。

充分利用社区建设资金，积极培育社区社会组织。近年来，北京市不断加大资源下沉力度，每个社区都配备了一定数量的“社区专项事业公益补助资金”（每个社区8—15万元，主要用于支持社区文化团队开展活动），为社区建设和社区社会组织的发展创造了良好的条件。但是，这笔资金还没有充分发挥其作用，一方面，有些区县每年都有大量资金花不出去；另一方面，社区社会组织的经费严重不足，每个组织的年度经费收入平均不足7000元，而且来源不稳定。[②] 民政部门可以充分利用好社区建设资金，发挥其调节、引导与扶持作用，将该项资金完整地用于支持社区社会组织的建设与发展。加强内部不同部门（如基层政权和社区建设处、社团处）之间的合作，联手打造精品项目，通过政府购买服务的方式，积极培育社区社会组织，引导社区社会组织参与基层协商，将社会组织协商和基层协商融为一体。

① 卢建：《浅析北京市社区社会组织现状及有关发展对策与建议》，《社团管理研究》2011年第11期，第8-11页。

② 卢建：《浅析北京市社区社会组织现状及有关发展对策与建议》，《社团管理研究》2011年第11期，第8-11页。

目前，社区内生的社区社会组织多以文体娱乐组织为主，绝大多数不具备对社区公共事务开展协商的功能。今后，一方面要加大政策引导力度，在社区内部着力培育治理型社区社会组织，另一方面，要推动社区文体娱乐组织自身转化，因势利导，使其承担起一定的协商治理功能。在这方面，海淀区清河毛纺厂小区的老年人协会、南京翠竹园社区的社区互助会、贵州屯溪的老协会，都是很好的例子，要对这些案例进行提炼总结，用先进典型带动成千上万社区社会组织成长，盘活存量资源，激发社区文体娱乐组织的活力，使之成为社会组织协商和基层协商的生力军。

加大政策扶持力度，推动成立协商类社会组织。与国外相比，中国社会组织发展不仅数量少，而且结构不平衡，就协商民主来说，中国还没有专门从事协商组织活动的专门社会组织，这不能不说是社会组织协商发展的一个结构性缺陷。而国外社会组织协商的蓬勃发展在很大程度上得益于专业协商类社会组织的发展。因此，民政部门要加大政策扶持力度，推动成立专门的协商类社会组织。

就国外的经验来讲，专业的协商类社会组织有两种发育方式，一种是以美国为代表的民间自发成立的协商类社会组织，一种是以丹麦为代表的由政府资助成立的协商类社会组织。前者如协商民主研究中心、杰斐逊中心、国家议题论坛等，后者如丹麦科技委员会基金会。这些专业协商组织建立的目的就是组织各种协商活动，探索协商民主的实现形式，它们对协商民主的发展起到了很重要的示范和推动作用，尤其是在协商民主的技术和制度化方面进行了有益的探索，例如，协商民主研究中心开发的协商式民意调查方法现在是很多协商活动标配；杰斐逊中心创造的公民陪审团也在世界各地开花结果；国家议题论坛的议题手册成为各国开展相关议题协商活动时的重要参考。公民会议、共识会议、愿景工作坊、未来会议等实践形式，均是由丹麦科技委员会在实践中创造出来的，其中，共识会议现在已经获得了世界性的影响，目前有超过30个以上的国家和地区采用，成为应用最广泛的一种协商民主模式。相比较而言，由政府资助成立的协商类社会组织发展得更好，其协商成果的运用也更为充分。美国的协商民主研究中心、杰斐逊中心、国家议题论坛举办过很多协商活动，但是，绝大部分的协商对决策几乎没有影响，或影响很小。而丹麦的共识会议则有效地实现了协商和决策的衔接，协商的成果被直接交到议会相关的委员会，并对决策产生影响。根据中国的国情，民政部门可以借鉴欧洲经验，推动建立由国家资助的专业协商机构，根据不同议题，按照规范的程序，有效开展协商活动。

建立和完善伞状社会组织结构体系，为社会组织有序开展协商提供组织保障。近些年，经过不懈努力，北京市已经在市、区县和街道层面建立了“三级枢纽”，枢纽型社会组织已经成为培育社会组织的重要平台、引导社会组织开展协商的有力抓手。西城、朝阳、海淀、通州等区县在区级层面建立了社区社会组织联合会，并在所属各街道建立了联合会分会，探索、尝试一种新的联动、联合、联结方式，起到了对社区社会组织的桥梁纽带和服务平台作用。与此同时，支持型社会组织也获得了一定程度的发展，如恩派、南都基金会等，它们通过项目、培训等手段培育草根社会组织，提升草根社会组织的能力。[①] 可以说，伞状社会组织结构体系已经初步形成，枢纽型社会组织和支持型社会组织作为组织体系的关键节点，在社会组织体系建设中发挥着越来越重要的作用。今后，要进一步优化社会组织结构体系，加强各级枢纽型社会组织和支持型社会组织的组织能力建设，解决枢纽型社会组织行政色彩浓厚、挖掘和动员社会资源能力不足的问题，以及支持型社会组织由于资金等原因造成的数量少、规模小等结构性缺陷，为各类社会组织有序开展协商提供组织保障。

加大社会组织培训力度，强化社会组织协商能力建设。社会组织协商是一个新鲜事物，对此，绝大多数社会组织都不了解，民政部门要利用孵化中心，对社会组织进行系统培训，提高社会组织对协商民主的认识。加大政府购买服务力度，委托支持型社会组织对草根社会组织进行培训，推动草根社会组织迅速提升自身的协商能力。在此过程中，要优化转变政府购买服务方式，加强政府与支持型社会组织之间的沟通，将政府主导的立项模式逐步转变为社会组织自主立项

---

① 支持型社会组织是与操作型社会组织相对应的，它是指“不直接服务于目标人群，而是以提供活动经费、公益需求信息、能力培训、政策咨询等方式服务于另一些中小型社会组织、草根社会组织的一类组织”。见周秀平、刘求实：《以社管社——创新社会组织管理制度》，《中国非营利评论》2011 年第 7 期，第 55 – 70 页。国内学界通常将公益组织孵化器、枢纽型社会组织、社会组织服务中心等都归入支持型社会组织的范畴。笔者认为，枢纽型社会组织不宜归入支持型社会组织的范畴，因为工青妇等枢纽型社会组织严格来讲不是社会组织，它们是人民团体，具有特殊的地位；同时，它们也直接服务于目标人群，而且这是它们的主要职能。相比较而言，为中小型社会组织、草根社会组织提供服务只是近年来新开发的一项辅助职能。因此，笔者此处将二者分开论述。

为主、政府主导的立项为辅的模式，使政府资金和社会组织的实际需求实现真正对接。

同时，要针对不同社会组织协商的特点，不断完善培训内容。不同类型的社会组织的协商内容不同，它们对协商能力的要求也是不同的。基金会、行业协会商会等社会组织不仅有事务协调型协商，更重要的是政策型协商，因此，对于他们来说，与政府部门进行有效沟通、通过深入调研或与科研机构合作提出建设性意见建议的能力就很重要。社区社会组织协商的主要是社区内部的协调性事务，与政府部门进行沟通主要由居委会来完成，深入调研或与科研机构合作基本不需要，因此，它们在这方面能力的需求就不强烈。在对社会组织进行能力培训时，必须整合支持型社会组织和科研机构等相关资源，针对不同社会组织协商的特点，开发出具有针对性的培训课程，不断完善培训体系，强化各类社会组织的协商能力建设。

改善社会组织管理方式，推动社会组织协商能力发展。要改变行政化的管理方式，凸显社会组织的社会性和公益性，并在此基础上推动社会组织协商能力的成长。以行政化的方式管理社会组织，给社会组织及其成员定诸如省部市厅级别，使社会组织实际上成为行政的附庸，使社会组织与政府的协商变相成为行政系统内部上级对下级的协商，使社会组织的独特价值无法得到体现。政府把社会组织视为“永远长不大的孩子”，使社会组织失去了自主、理性、包容精神，从而抑制了其协商能力的发展。促进社会组织协商，必须转变这种传统的管理方式，一方面增强社会组织的自主性，另一方面减少行政干预，促进社会组织之间的公平竞争，并在竞争中提升自身的协商能力。

3. 鼓励社会组织就公共议题开展协商

鼓励和推动社会组织就公共议题开展协商，是社会组织协商未来发展的重要方向。就公共议题开展协商是社会组织协商未来发展的重要方向，也是目前社会组织协商最为薄弱的环节，民政部门要鼓励和推动社会组织就公共议题开展协商。

推动智库类社会组织将公共议题协商作为协商民主建设的首要任务。智库作为提供高质量思想产品、为公共决策出谋划策的专业机构，在社会组织协商中扮演着重要角色。智库的职能就是就公共议题开展协商，并将协商成果提交给相关决策部门，供其决策时参考。民政部门要推动智库类社会组织紧紧围绕党和政府的中心工作，发挥智库智力密集、立场客观、影响力大的特点，就经济社会发展重大问题和涉及面广的全局性问题问题开展协商，及时发现经济社会发展中具有苗头性、趋势性的重大问题，前瞻性地作出战略谋划，为党和政府当好参谋。

鼓励基金会根据自身目标，开展相关公共议题协商。基金会是社会组织重要组成部分，绝大多数基金会都有特定的关注领域，长期从事相关领域的工作。要鼓励基金会利用自身的专业优势和社会网络，就自己关注领域的相关公共议题开展协商活动，超越项目中心主义，在做项目的同时，通过协商提出相应的政策建议，推动相关公共政策的改善。与儿童相关的基金会可以就流动儿童的救助、青少年成长、教育公平等议题开展协商；与扶贫相关的基金会可以就精准扶贫、扶贫模式等议题开展协商；与女性相关的基金会可以就女性权利保护、反家暴、社会歧视等议题开展协商。

推动行业协会商会就行业发展问题与相关政府部门开展协商。行业协会商会是党联系非公人士的桥梁纽带，同时也是行业内企业的“娘家”，在行业发展中扮演着重要角色，民政部门要推动行业协会商会深入开展行业调查研究，积极就相关法规、政策开展协商，主动向政府有关部门反映行业诉求，提出行业发展和立法等方面的意见和建议，为行业的发展创造适宜的外部环境；推动行业协会商会通过协商参与行业标准体系建设、行业准入制度的建立，完善行业管理，促进行业发展。在这方面，北京市已经进行了很多探索，仅2011年，北京市的155个行业协会共完成80个行业标准的制定，为制定法规政策提供建议5453条，被采纳2563条，承接政府研究课题161项，收集行业、企业建议近25万条，其中采纳10万余条，增强了政府与企业间的沟通交流，有效弥补了政府公共服务不足。民政部门要积极推广浙江等地经验，推动行业协会商会在行业工资集体协商中发挥更大作用，为经济发展创造有利条件。

鼓励行业协会商会配合国家“一带一路”建设和企业“走出去”战略，积极开展跨国协商。随着国家“一带一路”建设和企业“走出去”战略的实施，行业协会商会的作用越来越重要。从国外经验来看，行业协会商会是经济全球化的先头部队，是各国企业走出去的坚强后盾。民政部门要推动行业协会商会借鉴国外先进做法，配合国家“一带一路”建设和企业“走出去”战略，积极开展跨国协商。组织力量研讨各国相关行业的发展情况和相关法律法规，为企业“走出去”提供决策参考；建设行业公共服务平台，指导、规范和监督会员企业的对外交往活动；主动出击，联系相关国际组织，参与相关行业的国际标准制定，争取国际话语权；与各国相关行业协会进行接触，协商合作，与目标国政府部门开展协商，争取有利的政策环境，为企业“走出去”当好尖兵、铺好道路；积极组织会员企业，做好应对反倾销、反补贴和保障措施的应诉、申诉等工作，维护会员企业的合法权益，为企业“走出去”保驾护航。

鼓励公益类社会组织积极开展公共议题协商。公益类社会组织是近年来发展较快的社会组织，为了组织生存，民间环保组织在活动和策略上往往将自己的行动局限于“观鸟、种树、拣垃圾”这样的活动中，在自己的“小世界”里自得其乐，而与“大社会”的重要议题关联不够。民政部门要鼓励公益类社会组织走出自己的“小世界”，引导它们针对公共议题开展协商，从项目公益向政策公益转变，推动相关议题进入政府的政策议程，并发挥自身的专业优势，为相关公共政策的制定提供建设性的意见建议。要鼓励公益类社会组织积极开展跨国协商，参与国际规则的制定，在环保、气候变化等议题上，与政府相互配合，成为政府的帮手和助手。

4. 规范社会组织协商程序

加强组织建设，规范协商程序，这是社会组织有效开展协商的制度保障。要建立和完善伞状社会组织结构体系，为社会组织有序开展协商提供组织保障，要进一步优化社会组织结构体系，解决枢纽型社会组织行政色彩浓厚、挖掘和动员社会资源能力不足的问题，以及支持型社会组织由于资金等原因造成的数量少、规模小等结构性缺陷，发挥好枢纽型社会组织和支持型社会组织作为社会组织体系的关键节点作用。与此同时，加大政策扶持力度，推动成立专业的协商类社会组织，弥补社会组织协商发展的结构性缺陷。

按照《意见》要求，规范协商程序，确保协商活动有序务实高效，要大胆借鉴国外近几十年来协商民主实践中积累的丰富经验和规范的操作流程，在提炼协商议题、确定协商人员、开展协商活动、注重协商成果转化等环节上狠下功夫。[①]

在与谁协商的问题上，在开展公共议题协商时，通过随机抽样的方式来选取协商的参与者，通过分层抽样等技术手段，保证抽样的科学性和代表性。在开展组织内部公共事务协商时，则可以采用非随机抽样来选取协商的参与者，邀请利益相关方参与协商。

在如何协商的问题上，要在细节上下功夫，做好会前准备、会中控制和会后总结报告撰写等各个环节的工作。会前要注重议题手册的撰写和发放工作，组织专业人士编写议题手册，保证协商活动的科学性；议题手册一定要提前寄送给参与者，以确保协商人员对议题充分了解，并征求相关人员意见，使得一些新鲜的经验和视角能藉此进入讨论过程，从而提升协商的质量。会中要注重流程控制，合理安排会议时间，培训协商活动的主持人，尽量避免由领导主持协商活动的传统做法，保证协商活动的规范性；将大会讨论和分组讨论相结合，公民讨论和专家咨询相结合，实现专业知识和社

---

① 更详细的论述请参考谈火生、霍伟岸、何包钢：《协商民主的技术》，北京：社会科学文献出版社，2014 年，第三章。

会视角的有机融合，产生出科学合理的决策建议。会后要及时对协商成果进行提炼总结，撰写高质量的协商活动总结报告，提出针对性的政策建议。积极探索新技术手段在社会组织协商中的运用，搭建网络协商平台，为更多社会组织参与协商创造条件，实现线上协商和线下协商的密切互动，提高协商实效。

在协商以后怎么办的问题上，要注重协商成果的转化工作。对于针对公共议题的协商成果，一方面，社会组织可以通过自身社会网络和媒体，扩大协商成果的社会影响；另一方面，社会组织可以主动通过人大代表、政协委员或其他制度化渠道，借船出海，将协商成果报送相关决策部门。对于社会组织内部政策性议题的协商成果，要积极将其转化为行业标准和行业规范，督促组织内部成员遵守，提升行业的整体品质。

5. 加强党和政府对社会组织协商的领导

加强党和政府对社会组织协商的领导，是保证社会组织协商探索沿着正确的政治方向前进的关键。《意见》提出，“坚持党的领导和政府依法管理，引导社会组织有序开展协商”。社会组织具有很强的自组织特点，在特定领域内的社会动员力深入、广泛，因此，必须采取有效措施，确保将社会组织协商纳入党和政府主导的工作体系，加强引导和管理，促进其发挥积极作用，保证社会组织协商始终沿着正确的政治方向前进。

发挥社会组织党组的核心领导作用，确保协商取得实效，推动协商成果转化。2015 年 6 月中共中央印发《中国共产党党组工作条例（试行）》，明确要求在社会组织中设立党组。这是党的建设的一个重要举措，也是社会组织协商保持正确政治方向的重要保障。要发挥社会组织党组的核心领导作用，坚定不移地贯彻党的路线方针政策，将党的有关重大决策和工作部署贯彻到协商议题的提炼之中，确保协商活动与党中央保持高度一致。按照民主集中制原则，确保协商依法开展、有序进行；规范协商程序，确保协商缺的实效；有效利用党组的渠道优势，推动协商成果的转化。

建立健全民政部门依法管理的工作制度，引导社会组织有序开展协商。作为社会组织的管理部门，民政部门要将社会组织协商建设工作纳入总体工作部署和重要议事日程，健全与相关社会组织联系的工作机制和沟通渠道，及时研究并统筹解决工作中的重大问题，分工负责，有序推进。

发挥基层党组织的作用，引导社区社会组织有序开展协商。以社区党委为核心、以社区居委会为“枢纽”和平台，以各类社区社会组织为依托和抓手，构建一种伞状治理结构，既有效促进社区自治、还居委会以“居民自治组织”的本来面目，又将各类社区社会组织作为社区工作的具体执行者和落实者，将社区社会组织纳入基层治理的总体格局之中，引导社区社会组织有序开展协商，使社区社会组织协商成为基层治理的有机组成部分。

做好社会组织协商试点工作，稳步推进社会组织协商的发展。试点是党和政府的重要工作机制，社会组织协商刚刚起步，经验少，亟须通过试点摸索经验。民政部门要选择比较成熟的社会组织，开展社会组织协商试点工作，及时总结经验，提炼上升为制度规范，稳步推进社会组织协商的发展。

第十章　化解冲突与谋求共识：协商民主与群体性事件

自20世纪80年代以降，随着中国改革开放的逐步展开，中国社会发生了人类历史上罕见的剧烈变迁，只用了几十年的时间就走过了很多西方国家花几百年才完成的现代化过程，经济飞速发展，社会日益分化，新情况、新问题不断涌现。面对着愈益错综复杂的局面，利益表达渠道不畅、政府治理能力不足等问题日益凸显。就是在这种形势之下，群体性事件大量出现，逐渐成为政府部门和学界共同关注的热点问题。群体性事件所具有的抗争性质深刻影响着中国当代政治社会的发展，成为国家治理的重大课题。

面对群体性事件，地方政府通常采取的策略主要有三种——忽视、镇压与赎买。但是，这三种常见的治理取向均存在严重问题。忽视策略所针对的一般是规模较小、烈度较低的群体性事件，这种策略选择往往出现在群体性事件的初始阶段。这种不予回应的做法，意味着任由矛盾聚积、冲突加剧，事态由此恶化，难以收拾。而一旦局面失控，地方政府又会反应过激，以敌我对立的思维靠强力镇压来平息事态，但结果常常是进一步激化矛盾；即便暂时压制了冲突，但矛盾根源并未消除，而政府威信已然受损。赎买是一种新的应对策略，地方政府试图通过利益赎买的方式，用人民币来解决人民内部矛盾。这种策略虽然满足了抗争群体的利益诉求，却容易滋生其他群体进一步的利益诉求，在各自追逐自身利益的过程中，公共政策与公平、正义的理想渐行渐远。既有的三种治理思路均无法让民众在制度化的讨价还价中走向政治成熟，不能促进民众在政治参与、争论、讨价还价中实现政治效能感。由此使得原本非政治化的领域重新政治化，极为值得警惕。[①]

相较而言，以民主协商的方式治理群体性事件有其独特优势。在规范理想层面，协商民主追求公共利益，它试图通过理性对话，促使各方超越自身利益局限，以公共性视角来思考相关议题，通过反思性平衡修正各自偏好，取得或厚或薄的共识，最终形成更加合理的公共政策，并推动其有效实施。[②] 就群体性事件的治理而言，协商民主的嵌入将有助于建立普遍而公正的利益表达、利益博弈与制度化解决利益冲突的有效机制，培育公民积极参与公共事务的热情、开阔的心胸和理性包容的态度，从而为群体性事件的预防和处置创造良好的条件。

本章的论述将分为三个部分。第一部分将对既有的研究进行回顾，并在此基础上提出本文的两个基本假设。第二、

① 赵鼎新：《社会与政治运动讲义》，北京：社会科学文献出版社，2006 年，第 6 页。

② Amy Gutman and Thompson Dennes, Deliberative Democracy Beyond Process. *The Journal of Political Philosophy*, Vol. 10, No. 2, 2002, pp. 153 – 174.

三部分将通过多案例探讨，分别论证本文的两个假设：1. 协商式决策可以提升决策质量和民众对公共政策的认同度，从而有助于预防群体性事件的发生；2. 协商式谈判通过政府威信空间的构建和协商治理技术的嵌入，可以实现沟通的理性化，从而有助于遏制群体性事件的发展，甚至消弭已发生的群体性事件。

（一）协商民主与群体性事件：既有研究及其不足

作为当代民主理论的重要一脉，协商民主在西方学界颇具影响力。[①] 以协商民主解决身份政治冲突是其重要议题，已引起诸多讨论。持异议者认为，协商民主无法解决多元社会中的认同问题，也无法解决边界争议问题，甚至不能为社会冲突中的弱势群体提供强有力的制度保障。[②]

与此同时，相当多的协商民主理论家强调协商民主有助于解决社会冲突。[③] 詹姆斯·菲什金教授通过政治实验发现，

---

① 谈火生：《从民主研究的“协商转向”到协商民主的“经验转向”》，《联合时报》2015 年 3 月 31 日。

② Iris Marion Young, Activist Challenges to Deliberative Democracy. *Political Theory*, Vol. 29, No. 5, 2001, pp. 670 – 690; Cass R. Sunstein, Deliberative Trouble: Why Groups Go to Extremes? *Yale Law Journal* 110, 2000, pp. 71 – 119.

③ Ian O'Flynn, *Deliberative Democracy and Divided Societies*. Edinburgh: Edinburgh University Press, 2006; John S. Dryzek, *Deliberative Global Politics*. Cambridge: Polity Press, 2006, pp. 154 – 157; John S. Dryzek, Deliberative Democracy in Divided Societies: Alternatives to Agonism and Analgesia. *Political Theory* Vol. 33, No. 2, 2005, pp. 218 – 242.

协商民主有利于促进互信，扩大共识，从而有助于解决和控制社会冲突。[①] 伊利斯（D. G. Ellis）教授则强调，解决社会冲突的方案在于涉事各方之中，冲突的解决需要相互之间的依赖，这正是协商交流的意义所在。[②] 即便在各种质疑声中，反对者所强调的只是：协商的环境与性质对于协商效果发挥着关键作用[③]；在存在结构性不平等的情况下，协商民主无法充分改变弱势群体的不利处境。[④] 这些质疑当然值得深思，但并没有完全否定协商民主解决或缓和社会冲突的可能性。

相较于西方协商民主理论家聚焦于纾解身份政治冲突，中国语境下的针对社会冲突的协商治理，则更多是涉及具体的社会政策问题、利益表达制度设计的缺失与失衡问题，这些问题恰恰更适合于通过公共协商与咨询来加以解决。[⑤]

在这个意义上，国内学者对于通过协商民主治理群体性

---

① James Fishkin, Tony Gallagher, Robert Luskin, Jennifer McGrady, Ian O'Flynn and David Russell, A Deliberative Poll on Education: What Provisions do Informed Parents in Northern Ireland Want, see http://cdd.stanford.edu/2007/a-deliberative-poll-on-education-what-provision-do-informed-parents-in-northern-ireland-want/

② D. G. Ellis, *Deliberative Communication and Ethnopolitical Conflict*. New York: Peter Lang, 2012, p. 25.

③ Iris Marion Young, Activist Challenges to Deliberative Democracy. *Political Theory*, Vol. 29, No. 5, 2001, pp. 670 – 690;

④ Cass R. Sunstein, Deliberative Trouble: Why Groups Go to Extremes? *Yale Law Journal* 110, 2000, pp. 71 – 119.

⑤ 德雷泽克教授强调，将对抽象价值与身份的诉求转变为对于具体需求（specific needs）的表达，将更能保证通过对话达成共识。John S. Dryzek, Deliberative Democracy in Divided Societies: Alternatives to Agonism and Analgesia. *Political Theory* Vol. 33, No. 2, 2005.

事件普遍秉持积极态度。协商民主鼓励包容、参与、倾听、尊重、理解，为分歧和冲突的解决提供了合作方法。[①] 通过提供沟通平台，将干群矛盾转化为群众利益调整问题，“协商民主确实有助于减少或解决上访问题。”[②] 通过听证会、民主恳谈会、网络问政等协商民主形式，健全与落实公民利益表达制度设施，将多元化的民意充分吸纳到公共政策的过程之中，将能够在很大程度上预防群体性事件。[③] 通过协商式治理，群体性事件极端化的概率由此降低。[④] 因此，“用协商民主方法来解决最棘手的问题是一个创新，也是基层官员化解社会矛盾的一种新的思路和方向。”[⑤]

在理论层面上，学者们普遍认为，协商民主所秉持的交往理性能够调适公共行政过程中的价值理性与工具理性的内在紧张[⑥]；而作为其核心要素的平等、公开、责任以及理性对

---

① 陈家刚：《协商民主与当代中国政治》，北京：中国人民大学出版社，2009 年，第 107 页。

② 何包钢：《协商民主和协商治理：建构一个理性且成熟的公民社会》，《开放时代》2012 年第 4 期，第 23－36 页。

③ 陈剩勇：《群体性事件的治理之道》，《浙江人大》2009 年第 1 期，第 30－31 页。

④ 薛澜、张杨：《构建和谐社会机制治理群体性事件》，《江苏社会科学》2006 年第 4 期，第 112－117 页。

⑤ 何包钢：《协商民主和协商治理：建构一个理性且成熟的公民社会》，《开放时代》2012 年第 4 期，第 23－36 页。

⑥ 孙奔、武香君：《调适公共行政过程中理性冲突的协商民主思维方式——以处理群体性事件为例》，《天水行政学院学报》2014 年第 3 期，第 57－60 页。

话等，亦是治理群体性事件及其极端化的关键。[①] 运用于群体性事件的协商式治理，能够避免压制的非自愿性、妥协的无原则性、回避的短视性以及恩威并施的功利性[②]，同时提升解决社会冲突的制度化能力[③]，因此具有特殊的优势。在实践中，公共协商亦有助于美德、责任感、理性与沟通等公民精神之培养。[④] 从长远来看，从维权抗争发展为协商对话，增进了政府与民众的相互理解与信任，将能够开启当代中国民主建设的新思路。[⑤]

在实践层面上，学者们普遍认为，现有的协商民主制度建设落后于经济发展速度，落后于社会组织的发展速度。协商民主制度的滞后现象无法适应现代高速发展的要求。[⑥] 在中国的乡土社会情境中，协商实践面临着制度、惯例、文化等方面的限制，从而使得协商并未能在现代性规范的前提之下

---

① 周晓丽：《公共协商：群体性事件的治理之道》，《天府新论》2010年第3期，第81－86页。

② 杜学文、高军：《引入商谈模式解决群体性事件——香港拆迁紫田村事件和平解决的启示》，《福建论坛》（人文社会科学版）2011年第4期，第155－159页。

③ 范铁中：《社会转型期群体性事件的预防与处置机制研究》，上海大学出版社，2014年，第111页。

④ 戴桂斌：《协商民主：化解社会矛盾冲突的有效形式》，《求实》2009年第11期，第60－63页。

⑤ 张紧跟：《从维权抗争到协商对话：当代中国民主建设新思路》，《华中师范大学学报》（人文社会科学版）2011年第2期，第23－30页。

⑥ 何包钢：《地方协商民主制度会持续发展吗?》，《学习时报》2006年10月23日。

充分实现其化解纠纷的功能。[①] 就协商式治理的过程而言，政府对政策议程的置换与控制、对于协商机制的“选择性执行”是比较突出的问题，这将导致公民参与成为“在场的缺席”、协商成为走过场，使协商蜕变为一种管理工具[②]，政府不合时宜的介入很可能使得此前的协商成果付之东流，有时甚至会重新激化矛盾。[③] 目前地方政府在治理群体性事件的过程中对于协商民主的运用，主要依赖于决策者的政治开明，尚未能实现制度化与规范化。[④]

综上所述，学界对于协商民主治理群体性事件的意义，以及实践中存在的问题已经积累一些研究成果，形成了一定的共识。但是，对于协商民主究竟通过何种机制来预防群体性事件的发生、遏制群体性事件的发展，学界的探讨则相对匮乏。因此，本章将研究重心聚焦于协商民主治理群体性事件的具体机制。我们可以将群体性事件的治理分为源头治理与过程治理两个主要环节。前者聚焦于政府决策，后者关键在开展谈判。协商民主可以分别嵌入到这两个环节，从而预防群体性事件的发生、遏制群体性事件的发展，提升治理绩

---

① 毛丹：《农村协商民主面临的限制——关于几个农地纠纷案例的解释提纲》，载陈剩勇、何包钢主编：《协商民主的发展：协商民主理论与中国地方民主国际学术研讨会论文集》，北京：中国社会科学出版社，2006 年，第 153 – 160 页。

② 张紧跟：《从抗争性冲突到参与式治理：广州垃圾处理的新趋向》，《中山大学学报》（社会科学版）2014 年第 4 期，第 160 – 168 页。

③ 何包钢：《协商民主和协商治理：建构一个理性且成熟的公民社会》，《开放时代》2012 年第 4 期，第 23 – 36 页。

④ 昌业云：《浅析我国治理群体性事件的政策范式转换》，《国家行政学院学报》2011 年第 1 期，第 22 – 27 页。

效，并最终实现社会稳定。在具体的实现机制上，本章提出的研究假设如下：

1. 协商式决策可以提升决策质量和民众对公共政策的认同度，从而有助于预防群体性事件的发生；

2. 协商式谈判通过政府威信空间的构建和协商治理技术的嵌入，可以实现沟通的理性化，从而有助于遏制群体性事件的发展。

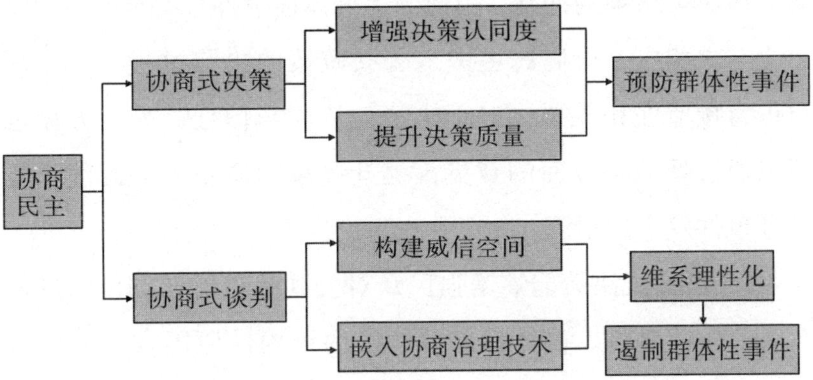

协商民主治理群体性事件的具体机制

（二）协商式决策与群体性事件的预防

群体性事件的发生，多半与政府的公共政策有关，典型如征地拆迁和环境保护，就是诱发群体性事件的渊薮。政府所制定的公共政策，是否能够得到有效执行，是否会遭遇抵抗，这取决于两种情况：一是其决策过程是否透明、开放，是否为相关群体所信服，从而产生执行的意愿；二是其决策本身是否合理，决策结果是否直接损害了特定群体的切身利益，因此变得不可接受。当一项公共政策损害了相关群体的正当利益，这项公共政策既很难是公正的，也不可能是高质量的，这种类型的决策就会成为受损群体进行抗争的直接原因。与此同时，即便一项公共政策并没有明显地损害相关群体的利益，但由于决策过程不透明、民众没有机会参与和影响决策，民众对于该公共政策缺乏信任与认同，也会造成其对具体决策结果的抵制，由此滋生群体性事件。

与之相应，协商民主嵌入公共政策的决策过程，一方面可以直接增强相关群体对于决策的认同与信任，另一方面也可以通过吸纳各方面的意见，提升决策的质量，从而消除群体性事件发生的根源。

1. 协商式决策能够增强民众对公共政策的认同度，进而预防群体性事件。群体性事件频发的结构性原因在于利益表达机制的不健全。尽管在各级政府的政策流程中，专家参与的程度已经有了明显提升。[①] 但是，普通民众，尤其是弱势群体，其进行利益表达的有效渠道非常有限，对于公共政策的影响也很微弱。很多时候，民众不是出于对决策结果的不满，而是由于没有参与感，从而对公共政策本身缺乏信任，这成为了群体性事件爆发的根源。

当政府的决策机制由于不够透明而不能为民众所信服的时候，通过协商民主的嵌入，改变地方政府的公共决策流程，从而增强民众对于相应决策的参与感，就能够在决策本身没

① 参见朱旭峰：《政策变迁中的专家参与》，北京：中国人民大学出版社，2012 年。

有明显改变的情况下，提升民众对于决策的认同度，最终消除群体性事件发生的心理根源。我们可以通过号称“天下第一难”的征地拆迁中的民主协商来说明这一点，我们选取的案例是浙江省温岭市新河镇城西村“旧城改造”民主恳谈会。正如全国的绝大多数地区一样，毗邻温岭市的临海市、椒江区等地，都曾因为征地拆迁爆发激烈冲突，城市建设也因此徘徊不前。事实上，城西村从2002年就开始讨论旧城改造项目，但村民对政府所提出的方案始终缺乏信任。事情的转机发生在2014年4月，在新河镇党委和政府的主持下，城西村召开了“城中村”改造民主恳谈会，镇、村主要负责人以及党员代表、村民代表、拆迁户代表共50多人参加。在这次民主恳谈会议中，有关各方通过互动，系统了解了分配政策、有无房产证、计算建筑面积等具体问题。政府人员直面群众，公开所有相关信息，消除村民顾虑，从而取得了村民合作，顺利完成改造任务。

众所周知，征地拆迁中的怪相之一就是，即便地方政府制定了合理的补偿标准，也仍旧可能遭遇抵抗。由于缺乏明晰而统一的标准，地方政府在补偿政策的制定上具有较大的自主权，由此也导致社区内部总是存在希图通过与政府博弈以争取自身利益最大化的少数“钉子户”。这个“少数”甚至能通过各种手段影响社区内的多数，造成了政府政策执行的困境。而如果强力执行，又往往遗患无穷。政府、开发商、拆迁户，相互之间不明晰的博弈状态，造成了无数的问题乃至悲剧。对于政府政策的不信任是造成矛盾、诱发冲突的重要原因。城西村通过较为规范的民主恳谈，成功消除了这种不信任，增强了民众对于政策的认同。

民主恳谈一方面以公开透明的决策方式消除了民众对于政府的不信任，另一方面又以多方协商的方式遏制了少数拆迁户试图牟取不正当利益的动机。这两个方面共同作用的结果就是民众对于决策认同度的提升。民主恳谈之所以能消除民众对政府的不信任，是因为恳谈就意味着相关的政策在正式实施之前必须经过民意的检验，这反过来倒逼相关政府部门在制定政策时尽量公平，并及时有效地回应民众在恳谈中所提出的质疑。这个过程一方面推动政府的自我规范化；另一方面也能让民众在沟通过程中看到政府的诚意，理解了决策的根据，从而消除对于政府的误解和不信任。协商讨论赋予每个参与者表达自己意见的机会，即使他不赞成最后通过协商所达成的决策，程序的公正也使得参与者更倾向于支持最终的决策，并配合政策的执行。

民主恳谈之所以能遏制少数拆迁户试图牟取不正当利益的动机，是因为协商本身是一个相互讲理的过程，而且，在讲理过程中所给出的理由必须是一个公共的理由，也就是大家都觉得有道理、都能接受的理由。这样，你必须证明这么做不仅对你自己有利，而且对我们大家都有利，这样大家才会接受这个理由。[①] 由于有协商要求的约束，村民与拆迁户在恳谈中将被导向更为理性的方向，那种“漫天要价”的“钉子户”的行为与主张，是很难在民主恳谈的过程中得到多数代表的认同的。可以说，将协商民主嵌入决策过程，为相对弱势的拆迁户提供了表达自身主张的机会，但只有合理的主

① 谈火生、霍伟岸、何包钢：《协商民主的技术》，北京：社会科学文献出版社，2014 年，第 16 – 17 页。

张才能得到参与各方的认同，那些过分的、不合理的主张会在民主恳谈的过程中被边缘化。一旦趋向公共利益的合理主张能够在多数居民与拆迁户那里取得共识，那么，即便是拒绝参与民主恳谈的“钉子户”，他们的明显不合理的诉求就不仅面对着政府的压力，而且也面临来自左邻右舍的多数居民的压力。在中国，来自左邻右舍的压力可能比来自政府的压力更为重要，在这种情况下，协商民主将政府与拆迁户之间的博弈转化为村民与拆迁户之间的相互约束，从而抑制了拆迁户在征地拆迁过程中“漫天要价”的冲动。

2. 协商式决策能够提升公共政策的质量，从而预防群体性事件。群体性事件频发的一个直接原因是公共政策没有充分考虑各方面的意见和利益，或者由于信息不充分、论证不严密，从而使得政策所覆盖的某些群体的利益受到伤害。而这样的公共政策往往是闭门造车所致，闭门式决策所造成的低质量公共政策往往是群体性事件的导火索。

如果能在决策之前充分协商，广泛听取民众意见，对政策选项进行科学论证，并从一开始就将整个决策过程对公众开放，就能提高决策的质量，从而从源头上预防群体性事件的发生。我们可以通过近年来愈演愈烈的针对环境问题的群体性事件为例来说明这一点。在此，我们选择正反两个方面的案例：2007 年的福建 PX 项目（对二甲苯化工项目）和 2012 年的江苏启东事件。

2012 年的江苏启东事件是一起大规模的群体性事件，数万民众冲击政府大楼，其直接原因就是南通市政府在日本王子制纸排海工程项目的决策中，其闭门方式未能有效平衡成本收益在辖区里不同地区的合理分担，从而激化了矛盾，造成了这起震惊全国的群体性事件。而 2007 年福建省关于 PX 项目的决策，则是通过协商式决策化解危机的典型案例。这一案例涉及福建省内两个毗邻的地区：厦门和漳州。开始，PX 项目准备落户厦门，厦门市政府在 PX 项目上马过程中，也是和江苏启东一样，采用闭门决策的方式，没有考虑当地居民的意见与顾虑，也因此未能有更为科学、合理的选址决策，从而导致了不满情绪。2007 年 6 月，厦门民众以游行示威的方式来表达抗议。在厦门 PX 项目事件中，事态走向平息的关键点是公众座谈会的召开。在这场座谈会中，市民代表、人大代表和政协委员、环评专家等都参与进来，从不同角度讨论该项目选址的合理性问题。这些意见最终影响了政府决策，事态最终得到平息。作为后续，漳州在规划落实 PX 项目的过程中，吸取了厦门的教训，以民主协商的方式充分吸纳民意来做出高质量决策，将矛盾消弭于无形。

漳州、厦门与南通，均处于东南沿海地区，经济社会发展水平相似，在环保问题决策时所产生的不同后果，在一定程度上凸显出协商式决策对于治理群体性事件的重要性。环境问题与征地拆迁问题的一个最大不同是，征地拆迁问题基本没有什么知识含量，就是纯粹的利益计算。但是，环境问题却非常复杂，知识含量很高，在技术上具有高度的复杂性，要准确地理解与环境问题相关的政策选项，需要具备多方面的知识。因此，地方政府在处理征地拆迁问题时，往往还会想到要与拆迁户协商；但是，面对环境问题，地方政府首先想到的是与相关专家进行咨询，而不是听取公众的意见。环境问题还有一个特点，其影响是长期的、缓慢的，同时可能也是致命的，其风险的不可控性程度较高。因此，公众对环境问题存在莫名的恐惧，对环境项目可能造成的伤害是采取“宁可信其有，不可信其无”的态度。这就决定了在环境项目的决策过程中，地方政府更应该通过协商的方式来进行决策。在2015年的十二届全国人大三次会议期间，新任环保部部长陈吉宁在回答记者提问时强调，“希望各级政府提高自身决策的科学化和民主化水平，特别是在这类项目（PX项目、垃圾焚烧站项目等）的前期，在规划选址、公众参与、信息公开等方面加大力度，认真听取公众的意见，保障公众的权益，妥善处理好这类项目的‘上马’问题”。[①]

这里所说的科学化、民主化，其实就是旨在提高决策的质量。那么，协商式决策为什么能够提高决策的质量呢？首先，协商的过程是一个信息和视角的汇集过程。公共决策需要的不仅仅是严格意义上的科学知识，一切重大的决策，无论涉及个人或政府，都需要道德和价值判断，而且在有限的资源下，要对不同目的的冲突进行平衡，而这种平衡不是靠专业知识所能解决的，需要引入公民的参与和讨论。[②] 通过协商，来自各方面的不同声音、不同社会视角都进入决策过程，多元的、差异的观点可以在一定程度上纠正决策者的认知盲点和偏见，更加准确地界定公共问题，更加全面地考量政策选项。其次，协商的过程是一个相互论证的过程，协商需服从“更佳论证的力量”。真理越辩越明，通过相互论证，各种

---

① 《陈吉宁回应PX、垃圾焚烧项目：处理不好会引起群体事件》，中国新闻网，2015年3月7日。

② 罗伯特·达尔著：《论民主》，李柏光、林猛译，北京：商务印书馆，1999年，第79页。

政策选项的利弊会变得越来越清晰，也可能为解决问题提供新的更为合理的思路。信息、视角的汇集和相互论证为改善政府的公共决策提供了更为科学的基础。

总体而言，协商民主的嵌入有助于破解地方政府公共决策中的困局，重新塑造地方政府治理的政策生态环境，通过增强民众对公共政策的认同度、提高公共政策的质量，从而纾解政府与民众之间的矛盾与冲突根源，预防群体性事件的发生。

（三）协商式谈判与群体性事件的遏制

如果说协商式决策是一种源头治理，它有助于预防群体性事件发生的话，那么，协商式谈判则是一种过程治理，它旨在对激化群体性事件的非理性因素进行控制，从而有效遏制群体性事件的不断升级，降低其烈度。因为群体性事件一旦爆发，在某种程度上，民众就进入了一种群情激昂的状态，此时，理性往往让位于熊熊燃烧的激情，就像熊彼特所言："在这种状态中，试图进行理性争论只会煽起兽性"。[①] 协商式谈判所强调的公共商讨与慎思明辨，恰恰是通过尽力在群体性事件中维系理性化的氛围、抑制情绪化冲动，从而遏制群体性事件的极端趋势。理性化氛围的维系，则可以通过威信空间的构建和治理技术的植入来实现。

① 约瑟夫·熊彼特：《资本主义、社会主义与民主》，吴良健译，北京：商务印书馆，2002 年，第 379 – 380 页。

1. 政府威信空间的运用与理性化之维系

将协商民主运用于群体性事件的治理过程中，不能片面地理解协商民主的规范性要求，狭隘地认为权威与协商民主所要求的平等相互对立。事实上，在群体性事件协商中，权威在维系理性化方面发挥着不可忽视的作用。在中国，由于协商都是在党委和政府的主导下进行的，因此，此处所说的权威主要是指党委、政府的权威。① 党委、政府通过运用其权威，构建出一个客观、中立的威信空间，有了这样的空间，冲突各方才愿意坐下来进行谈判，以理性的方式进行协商，而不是以情绪化的方式相互对抗。关于这一点，我们可以通过浙江省温岭市松门镇L教堂迁址问题的协商来加以说明。L教堂的迁址问题由来已久，从1994年就产生新老教堂冲突，其争端一直蔓延近20年。双方上访不下60次，自行调解100多次，但都无法解决矛盾。2013年，镇党委和政府所主持的民主恳谈，却成功地化解了双方的矛盾，提出为双方都接受的最终方案，使得20年的积案一朝化解。

在很多群体性事件中，原本是不同社会群体或阶层之间的冲突最后都演变为民众与政府之间的冲突。相较而言，围绕L教堂的争端则并未导向对政府的不满与抗议。所以，这就为当地政府通过民主恳谈化解矛盾提供了较为丰厚的权威资源，它一方面来自于政府本身在处理纠纷时的权威性，另一方面也来自于民主恳谈这种协商形式在当地所形成的公信力。所以，民众自行调解解决不了的事情，政府却能通过相

① 当然，我们也不排除由社会组织作为第三方来构建类似的威信空间。

对规范而带有本土特点的民主恳谈，引导双方从对抗走向和解。温岭的这场延续了20年之久的冲突，之所以久拖不决，一个很重要的原因就是冲突双方谁都没有权威性，双方上访本身也是寻求权威的过程。在民主恳谈中，党委和政府以自身的权威资源构建了一个威信空间，恳谈本身是在中共温岭市委、市政府的直接过问下展开的，主持人由松门镇主管政法工作的副书记来担任，恳谈结果则由温岭市民宗局局长当众宣布，党委、政府权威的因素在恳谈的各个环节都发挥着作用。正是通过党委和政府所构建的威信空间，冲突双方的平等地位才得到有力的保障，双方的情绪化冲动才得到有效抑制，理性对话才得以展开，解决方案也在理性对话的过程中逐渐浮现，并为双方所接受。

2008年的云南孟连事件则向我们展示了中国场景中“政府权威”的另外一面：权威随着政府层级的下降而递减。在孟连事件的处置过程中，普洱市政府由于之前始终坚持对于胶农的强硬态度，无视胶农群体的正常利益诉求，因此在群情激愤的胶农面前失去了权威。在7月21日，普洱市与孟连县的领导再赴现场协商善后问题的时候，死者家属坚持要求中央领导来解决问题，并提出高达1000万元的“天价索赔”，从而导致协商无果而终。与之形成鲜明对照的是，作为更上一级的省级代表却更容易得到胶农群体的信任。7月20日，中共云南省委政法委书记孟苏铁与胶农代表一个多小时的对话就稳定了胶农群体的情绪，控制了事态。而在随后普洱市政府所主导的善后协商陷入困局之时，7月22日上午，由中共云南省委政法委副书记马继延所主导的谈判却能够在仅仅两个多小时的对话后说服胶农“领袖”配合政府做好善后事宜。

需要强调的是，权威与平等相辅相成，共同维系着谈判过程中的理性化氛围。如果没有平等因素，胶农对于上级政府权威的信任不可能转化为现实的对话与合作。正如在7月20日的谈判中一位胶农代表所反映的，胶农的正当利益诉求长期得不到政府的平等对待。而为了促进对话谈判现场的平等与互信的氛围，孟苏铁书记在奔赴谈判现场时几乎是只身前往，没有带领大批警察护卫人员。而在谈判的过程中也极为诚恳，坦承当地政府之前工作的失当，并为此向胶农深深地鞠躬表示道歉，这种作为为群众所认可的政府权威而又能够“屈身俯就”，以平等的态度与相关群体对话的态度，对于抑制群众情绪的激化，塑造谈判过程中的理性化氛围是非常有效的。

这两个案例给我们的启示是，党委和政府在处理群体性事件时，及时而充分地利用既有的权威资源来构建威信空间是十分必要的，也是非常有效的。就此而言，瓮安事件则是反面教材。在这个案例中，至少有两个关键时刻，可以避免事件的发生和事态的进一步扩大。然而，当地政府反应迟钝，错失良机，未能及时与李树芬家属以及卷入该事件的群众开展面对面的谈判与对话。首先，从6月22日到6月28日事态暴力化之前，长达7天的时间内，富有权威的有效对话始终未能展开。李树芬家属陈尸岸边，每天都有成百上千的当地人去观看，由此成为滋生谣言的温床，聚积愤懑的渊薮。其次，在6月28日下午4点到晚上8点的最为危急而关键的4个小时内，当地政府以及黔西南州政府的主要领导均未能出现在现场群众面前。如果当时政府能够有主要领导出面接待上访群众，与群众面对面交流，局面就不至于完全失控，大规模、暴力性的冲突也不会发生。[①]

2. 协商治理技术的嵌入与理性化之维系

面对群体性事件中情绪激动的争端方，要保证协商过程始终在理性化原则下展开绝非易事。它需要一系列的规则与程序，以及设计合理的技术化手段。协商民主实践中经常使用的主持人制度就是一个很重要的协商治理技术。主持人最重要的作用就是保持客观、中立的立场，维持协商的秩序，引导各方理性地展开讨论，确保各方保持克制，控制讨论过程中激烈的言语冲突不至于导致敌对情绪的蔓延与交流的中断，促进双方在思想碰撞中理性反思。这一点在浙江温岭 L 教堂争端的案例中就有所体现。一开始，主持人就明确了本场恳谈的主题是"两堂是否合并，不合并该如何建设"，并在过程中促使双方围绕主题发言，避免话题分散而效果不彰。

协商民主实践中经常使用的分组是另一个很重要的协商治理技术。2009—2010 年，广东惠州某村就外嫁女上访问题举行协商。在协商开始前，对 143 名参加协商的村民进行随机分组，该村 23 名上访的外嫁女被随机分到 10 个小组中，每个小组分到的外嫁女只有 2—3 名。这些外嫁女也不是每个人都很激进，真正激进的只是少数，但是，在以往的调解中，由于讨论都是集体举行，整个讨论往往被这少数几个激进的外嫁女所绑架。通过分组，激进的外嫁女基本上在小组中都处

① 高新民、吴桂韩编：《领导干部应对群体性事件案例选评》，北京：中共中央党校出版社，2011 年，第 63 页。

于被孤立状态，不再出现以往常见的现象：激进外嫁女相互奥援，推动观点不断激进化。由于分组，情绪化因素对协商的干扰大大减弱。经过协商，只有3名外嫁女不愿意接受协商结果。[①]

此外，协商地点的选择也有技巧。温岭在L教堂争端的案例中，最终择定的恳谈地点是松门镇教堂会议室，这更有利于为信徒营造一种理性、平和的交谈氛围；同时，由于离镇政府较近，也有利于遏制极端情绪。在整个恳谈过程中，全程录像，并做会议记录，这有利于增加协商过程的透明性与公正性，增加争端双方理性对话的信心与动力。在恳谈会之后，当地政府对于各方代表进行了后续走访，已做出妥协姿态的代表绝大多数对于恳谈结论持肯定态度，表示不会再上访、不再组织闹事。

协商式谈判在纾解群体性事件中的作用，就在于为争端各方提供了一个理性表达的空间。通过一系列制度设计，营造理性、宽容的氛围，抑制极端情绪的滋生和蔓延，使得各方的利益得到尊重，愿意共同寻找解决问题的合理方案。由此，群体性事件的烈度就会降低。

与西方协商民主理论更加强调基于公民间的平等协商以解决社会冲突不同，在当代中国语境中，针对群体性事件治理的协商式谈判，党委、政府往往是最为重要的调解性力量，也拥有最重要的权威资源。遏制群体性事件所依赖的理性化氛围，首先依赖于党委、政府对其权威的充分展示与合理运

---

① 何包钢：《协商民主和协商治理：建构一个理性且成熟的公民社会》，《开放时代》2012年第4期，第23－36页。

用，以促使群众情绪由愤懑趋向理性。在展示权威的同时，必须体现出对于民众的尊重，以平等的姿态促进各方对话。同时，在协商式谈判过程中，对对话规则与程序的合理设计，有利于引导各方相互尊重、理性对话。

冲突是人类社会的永恒主题之一。冲突的适度爆发可以揭示社会弊病，进而带来社会改良的契机。对于治理群体性事件而言，无论是从源头上预防群体性事件的发生，还是在过程中遏制群体性事件的进一步升级，协商民主均能发挥积极而有效的作用。将协商民主运用于群体性事件的治理，不仅能够通过社会治理绩效的提升而增强政府施政的合法性，夯实中国共产党的执政基础，促进社会稳定，而且有助于以增量方式开辟民主化的中国道路，对于当代中国的政治发展具有重要意义。

结语：中国经验与协商民主理论的发展

从2000年左右“协商民主”一词进入中国，到2012年进入党的十八大报告，仅仅用了12年时间；从2012年11月党的十八大报告提出“健全社会主义协商民主制度”，到2015年2月《关于加强社会主义协商民主建设的意见》的出台，仅仅2年时间，协商民主就在中国的政治实践中从最初的理念转化为具体的蓝图。在党政体制的动员之下，中国已经成为世界上最大的协商民主试验场，正如党的十九大报告所言：“社会主义协商民主全面展开”，各地都在不同领域、不同层次开展了协商民主的实践。尽管协商民主在中国的发展仍面临很多困难和挑战，但是，在如此之短的时间内，中国协商民主的实践已经为我们提供丰富的思想资源。回到我们在本书一开始提出的问题：中国的协商民主经验能为协商民主理论的发展提供何种启示？中国的协商民主经验对世界协商民主的发展有什么意义？我们认为，至少在以下三个方面，中国的协商民主实践为协商民主理论的发展带来新的思考：

一、协商民主的分类。在协商民主理论的发展过程中，不同的学者根据不同的标准，对协商民主进行了各式各样的分类。例如，乌尔比娜提将其分为共识型协商民主模式和竞争型协商民主模式两种类型。麦加菲按照不同的思想资源和问题意识将协商民主理论分为另外的三种类型：以偏好为基础的协商民主模式、理性的程序主义协商民主模式和综合的协商民主模式。①

这些不同的分类方式有助于我们从不同的角度把握协商民主。但是，这些分类基本都是基于西方经验提炼出来的，因此，往往会将一些中国的协商民主实践排除在外。其中，一个典型的例子就是认为中国的协商民主属于咨询型民主，而不是协商民主。在本书中，我们根据中国本土经验对协商民主采取了新的分类方式，以“国家—社会”和“决策—咨询”两个维度将协商民主划分为四种类型，并在此基础上将西方的协商民主实践也纳入该分类中来加以考量。

西方与中国的协商民主类型划分

	国家	社会
决策	Ⅰ 正式制度中的决策型协商 （西方：国会辩论、政府协商） （中国：人大协商、政府协商）	Ⅲ 公共领域中的决策型协商 （西方：市镇会议） （中国：基层协商）

① Nadia Urbinati, Representation as Advocacy: A Study of Democratic Deliberation. *Political Theory*, Vol. 28, No. 6, 2000, pp. 758 – 786；诺埃里·麦加菲：《民主审议的三种模式》，载谈火生主编：《审议民主》，南京：江苏人民出版社，2007年，第48 – 63页。

（续表）

	国家	社会
咨询	Ⅱ 正式制度中的咨询型协商 （西方：无） （中国：政党协商、政协协商）	Ⅳ 公共领域中的咨询型协商 （西方：协商式民意调查） （中国：社会组织协商）

这种新的分类方式有两个优点：

第一，它有利于丰富我们对协商民主自身的认知，并回应西方学界对中国协商民主实践的质疑。首先，咨询是从协商结果的运用角度立论，它并不意味着主体之间的不平等。咨询完全可以是平等的，无论是决策主体还是提供咨询性意见的协商主体，他们之间并没有上下之分。

其次，咨询型协商和决策型协商的划分是一种可以通用的分类方式，无论是中国还是西方，都存在这两种类型的协商。事实上，西方不仅存在咨询型协商，而且，从某种意义上讲，咨询型协商是西方协商民主的主要实践形态和协商民主理论的着力点。因为近30年来西方协商民主理论的重心正是发展公共领域的协商民主，而不是正式体制内的协商民主。而公共领域的协商民主也就是本文所谓的“大众咨询型协商民主”，其协商主体是普通民众，协商的结果本身并不是决策，而只是为决策提供参考。也正是因为这个原因，一些西方协商民主理论的代表人物也开始使用“consultation”（咨询）来界定协商民主。例如，詹姆斯·菲什金就在中国温岭经验的基础上将协商和咨询并置，他将其新著命名为《倾听民意：协商民主与公众咨询》。[1]

与此同时，按照哈贝马斯的设想，理想形态的协商民主制度应该保证公共领域的协商成果能对正式制度安排中的决策形成实质性影响[2]，而协商民主实践所展示的实况则是二者往往是断裂的。因此，近年来，西方学界出现了协商民主研究的“系统转向”，努力解决协商与决策之间的衔接问题[3]，也就是咨询型协商与决策型协商之间的衔接问题。而在这方面，中国的协商民主体系其实具有很大的制度优越性，正如我们在第四章和第七章中所看到的，在中国既有的制度安排中，有大量的制度化渠道，可以将咨询型协商与决策型协商衔接起来，并对决策产生实质性影响。

第二，它有利于认清中国协商民主实践存在的不足，并为今后协商民主发展的着力点选择提供了理论支撑。我们注意到，2015 年《意见》出台后，政协协商、基层协商和政党协商很快就相继出台了相关领域的《实施意见》，但是，其他几个渠道的《实施意见》迟迟未见踪影；在实践中，政协和城乡社区的协商创新层出不穷。同时，如前所述，西方自 20 世纪 90 年代以来协商民主的发展经历了一个协商的民主化过程，其重点是推动公共领域的协商民主（即Ⅳ型）发展。从某种意义上讲，在协商民主的发展问题上，中国和西方发达

---

① 詹姆斯·费什金：《倾听民意：协商民主与公众咨询》，孙涛、何建宇译，北京：中国社会科学出版社，2015 年。

② 哈贝马斯：《在事实与规范之间》，童世骏译，北京：三联书店，2003 年，第 445 页。

③ John Parkinson and Jane Mansbridge, *Deliberative Systems: Deliberative Democracy at the Large Scale*. Cambridge: Cambridge University Press, 2012.

国家存在一个结构上的不对称现象。在中国，最发达的是Ⅱ、Ⅲ两种类型，而西方国家最发达的则是Ⅰ、Ⅳ两种类型。

按照党的十九大精神，要“加强协商民主制度建设，形成完整的制度程序和参与实践，保证人民在日常政治生活中有广泛持续深入参与的权利。”要做到这一点可不容易，我们必须摸清家底，在准确把握一手情况的基础上，对症下药，才能统筹推进社会主义协商民主广泛、多层、制度化发展。我们在进一步完善政党协商、政协协商和基层协商的同时，要花更大的力气来探索开展人大协商、政府协商和社会组织协商，尤其是社会组织协商。一方面，充分发挥中国在精英咨询型协商和大众决策型协商方面的优势；另一方面，可以向西方学习，借鉴他们在精英决策型协商和大众咨询型协商方面的经验，利用后发优势，实现弯道超车。

二、党的领导与协商民主的关系。尽管协商民主理论作为一种政治理论颇为流行，但领导在协商过程中的作用问题在相当程度上被忽视了。事实上，领导是任何政治制度都无法回避的，它是决策的核心成分。很多人担心，领导意味着影响力和权力的不平等的分配，它会侵蚀民主的平等理想。[①] 对于协商民主来说，这一困境也是不可避免的。西方的协商民主理论强调，协商应该在自由而平等的公民之间展开，并以之作为决策合法性的根据。这种理想化的理论假设导致西方的协商民主论者倾向于将领导问题排除在协商民主的议程之外。如果在协商中出现了领导和被领导的关系，这种协商

① Kenneth P. Ruscio, *The Leadership Dilemma in Modern Democracy*. Northampton, MA: Edward Elgar, 2004, pp. 1-6.

就不能称其为协商了。

但是，协商民主的实践表明，协商是无法回避领导这一重要议题的。正如伊安·夏皮罗所言，协商民主论者常常忽视了一个重要的问题：现实的政治不是像协商民主论者所想象的那样，理性和更佳论证可以成为政治的主导性力量，相反，权力和利益才是政治的核心。①

中国的协商民主实践表明，领导和协商之间的关系并非像很多西方学者所理解的那样是相互矛盾的，相反，领导和协商之间完全可以是相互促进、相得益彰的关系。澄清这一问题非常重要，因为在中国领导和协商民主之间的关系，除了一般意义上的领导和协商民主之间的关系外，还有中国语境下特定意义上的领导和协商民主之间的关系问题，即党的领导和协商民主之间的关系问题。众所周知，党的领导是中国政治的核心，也是社会主义协商民主的前提。但是，在一些西方学者看来，党的领导会妨碍协商民主的理想。在党的领导下，只会是一种威权式协商，它离理想的协商民主是有相当距离的。在笔者看来，党的领导不仅不会成为协商民主发展的障碍，相反，它是社会主义协商民主发展的前提。

第一，在宏观层面上，党的领导是协商民主发展的前提。尽管中国的协商民主理论起步较晚，但是，近年来，中国协商民主的理论和实践都突飞猛进，这不能不说是得益于党的领导。我们只要简单地检索一下知网就会发现，在我们的学

---

① Ian Shapiro, Enough of Deliberation: Politics is About Interest and Power. in Stephen Macedo(ed.) *Deliberative Politics*. Oxford: Oxford University Press, 1999, pp. 28 – 38.

术期刊上关于协商民主的论文在急剧增加，以协商民主为主题的学术会议频频召开，以协商民主为主要研究方向的学者也在稳步增长；我们只要观察一下身边的实践就会发现，不同领域不同层次协商民主的创新，正逐步从过去的点状分布向现在的连片发展，大有燎原之势。而这一切均与“协商民主”被写入党的十八大报告有关。当社会主义协商民主建设作为政治体制改革的重要举措被纳入全面深化改革的总体布局之中，协商民主也就借助党的力量获得了巨大的发展空间和发展动力。以基层协商的发展为例，从东海之滨的浙江温岭到西出阳关无故人的甘肃酒泉，从毗邻朝鲜的吉林安图到西南边陲的云南曲靖，都涌现出基于当地实际情况的协商民主的创新和探索，以至于有国外学者感叹道：“中国已经成为全世界最大的协商民主试验场”。

第二，在微观层面上，党的领导是协商有效开展的前提。在政策型协商中，党的领导可以有效地整合各方面的资源，为协商的有效开展创造条件。在第五章中，我们看到，因为有俞正声的主持，人民政协的双周座谈会可以邀请到与协商议题相关的政府部门的负责人（一般是副部长，有时甚至是部长）参与协商，这就有助于实现协商与决策的无缝衔接；可以邀请到与议题相关的全国知名专家，这就有助于提高协商的质量，保证协商成果的专业性。

在协调型的协商中，党的领导可以创造一个威信空间，使协商得以有效展开。在第十章中，我们看到，松门镇 L 教堂的迁址问题由来已久，在过去的近 20 年里，争议双方曾尝试自行调解，共计 100 多次，但都无功而返。2013 年的一场民主恳谈却成功地使得 20 年的积案一朝化解，靠的是什么？

靠的就是镇党委、镇政府构建出来的一个客观、中立的威信空间，有了这样的空间，冲突各方才愿意坐下来进行谈判，以理性的方式进行协商，而不是以情绪化的方式相互对抗。

三、协商与代表的关系问题。在很长一段时间内，协商民主理论几乎完全忽视了代表问题，因为协商民主论者认为协商民主可以为普通民众直接参与决策创造条件；有人甚至认为，代表制限制了民众对于协商的参与，从而与协商民主的理想要求背道而驰。协商民主的代表人物之一约翰·德雷泽克就从讨论式民主的观念出发，直接拒绝和抵制各种代表性的机构。[①] 但是，代表其实是协商民主的一种构成性成分，无论是在协商式民意调查中，还是在共识会议中，并非所有的公民或受到决策影响的人都真实地参与到协商的过程之中，真正参与的人是相当有限的。这些参与者其实是作为“代表”参与协商的，只不过这些代表不是通过传统的选举方式产生，而是通过抽样等方式产生。因此，近年来，国外协商民主理论的研究出现了对代表观念进行反思的倾向，从最初对代表制的否定和贬低，到现在出现一种向代表制的回归，代表制在协商民主中的地位和作用获得了重新认识。[②]

其中，有几个问题非常重要，代表如何选择？其代表性如何保证？协商产生的代表和既有的代表机制之间如何衔接？对于这些问题，国际学术界争议很大。中国的实践恰恰在这方面作出自己独特的贡献，可以帮助我们跳出西方理论的迷

① John S. Dryzek, *Discursive democracy: Politics, Policy, and Political Science*. Cambridge: Cambridge University Press, 1990, p. 41.

② 段德敏：《重新认识代表制在协商民主中的地位和作用》，《国外理论动态》2014 年第 9 期，第 54 – 60 页。

思。正如我们在本书第七章中所看到的，中国在具体实践中发展出了复杂的混合代表机制，将协商民主的代表机制和传统的代表机制有机地结合起来，丰富了我们对于协商与代表二者关系的认知。在浙江温岭的实践中，一方面，通过借鉴协商式民意调查技术，以抽样的方式产生了协商代表，解决了代表的广泛性和参与机会平等的问题；另一方面，它将抽样产生的村民代表和人大代表混合在一起开展协商，防止了可能出现的尴尬情况：抽样产生的村民代表的意见和人大代表的意见可能不一致，从而在一定程度上实现了协商民主的代表机制与既有代表机制之间的衔接问题。从这个意义上讲，它对于西方学界方兴未艾的协商系统理论的发展是具有启发意义的。与此同时，在协商代表中，又通过人才库的建设，解决了协商代表能力不足的问题，在协商代表的产生过程中将精英与大众有机结合起来。可以说，中国基层的探索不仅在实践上回应了基层治理的现实需求，有效解决了公众意见、专家知识、政府决策相结合的问题。而且，它也从理论上打破了代表与协商的对立、统计代表与政治代表的对立，将选举和选择、精英和大众、代理和委托代表模式等不同的代表机制有机结合起来，从而在理论上对西方纯粹统计意义上的协商代表理念提出了挑战，并推动学界深化对协商民主代表理论的思考。

浙江温岭的实践在群体代表权方面也能对既有的理论提供新的洞见。郭夏娟通过考察温岭的参与式性别预算，发现促进参与式性别预算主体非常多元，除了“人大”、党委政府和“妇联”作为主要的推动者与组织者，其独创性还在于将基层民众和人大代表作为性别预算主要的恳谈主体，即在民众和人大代表中推选出预算审议代表，参与人大召集的年度财政预算恳谈会，从性别角度审议预算，尤其是涉及妇女儿童的预算项目。这在国内外并不多见。为了达成女性公平参与预算协商的目标，当地政府以创新途径选择协商代表，将摇号随机抽选与女性优先选择结合，通过制度化的方式使得女性的描述性代表达到前所未有的高度。[①] 而且，从中国的经验来看，女性在参与协商的过程中，似乎并没有发生西方学者担心的"隐性排斥"的问题，尽管女性长期并且主要生活在私人领域，但是，一旦赋予她们同等的参与条件，如作为民主恳谈会的"民意代表"，她们不仅可以成为公共政策的商议者，且表现出与男性相似的关注与知情能力。她们在履行"民意代表"职责时，其获取与掌握公共知识的能力并不低于男性，在民主恳谈会的"控制性试验"中也表现出明显高于男性的公共知识学习能力。当女性受到民主政府的鼓励，教化并引导她们关注公共利益时，女性显示出很好的教养与转移偏好的能力。[②]

当然，以上三个方面的问题都非常复杂，其内涵远非此处的讨论所能囊括，但本书的研究表明，在协商民主理论和实践的发展中，中国经验非常重要。无论是中国历史上悠久的协商传统，还是当代中国丰富的协商实践，都能为协商民

① 郭夏娟、吕晓敏：《参与式性别预算：来自温岭的探索》，《妇女研究论丛》2012 年第 1 期，第 33 – 41 页；郭夏娟、杨麒君：《平等参与协商与女性赋权：过程与结果》，《浙江社会科学》，2016 年第 9 期，第 10 – 19、156 页。

② 郭夏娟、张婧：《平等参与条件下女性的政治潜能：来自民主恳谈会的检验》，《浙江学刊》2012 年第 2 期，第 191 – 197 页。

主的发展提供借鉴和灵感。一定要努力发掘中国自身的经验，讲好中国故事，并从中提炼出具有普遍意义的命题，为世界协商民主理论的发展和协商民主实践的开展提供中国方案。

参考文献

（一）中文文献

1. 中文专著

毛泽东：《毛泽东选集》（第二卷），北京：人民出版社，1991 年。

邓小平：《邓小平文选》（第一卷），北京：人民出版社，1994 年。

约·埃尔斯特：《协商民主：挑战与反思》，周艳辉译，北京：中央编译出版社，2009 年。

本杰明·巴伯：《强势民主》，彭斌译，长春：吉林人民出版社，2006 年。

理查德·A. 波斯纳：《法律实用主义与民主》，凌斌、李国庆译，北京：中国政法大学出版社，2005 年。

詹姆斯·博曼：《公共协商：多元主义、复杂性与民主》，黄相怀译，北京：中央编译出版社，2006 年。

陈家刚编：《协商民主》，上海三联书店，2004 年。

陈家刚：《协商民主与当代中国政治》，北京：中国人民大学出版社，2009 年。

陈家刚主编：《协商民主与政治发展》，北京：社会科学文献出版社，2011 年。

陈朋：《国家与社会合力互动下的乡村协商民主实践》，上海人民出版社，2012 年。

陈剩勇、何包钢主编：《协商民主的发展》，北京：中国社会科学出版社，2006 年。

罗伯特·达尔：《民主理论的前沿》，顾昕、朱丹译，北京：三联书店，1999 年。

罗伯特·达尔：《论民主》，李柏光、林猛译，北京：商务印书馆，1999 年。

约翰·盖斯提尔、彼得·列文：《审议民主指南——21 世纪公民参与的有效策略》，刘介修、陈逸玲译，台北：群学出版有限公司，2012 年。

高新民、吴桂韩编：《领导干部应对群体性事件案例选评》，北京：中共中央党校出版社，2011 年。

阿米·古特曼、丹尼斯·汤普森：《民主与分歧》，杨立峰等译，北京：东方出版社，2007 年。

詹姆斯·菲什金、彼得·拉斯莱特主编：《协商民主论争》，张晓敏译，北京：中央编译出版社，2009 年。

詹姆斯·菲什金：《倾听民意：协商民主与公众咨询》，孙涛、何建宇译，北京：中国社会科学出版社，2015 年。

哈贝马斯：《在事实与规范之间》，童世骏译，北京：三联书店，2003 年。

朱迪斯·斯夸尔斯：《协商与决策：双轨模式中的非连续性》，载毛里西奥·登特里维斯主编：《作为公共协商的民主：

新的视角》，王英津等译，北京：中央编译出版社，2006 年。

艾丽斯·扬：《作为民主交往资源的差异》，载詹姆斯·博曼、威廉·雷吉编：《协商民主：论理性与政治》，陈家刚等译，北京：中央编译出版社，2006 年。

何包钢：《协商民主：理论、方法和实践》，北京：中国社会科学出版社，2008 年。

胡筱秀：《人民政协制度功能变迁研究》，上海人民出版社，2010 年。

黄寿福：《中国协商政治发生与演变逻辑》，上海人民出版社，2009 年。

景跃进：《当代中国农村“两委关系”的微观解析与宏观透视》，北京：中央文献出版社，2004 年。

姜鹏：《北宋经筵与宋学的兴起》，上海古籍出版社，2013 年。

范·卡内冈：《英国普通法的诞生》，李红海译，北京：中国政法大学出版社，2003 年。

伊森·里布：《美国民主的未来：一个设立公众部门的方案》，朱昔群等译，北京：中央编译出版社，2009 年。

李培林：《村落的终结——羊城村的故事》，北京：商务印书馆，2004 年。

李大钊：《李大钊文集》（上卷），北京：人民出版社，1984 年。

孟广涵：《国民参政会纪实》（上卷、下卷），重庆出版社，1985 年。

孟醒：《毛泽东在 50 年代》，沈阳：辽宁人民出版社，2014 年。

卡罗尔·佩特曼：《参与和民主理论》，陈尧译，上海人民出版社，2006年。

汉娜·皮特金：《代表的概念》，唐海华译，长春：吉林出版集团有限责任公司，2014年。

彭友今主编：《当代中国的人民政协》，北京：当代中国出版社、香港祖国出版社，2009年。

全国政协委员会办公厅、中共中央文献研究室编：《人民政协重要文献选编》，北京：中央文献出版社、中国文史出版社，2009年。

全国政协办公厅研究室编：《人民政协大事记（1948—1992)》，北京：中国文史出版社，2009年。

马克·赛尔登：《革命中的中国：延安道路》，魏晓明等译，北京：社会科学文献出版社，2002年。

谈火生：《民主审议与政治合法性》，北京：法律出版社，2007年。

谈火生主编：《审议民主》，南京：江苏人民出版社，2007年。

谈火生、霍伟岸、何包钢：《协商民主的技术》，北京：社会科学文献出版社，2014年。

托克维尔：《论美国的民主》（上卷），董果良译，北京：商务印书馆，1988年。

约瑟夫·熊彼特：《资本主义、社会主义与民主》，吴良健译，北京：商务印书馆，2002年。

萧延中、谈火生、唐海华、杨占国：《多难兴邦：汶川地震见证中国公民社会的成长》，北京大学出版社，2009年。

肖广岭、赵秀梅：《北京环境非政府政治研究》，北京出版社，2002 年。

艾利斯 · M. 杨：《包容与民主》，彭斌、刘明译，南京：江苏人民出版社，2013 年。

杨建新、石光树、袁廷华：《五星红旗从这里升起——中国人民政治协商会议诞生纪事暨资料选编》，北京：文史资料出版社，1984 年。

赵鼎新：《社会与政治运动讲义》，北京：社会科学文献出版社，2006 年。

中共中央文献研究室编：《十三大以来重要文献选编》（上册），北京：人民出版社，1991 年。

朱旭峰：《政策变迁中的专家参与》，北京：中国人民大学出版社，2012 年。

曹虹冰、崔红星：《建国以来多党合作的几种形式》，载中央统战部研究室编：《社会主义国家多党合作问题研究》，北京：春秋出版社，1988 年。

张文娟：《社会组织参与立法工作的独特作用》，载李林主编：《立法过程中的公共参与》，北京：中国社会科学出版社，2009 年。

赵荣：《公民社会的联合行动——四川“5 · 12”民间救助服务中心》，载王名主编：《汶川地震公民行动报告——紧急救援中的 NGO》，北京：社会科学文献出版社，2009 年。

2. 中文期刊论文、报纸文章、硕博士论文

胡锦涛：《坚定不移沿着中国特色社会主义道路前进　为全面建成小康社会而奋斗》，《人民日报》2012 年 11 月 18 日。

贾庆林：《健全社会主义协商民主制度，为全面建成小康

社会广泛凝聚智慧和力量》，《中国政协理论研究》2012 年第 4 期。

斯蒂芬·艾斯特：《第三代协商民主》（上、下），蒋林、李新星译，分别载于《国外理论动态》2011 年第 3 期和第 4 期。

包松娅：《全国政协召开第一次双周协商座谈会》，《人民政协报》2013 年 10 月 23 日。

陈朋：《国家推动与社会发育：生长在中国乡村的协商民主实践》，华东师范大学 2010 年博士论文。

陈剩勇：《群体性事件的治理之道》，《浙江人大》2009 年第 1 期。

陈奕敏：《温岭民主恳谈会：为民主政治寻找生长空间》，《决策》2005 年第 11 期。

崔忠付：《社会组织协商民主建设存在的问题及建议》，《中国社会组织》2014 年第 16 期。

崔晨：《立法协商 迈出协商民主新步伐》，《北京观察》2014 年第 1 期。

邓涛：《全国政协双周协商座谈会的创新与完善》，《人民政协报》2015 年 11 月 18 日。

邓正来：《"生存型智慧模式"——对中国市民社会研究既有理论模式的检视》，《吉林大学社会科学学报》2011 年第 2 期。

杜文苓：《审议民主与社会运动：民间团体筹办新竹科学园区宜兰基地公民会议的启发》，《公共行政学报》2007 年第 6 期。

杜学文、高军：《引入商谈模式解决群体性事件——香港拆迁紫田村事件和平解决的启示》，《福建论坛》（人文社会科学版）2011年第4期。

杜若原、贺林平、罗艾桦：《下围村“突围”》，《人民日报》2015年5月8日。

段德敏：《重新认识代表制在协商民主中的地位和作用》，《国外理论动态》2014年第9期。

付建军：《从民主选举到有效治理：海外中国村民自治研究的重心转向》，《国外理论动态》2015年第5期。

付伟：《一场治理“魔术”点开多个关键“穴道”》，《农民日报》2017年6月16日。

葛俊杰、王仕、袁增伟、毕军：《社区环境圆桌会议：公众参与的创新模式》，《南京大学学报》（自然科学版）2007年第4期。

郭道久：《社会组织与深化基层政府职能转变——以杭州“和事佬”协会为例》，《中国机构改革与管理》2015年第10期。

郭夏娟、吕晓敏：《参与式性别预算：来自温岭的探索》，《妇女研究论丛》2012年第1期。

郭夏娟，杨麒君：《平等参与协商与女性赋权：过程与结果》，《浙江社会科学》2016年第9期。

郭夏娟，张婧：《平等参与条件下女性的政治潜能：来自民主恳谈会的检验》，《浙江学刊》2012年第2期。

郭正林：《中国农村权力结构的制度化调整》，《开放时代》2001年第7期。

韩永红、戴激涛：《协商民主在财政预算中的应用研究——以绍兴“八郑规程”与台州“民主恳谈”为分析样本》，

《中共浙江省委党校学报》2010 年第 4 期。

何包钢、王春光：《中国乡村协商民主：个案研究》，《社会学研究》2007 年第 3 期。

何包钢：《协商民主和协商治理：建构一个理性且成熟的公民社会》，《开放时代》2012 年第 4 期。

何包钢：《儒式协商：中国威权性协商的源与流》，《政治思想史》2013 年第 4 期。

何俊志：《权力、观念与治理技术的接合：温岭“民主恳谈会”模式的生长机制》，《南京社会科学》2010 年第 9 期。

黄正林：《中共在陕甘宁边区执政问题研究——以抗日民主政权和“三三制”为中心》，《中共党史研究》2017 年第 9 期。

贾西津：《参与式预算的模式：云南盐津案例》，《公共行政评论》2014 年第 5 期。

金安平、姚传明：《“协商民主”不应误读》，《中国人民政协理论研究会会刊》2007 年第 3 期。

景跃进：《行政民主：意义与局限——温岭“民主恳谈会”的启示》，《浙江社会科学》2003 年第 1 期。

晋军、何江穗：《碎片化中的底层表达——云南水电开发争论中的民间环保组织》，《学海》2008 年第 4 期。

郎友兴：《商议式民主与中国的地方经验：浙江省温岭市的“民主恳谈会”》，《浙江社会科学》2005 年第 1 期。

郎友兴：《中国式的公民会议：浙江温岭民主恳谈会的过程和功能》，《公共行政评论》2009 年第 4 期。

雷辉、李晓敏、谢思雄：《博罗县政协率先设社会组织界别》，《南方日报》2012 年 6 月 12 日。

雷弢：《社区业主代表大会模式的制度创新——以北京市海淀区上地西里小区为例》，《北京社会科学》2010 年第 6 期。

廖俊松：《审议民主的实践：台湾与大陆经验分析》，载 2008 年 10 月 14 日在澳门举办的“21 世纪的公共管理：机遇与挑战——第三届国际学术研讨会”论文集。

林忠武：《关于立法协商与依法治理的思考》，《政协天地》2005 年第 12 期。

林怀艺：《‘双周协商’座谈会的产生与发展》，《理论探索》2014 年第 4 期。

林国明、陈东升：《公民会议与审议民主：全民健保的公民参与经验》，《台湾社会学》2003 年第 6 期。

林乾：《论中国古代廷议制度对君权的制约》，《社会科学战线》1992 年第 4 期。

刘维芳：《从“双周座谈会”到“双周协商座谈会”——中国人民政治协商会议协商对话机制的历史考察》，《中共党史研究》2015 年第 7 期。

刘维涛、李昌禹：《全国政协双周协商座谈会已举行 46 次》，《人民日报》2016 年 2 月 4 日。

柳霞：《破解“好社区”的幸福密码》，《光明日报》2015 年 3 月 23 日。

李格：《人民政协在第一届全国人大召开前后职能和组织的变化》，《中共党史研究》2009 年第 9 期。

李靖、李慧龙：《审议民主视角下的民事民议实践研究——以吉林省安图县群众诉求服务中心为例》，《社会科学战线》2014 年第 6 期。

李强彬：《协商民主的实践品质：审视维度与基层观察

——以彭州市社会协商对话会议制度为例》，《国外理论动态》2015 年第 6 期。

罗宗毅、李作钦、郭鲁江：《农村基层群众自治模式的优化和发展——基于广州市增城区石滩镇下围村民主议事制度改革创新的分析》，《学习时报》2017 年 9 月 15 日。

孟谦、梁曦：《营造社区参与互助，构建新时代的邻里关系》，《社区》2015 年 6 月（上旬刊）。

潘跃：《全国政协召开双周协商座谈会围绕“促进家庭服务业发展”建言献策》，《人民日报》2015 年 12 月 18 日。

宋超、李书龙、谢苗枫：《从“上访村”到村民自治示范村——增城“问题村”蝶变记》，《南方日报》2015 年 4 月 2 日。

孙奔、武香君：《调适公共行政过程中理性冲突的协商民主思维方式——以处理群体性事件为例》，《天水行政学院学报》2014 年第 3 期。

谈火生：《从民主研究的“协商转向”到协商民主的“经验转向”》，《联合时报》2015 年 3 月 30 日。

谈火生：《协商民主理论发展的新趋势》，《科学社会主义》2015 年第 6 期。

谈火生、于晓虹：《社会组织协商的内涵、特点和类型》，《学海》2016 年第 2 期。

谈火生、苏鹏辉：《我国社会组织协商的现状、问题与对策》，《教学与研究》2016 年第 5 期。

谈火生：《双周协商座谈会：人民政协协商民主的制度创新》，《国家行政学院学报》2017 年第 2 期。

谈火生：《从民主研究的“协商转向”到协商民主的“经

验转向"》,《联合时报》2015年3月31日。

谭秋明、印锐:《"下围村模式":村民议事新范本》,《广州日报》2015年11月16日。

陶庆:《协商民主中相互赋权的和谐社会——以深圳市福街商家草根组织为例》,《济南大学学报》2006年第1期。

王清林、唐伟:《第三方参与让教育行政"更接地气"》,《中国教育报》2014年3月18日。

王方等:《农民工法援领域的民间力量——以致诚模式为例分析法援类NGO组织的发展》,《法制与社会》2012年第10期。

汪红、梅双:《全国政协首次组织立法协商》,《法制晚报》2014年3月21日。

吴晶晶、孙铁翔、刘维涛、李昌禹:《求最大公约数 汇聚发展正能量》,《人民日报》2016年2月4日。

吴春梅,翟军亮:《可行能力匮乏与协商民主中的政治贫困》,《前沿》2010年第19期。

吴志红:《中国轮胎循环利用协会:为了行业的明天更美好》,《人民政协报》2015年10月30日。

武文英:《协商民主视角下对我国公共决策听证制度运行过程的系统分析》,《系统科学报》2010年第2期。

王绍光、何建宇:《中国的社团革命——中国人的结社版图》,《浙江学刊》2004年第6期。

王茹:《台湾民间的"省籍—族群"和解运动——以〈面对族群与未来——来自民间的对话〉为例》,《台湾研究集刊》2005年第3期。

夏添:《协商民主:农民组织过程中的困境与反思——以

南农实验欧村合作社为个案》，《科学社会主义》2013年第1期。

奚源：《简析拆迁政策执行中的基层治理创新——以成都市金牛区曹家巷为例》，《人民论坛》2014年第2期。

肖滨、方木欢：《以扩充民主实现乡村“善治”——基于广东省下围村实施村民代表议事制度的研究》，《中共浙江省委党校学报》2016年第5期。

谢靓：《全国政协双周协商座谈会围绕“大力支持中小微企业技术创新”建言献策》，《人民政协报》2014年11月28日。

徐枫：《公民参与公共预算的新技能与新策略———来自温岭市泽国镇参与式预算民主恳谈的案例研究》，《观察与思考》2015年第7期。

薛澜、张杨：《构建和谐社会机制治理群体性事件》，《江苏社会科学》2006年第4期。

杨卫敏：《关于社会组织协商的探索研究》，《重庆社会主义学院学报》2015年第4期。

殷啸虎：《人民政协参与地方立法协商的目标与路径》，《江西师范大学学报》（哲学社会科学版）2013年第3期。

余荣华：《北京探路政协立法协商》，《人民日报》2014年4月16日。

袁峰：《中国形态协商民主的成长》，复旦大学2006年博士论文。

杨维东：《中国环境保护NGO与政府关系研究——以自然之友为例》，中国政法大学2008年硕士论文。

张月卓：《从双周协商座谈会看人民政协定期协商座谈会

制度的发展》，载人民政协报社编：《社会主义协商民主建设与人民政协理论研讨会论文集》，2015 年。

张紧跟：《从结构论争到行动分析：海外中国 NGO 研究述评》，《社会》2012 年第 3 期。

张紧跟：《从维权抗争到协商对话：当代中国民主建设新思路》，《华中师范大学学报》（人文社会科学版）2011 年第 2 期。

赵伯艳、常健：《论吸纳民间团体参与决策对公共冲突化解的积极作用——以台北宝藏岩聚落拆迁冲突的化解过程为例》，《天津商业大学学报》2011 年第 3 期。

郑保卫、王彬彬、李玉洁：《在气候传播互动中实现合作共赢——论气候传播中中国政府、媒体、NGO 的角色及影响力》，《新闻学论集》（第 24 辑），2010 年 6 月 26 日。

周洪双：《协商民主的新实践》，《光明日报》2016 年 2 月 29 日。

周元春：《委员议事厅：协商民主的深圳尝试》，《深圳特区报》2014 年 10 月 13 日。

周宇：《双周协商座谈 委员怎样当智囊?》，《北京青年报》2015 年 2 月 9 日。

周宇：《政协双周协商座谈会如何炼成?》，《北京青年报》2016 年 3 月 2 日。

周晓丽：《公共协商：群体性事件的治理之道》，《天府新论》2010 年第 3 期。

朱圣明：《民生决策中的公民参与——一个地方乡村治理的新技能与新策略》，《公共管理学报》第四卷第 3 期，2007 年 7 月。

朱圣明：《浙江温岭行业工资集体协商调查》，《广东行政学院学报》2008 年第 6 期。

朱圣明：《参与库与人才库——温岭预算民主恳谈的新元素》，《人大研究》2011 年第 8 期。

（二）英文文献

1. 英文专著

Samantha Besson and José Luis Marti, (eds.) *Deliberative Democracy and its Discontents*. Farnham: Ashgate, 2006, introduction XIV.

Ian Shapiro, Enough of Deliberation: Politics is About Interests and Power. in S. Macedo, (ed.) *Deliberative Politics*. Oxford: Oxford University Press, 1999, pp. 28 – 38.

Joseph M. Bessette, *The Mild Voice of Reason: Deliberative Democracy and American National Government*. Chicago, IL: University of Chicago Press, 1994.

Joseph M. Bessette and John J. Pitney, *American Government and Politics: Deliberation, Democracy and Citizenship*, 2nd Edition. Wadsworth: Cengage Learning, 2014.

John S. Dryzek, *Deliberative Democracy and Beyond*. Oxford: Oxford University Press, 2000.

John S. Dryzek, *Deliberative Global Politics*. Cambridge: Polity Press, 2006.

John S. Dryzek, *Foundations and Frontiers of Deliberative Governance*. Oxford: Oxford University Press, 2010.

Albert Dzur, *Punishment, Participatory Democracy, and the Jury*. Oxford: Oxford University Press, 2012.

D. G. Ellis, *Deliberative Communication and Ethnopolitical Conflict*. New York: Peter Lang, 2012.

Patrick Fournier, Henk van der Kolk, R. Kenneth Carty, André Blais, and Jonathan Rose, *When Citizens Decide: Lessons from Citizen Assemblies on Electoral Reform*. Oxford: Oxford University Press, 2011.

Robert E. Goodin, *Innovating Democracy: Democratic Theory and Practice after the Deliberative Turn*. Oxford: Oxford University Press, 2008.

Kimmo Grönlund, André Bachtiger and Maija Setala, (eds.) *Deliberative Mini-publics: Involving Citizens in the Democratic Process*. Colchester: ECPR Press, 2014.

Maarten A. Hajer and Hendrik Wagenaar, (eds.) *Deliberative Policy Analysis: Understanding Governance in the Network Society*. Cambridge: Cambridge University Press, 2003.

Valerie P. Hans, Neil Vidmar, *Judging the Jury. Berlin:* Plenum, 1986.

Burdett A. Loomis, ed. *Esteemed Colleagues: Civility and Deliberation in the U. S. Senate*. Washington, DC: Brookings Institution Press, 2000.

Ian O'Flynn, *Deliberative Democracy and Divided Societies*. Edinburgh: Edinburgh University Press, 2006.

John Parkinson, *Deliberating in the Real World: Problems of Legitimacy in Deliberative Democracy*. Oxford: Oxford University Press,

2006.

John Parkinson and Jane Mansbridge, *Deliberative Systems: Deliberative Democracy at the Large Scale*. Cambridge: Cambridge University Press, 2012.

Kenneth P. Ruscio, *The Leadership Dilemma in Modern Democracy*. Northampton, MA: Edward Elgar, 2004.

Jürg Steiner, André Bächtiger, Markus Spörndli, and Marco R. Steenbergen, *Deliberative Politics in Action: Analyzing Parliamentary Discourse*. Cambridge: Cambridge University Press, 2004.

Mark E. Warren and Hilary Pearse, *Designing Deliberative Democracy: The British Columbia Citizens' Assembly*. Cambridge: Cambridge University Press, 2008.

Jane Mansbridge, Everyday Talk in the Deliberative System. in *Deliberative Politics: Essays on "Democracy and Disagreement"*, edited by S. Macedo. Oxford: Oxford University Press, 1999, pp. 211 –239.

2. 英文期刊论文

Simone Chambers, Deliberative Democratic Theory. *Annual Review of Political Science*, 6, 2003, pp. 307 – 332.

John S. Dryzek, Deliberative Democracy in Divided Societies: Alternatives to Agonism and Analgesia. *Political Theory*, Vol. 33, No. 2, 2005.

Pau Alarcón and Joan Font, Where Are the Boundaries of Deliberation and Participation? A Transatlantic Debate. *Journal of Public Deliberation*, Vol. 10, Iss. 2, 2014, Art. 11.

Andréand Bächtigera, Jürg Steiner, Introduction. *Acta Politica*, 2005, 40, pp. 153 – 168.

Baogang He and Mark E. Warren, Authoritarian Deliberation: The Deliberative Turn in Chinese Political Development. *Perspectives on Politics*, Vol. 9, No. 2, 2011, pp. 269 – 289.

Baogang He, Deliberative Culture and Politics: The Persistence of Authoritarian Deliberation in China. *Political Theory*, 2014, Vol. 42(1), pp. 58 – 81.

Baogang He, Reconciling Deliberation and Representation: Chinese Challenges to Deliberative Democracy. *Representation*, Vol. 51, No. 1, 2015, pp. 35 – 50.

Ricardo Blaug, New Developments in Deliberative Democracy. *Politics*, Vol. 16, No. 2, 1996, pp. 70 – 76.

James Bohman, The Coming of Age of Deliberative Democracy. *Journal of Political Philosophy*, Vol. 6, 1998, pp. 400 – 425.

James Fishkin, Tony Gallagher, Robert Luskin, Jennifer McGrady, Ian O'Flynn and David Russell, A Deliberative Poll on Education: What Provisions do Informed Parents in Northern Ireland Want, see http://cdd.stanford.edu/2007/a-deliberative-poll-on-education-what-provision-do-informed-parents-in-northern-ireland-want/

Robert Goodin, John S. Dryzek, Deliberative Impacts: The Macro- political Uptake of Mini-Publics. *Politics Society,* Vol. 34, No. 2, 2006, pp. 219 – 244.

Amy Gutman and Dennes Thompson, Deliberative Democracy Beyond Process. *The Journal of Political Philosophy*, Vol. 10, No. 2,

2002, pp. 153 –174.

Valerie P. Hans, John Gastil, Deliberative Democracy and the American Civil Jury. *Journal of Empirical Legal Studies*, vol. 22. Issue 4, December 2014, pp. 697 –717.

Zongze Hu, Power to the People? Villages' Self – rule in a North China Village from the Locals' Point of View. *Journal of Contemporary China*, Vol. 17, Issue 57, 2008, pp. 611 –631.

Simon Jackman and Paul M. Sniderman, The Limits of Deliberative Discussion: A Model of Everyday Political Arguments. *The Journal of Politics*, Vol. 68, No. 2(May 2006), pp. 272 –283.

Lily L. Tsia, Solidary Groups, Informal Accountability, and Local Public Goods Provision in Rural China. *The American Political Science Review,* Vol. 101, No. 2, 2007, pp. 355 –372.

Jane Mansbridge, Should Blacks Represent Blacks And Women Represent Women? A Contingent "Yes". *Journal of Politics*, Vol. 61, No. 3, August 1999, pp. 628 –657.

Jane Mansbridge, James Bohman, Simone Chambers, David Estlund, Andreas Follesdal, Archon Fung, Cristina Lafont, Bernard Manin, and José Luis Martí. The Place of Self – interest and Power in Deliberative Democracy. *The Journal of Political Philosophy*, Vol. 18, No. 1, 2010, pp. 64 –100.

Jane Mansbridge, Deliberative Polling as the Gold Standard. *The Good Society*, Vol. 19, No. 1, 2010, pp. 55 –62.

Claus Offe, Crisis and Innovation of Liberal Democracy: Can Deliberation Be Institutionalised? *Czech Sociological Review*, 2011, Vol. 47, No. 3, pp. 447 –472.

Shawn Rosenberg, The Empirical Study of Deliberative Democracy: Setting a Research Agenda. *Acta Politica*, Vol. 40, No. 2, 2005, pp. 212 –224.

A. Sen, Democracy and its Global Roots. *The New Republic*, Vol. 229, No. 14, October 2003, pp. 28 –35.

Cass R. Sunstein, Deliberative Trouble: Why Groups Go to Extremes? *Yale Law Journal* , Vol. 110, No. 1, 2000, pp. 71 –119.

Dennis F. Thompson, Deliberative Democratic Theory and Empirical Political Science. *Annual Review of Political Science*, Vol. 11, No. 1, 2008, pp. 497 –520.

Nadia Urbinati, Representation as Advocacy: A Study of Democratic Deliberation. *Political Theory*, Vol. 28, No. 6, 2000, pp. 758 –786.

Iris Marion Young, Activist Challenges to Deliberative Democracy. *Political Theory*, Vol. 29, No. 5, 2001, pp. 670 –690.

Yusheng Yao, Village Election and Their Impact: An Investigation Report on Northern Chines Village. *Modern China*, Vol. 39, No. 1, 2013, pp. 37 –68.

Xueguang Zhou, The Road to Collective Debt in Rural China: Bureaucracies, Social Institutions and Public Goods Provision. *Modern China,* Vol. 38, No. 3, 2012, pp. 271 –307.

（三）相关文件和网络材料

《中共中央关于加强社会主义协商民主建设的意见》，《人民日报》2015 年 2 月 10 日。

中华人民共和国国务院：《规章制定程序条例》，2001 年 11 月 16 日颁布，2002 年 1 月 1 日起实行。

《湖北省人民代表大会及其常务委员会立法条例》，2001 年 2 月 18 日颁布，2001 年 5 月 1 日起实行。

《广州市人民代表大会常务委员会立法听证办法》，2002 年 5 月 23 日颁布，2002 年 6 月 1 日起实行。

中华人民共和国民政部：《2014 年社会服务发展统计公报》，http://www.mca.gov.cn/article/sj/tjgb/201506/201506008324399.shtml.

中共温岭市委《关于在我市非公有制企业开展“民主恳谈”活动的意见》（2000 年 8 月 21 日）。

中共温岭市委《关于进一步深化“民主恳谈”活动加强思想政治工作推进基层民主政治建设的意见》（2001 年 6 月 12 日）。

中共温岭市委《关于进一步深化“民主恳谈”推进基层民主政治建设的意见》（2002 年 10 月 9 日）。

中共温岭市委《关于“民主恳谈”的若干规定（试行）》（2004 年 9 月 29 日）。

中共温岭市委《关于党内民主恳谈的若干规定（试行）》（2008 年 1 月 12 日）。

《温岭市市级预算审查监督办法》（2011 年 12 月 30 日温岭市第十四届人民代表大会第四十一次会议上通过，2012 年 1 月 18 日起施行）。

中共温岭市委《关于全面深化民主恳谈推进协商民主制度化发展的意见》（2013 年 4 月 28 日）。

国家统计局发布的《2010 年第六次全国人口普查主要数据公报（第 1 号)》（2011 年 4 月 28 日），http://www. stats. gov. cn/tjsj/tjgb/rkpcgb/qgrkpcgb/201104/t20110428_ 30327. html.

协商式民意调查实践案例的统计，http://cdd. stanford. edu/deliberative – polling – timeline/

世界社会论坛的具体活动情况，http://www. forumsocialmondial. org/about/about. htm

杰弗逊中心的议题，http://jefferson – center. org/who – we – are/our – history/

国家议题论坛的具体议题，https://www. nifi. org/en/issue – guides/issue-guides

丹麦科技委员会相关的协商案例，http：//www. loka. org/pages/worldpanels. html

学习圈中心的介绍及相关资源，http://studycircles. org

共识会议应用于世界范围内的相关案例，http://www. loka. org/TrackingConsensus. html

后　　记

2003 年 11 月，当我选择“协商民主”作为自己博士论文的研究方向时，自己并没有想到这个词汇会进入党的十八大报告，并会对当代中国的政治实践产生重大的影响。

记得 2005 年毕业时，作为答辩委员的李强老师在评审意见中还专门表扬论文能将西方的民主理论与中国的实践相结合，因为我论文的结论部分专门列了一节“西方理论与本土经验”，以浙江温岭的民主恳谈会和 2003 年北大人事制度改革的讨论为例，分析协商民主理论在中国的适应性问题。当时我在论文的结语中写道：“尽管协商民主理论在西方的兴起主要是为了弥补现存自由民主制度的不足，但对中国而言，协商民主的实践可能更多地要肩负起中国民主制度建设的重任。我们可以期待，通过点点滴滴的协商民主实践，可以逐渐积淀为正式的制度构架，这比一开始建立一个自认为完善的制度框架然后再求其落实可能更为稳妥”，“来自异国他乡的抽象的理论和本土的具体实践之间的距离并不像我们想象的那么遥远。我们有理由相信，理论与实践的良性互动将推进我们民主化建设的步伐，对这种良性互动的期待也是本文写作的动力和意义所在”。之所以引了博士论文中的这么一大段话，主要是希望通过这段在我的电脑硬盘中静静地躺了十多年的话，来说明本书基本的问题意识是如何产生的。老实讲，我当时对中国的协商民主实践所知不多，因此，在论文于2007年正式出版时，我将这一节舍弃了。但是，李强老师的鼓励一直在提醒并激励着我关注中国自身的协商民主实践。

在随后的几年里，因为教学方面的原因和工作的变动，我的研究主要集中在政治思想史和比较政治领域，对中国政治没有投入太多精力。

2011年，清华大学政治学系与浙江大学、复旦大学和中山大学等高校合作，开展“理解中国：关键词的方法”研究，我负责其中的“协商民主”一章的写作，因是之故，我再次回到了自己熟悉的协商民主研究领域，并对浙江温岭的案例进行了较为深入的剖析。但直到此时，自己对中国的协商民主实践的了解仍然是碎片化的，基本局限于若干的点，还没有形成整体的认知。2012年初，当我准备写作《协商民主的技术》时，再一次深感自己对中国自身协商民主实践在知识储备上的不足。2014年底，该书出版后，我的研究重心也从介绍西方的协商民主理论转向了中国的协商民主实践。

由于历史方面的原因，中国的协商民主实践开展得比较好的是政党协商、政协协商和基层协商（见本书第四章第一节）；而且，从比较的视野来观察，中西方在协商民主的发展问题上恰好存在一种结构上的不对称现象。在中国，正式政治制度中的协商民主比较发达，而公共领域中的社会组织协商比较薄弱；在西方，正式政治制度中的协商民主并非其协商民主理论关注的重心，其重心在以社会组织协商为中心的公共领域的协商。正是基于这样一种认识，我的研究重点主要有两个：一是我们相对比较成熟的政协协商和基层协商；二是我们最薄弱的环节——社会组织协商。在研究过程中，一直盘桓在我脑子中的一个问题是，中国的协商民主实践对于协商民主理论本身意味着什么？它能在知识上作出何种贡献？目前呈现出来的这本书就是对这一问题进行思考的结果。当然，我也深知，这本书只是一个初步的思考，还很不完善。需要说明的是，本书的最后一章系我和我的博士生苏鹏辉合作的成果，而且，他还参与了第九章第二节的写作。

本书的写作得到了很多师友无私的帮助，与他们的交流不仅受益良多，而且倍感温暖。感谢何包钢教授，是他的邀请和他所提供的经费，使我在2009年初第一次有机会亲身感受温岭的民主恳谈会；也是他的邀请，使我在新加坡的“亚洲协商民主研讨会”期间萌生了从比较的视野中来观察中国协商民主实践的念头。感谢肖滨教授，2015年初，在一个与协商民主无关的会议上，他为我安排了去广州增城下围村进行调研的机会。感谢霍伟岸兄和聂智琪兄，在多年的合作中，他们激发了我的写作灵感。感谢任峰兄，2016年6月，他邀请我与何包钢、秋风就“中国语境中的协商政治”展开对话，这次对话提醒我应该将协商治理置于历史的纵深中来加以考量。

感谢北京市民政局的杨宝山处长、侯新毅处长、高学东处长和高小龙兄，不仅因为他们为我的研究提供了资助，而且正是在他们的帮助下，我才得以顺利完成了对北京市近20家社会组织的访谈工作。感谢北京市社科基金对本项研究所给予的大力支持。从2011年开始，我连续几年以协商民主为题申报国家社科基金课题，但运气不佳，一直没有申请到。所以，北京市社科基金的支持就显得尤为珍贵了。

最后，要感谢张小劲教授，是他促成本书的出版。今年年初，在张小劲教授六十寿辰的庆生宴上，他提议将此书尽快出版，并主动帮我联系出版事宜。感谢本书的责任编辑廖智聪兄，他细致而专业的编辑工作为本书避免了很多低级错误。

尽管在过去的几年中，我专注于中国自身的协商民主实践，但囿于学识水平和客观条件的限制，这一研究还有很多不尽如人意之处，真诚地期待各位同仁不吝赐教！

谈火生

2018年7月18日于五道口寓所